银行业文明规范服务
示范网点创建直解与实战

YINHANGYE WENMING GUIFAN FUWU
SHIFAN WANGDIAN CHUANGJIAN ZHIJIE YU SHIZHAN

刘剑平 著

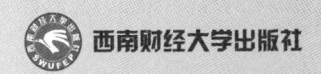

西南财经大学出版社

图书在版编目(CIP)数据

银行业文明规范服务示范网点创建直解与实战/刘剑平著.—成都：西南财经大学出版社,2016.2

ISBN 978-7-5504-2321-3

Ⅰ.①银… Ⅱ.①刘… Ⅲ.①银行—商业服务—中国 Ⅳ.①F832.1

中国版本图书馆 CIP 数据核字(2016)第 027854 号

银行业文明规范服务示范网点创建直解与实战

刘剑平　著

责任编辑:何春梅
助理编辑:唐一丹
封面设计:墨创文化
责任印制:封俊川

出版发行	西南财经大学出版社(四川省成都市光华村街55号)
网　　址	http://www.bookcj.com
电子邮件	bookcj@foxmail.com
邮政编码	610074
电　　话	028-87353785　87352368
照　　排	四川胜翔数码印务设计有限公司
印　　刷	四川五洲彩印有限责任公司
成品尺寸	185mm×260mm
印　　张	17.75
彩　　插	2 页
字　　数	345 千字
版　　次	2016 年 2 月第 1 版
印　　次	2016 年 2 月第 1 次印刷
书　　号	ISBN 978-7-5504-2321-3
定　　价	48.00 元

1. 版权所有,翻印必究。
2. 如有印刷、装订等差错,可向本社营销部调换。

2010年4月14日作者在中国银行业文明规范服务百佳示范单位现场经验交流会上发言

建设银行南京鼓楼支行营业室两次荣获全国银行业"千佳"和一次"百佳"称号

施立军老师为建设银行南京鼓楼支行员工进行形体训练

作者同建设银行南京鼓楼支行营业部员工开展登山（南京紫金山）活动

作者在回答中银协示范网点检查组领导的现场提问

作者为建设银行江苏省分行营业部新员工进行岗前培训

作者在为建设银行江苏省分行营业部基层网点员工进行业务营销技巧培训

作者在为某企业员工进行市场营销技能讲课

2014年11月作者受邀于吉林省银行业协会为各商业银行客户经理进行《小微企业贷前调查实务指引》讲课

2016年1月15日作者在江苏省银协举办的"普惠金融乡镇网点文明规范服务创建工作"培训班上讲课

作者为参加示范网点创建活动的银行网点员工进行服务情景演练现场指导

作者为示范网点拍摄宣传片作现场导演

作者在创建示范网点现场进行专项辅导

作者为百佳示范网点员工作现场辅导

作者为百佳示范网点大堂经理进行现场辅导

作者为百佳示范网点员工进行晨会固化辅导

前　言

目前，全国有21.7万多个银行营业网点，为强化行业自律、规范经营、树立文明规范服务典型，打造具有权威性和影响力的银行业服务品牌，引领银行业开展文明规范服务践行活动，提高银行业文明规范服务水平，中国银行业协会（以下简称"中银协"）自2006年开始统一部署，在全国银行业内组织开展中国银行业文明规范服务示范单位创建活动（为方便读者阅读，也根据业内的口语习惯，本书以下皆简称"示范网点创建活动"或"创建活动"）。

示范网点评比是一项限时性的活动，而示范网点的创建工作是一个持之以恒的、不断深化的过程，提高客户服务水平更是我们银行业永恒的主题。经过十多年来的实践积累，创建评选活动已日趋成熟，形成了"星级网点""千佳""百佳"三个文明服务示范品牌。创建活动的开展，促进了全国各商业银行强化服务意识、创新服务手段、规范服务行为、改善服务环境，提供高质量、多样化和特色化的服务，满足客户多层次的需求，树立现代商业银行的良好形象。

中银协为使示范网点创建活动健康持续地开展，自活动开展以来，制定了相关的行业管理规范性文件，每年还推出了关于创建活动的实施方案和创建评价标准，目前已经形成了较为成熟的示范网点评价体系。笔者于2015年5月萌发了一个想法，要把自己多年来在参加示范网点创建活动过程中对中银协有关创建活动文件精神的学习研究心得和亲历创建活动的体会整理记录下来，并呈现给各位同仁，以供相互交流讨论。

本书书名曾拟订为"银行业文明规范示范网点创建理论与实践"，但在撰写的过程中，笔者发现本书所需要阐述的不是理论性内容，而是一个对有关示范网点创建活动意义、评价和实务等内容如何正确解读的话题，大部分内容属于操作性和技术性层面。笔者不是一个研究宏观金融管理的理论工作者，而是一个从事多年银行基层工作的人。笔者多年来有一个习惯，喜欢收集和保存自己的学习笔记和工作手稿，于是今天才得以把自己多年来在工作中积累的心得一点点整理成书，但所述的内容和观点尚未达到理论高度。因此，最后还是决定借用"直解"一词，将书名改为"银行业文明规范示范网点创建直解与实战"。"直解"一词原意为古人注释经书（如明代张居正的《书经直解》《四书集注直解》）。

笔者于 2008 年带领团队开始参加示范网点评选活动，先后共获得 2008 年、2010 年两次"千佳"和 2009 年一次"百佳"荣誉。2008 年，笔者所在的鼓楼支行参加创建工作的初期只收到了上级行参加创建活动的通知，因故没能收到其他相关的评选检查标准文件。为了创建成功，笔者要求网点所有员工（包括自己在内）在一周内必须暗访五个以上其他银行的网点，把兄弟行的服务亮点加以汇总并学习。经过大家的讨论和总结，制定出数十条整改标准，并逐一落实，再结合本行的实际情况创新，形成自己的服务特色，最后在评选中取得了优异的成绩。自 2009 年起，笔者开始认真研读中银协每年颁发的相关创建活动的文件，并在本行实际创建活动和为兄弟银行进行培训辅导的过程中不断探索，积累了一些创建工作的心得和体会，现借此拙作与读者分享。

本书共有五个部分：第一章"示范网点创建活动简论"叙述的内容主要有背景理解、活动回顾、网点转型、客户关系、合规文化、6S 管理、业务营销、员工技能、6S 管理、社会责任和创建误区等 11 个话题；第二章"示范网点创建工作简介"是笔者为部分银行网点进行创建工作辅导时设计和实施的工作流程介绍；第三章是对中银协有关示范网点考核评价标准的具体条款的解读；第四章选用了 10 个与创建活动相关的员工培训课程导入讲义；第五章是在部分银行网点现场为员工进行客户服务情景演练的教案。各章节都围绕创建活动的主题，大多是以学习心得笔记和工作手稿的方式撰文。

中银协〔2015〕89 号文中强调："《中国银行业营业网点文明规范服务考核评价体系（CBSS1000 2.0）》知识产权归中银协所有，由中银协负责发布、解释和修订。"有关"解释"一词，在中国科学院语言研究所词典编辑室编写的第 6 版《现代汉语词典》第 666 页上是这样注释的："［解释］：动。①分析阐明；②说明含义、原因、理由等。"本书所述的内容是笔者对示范网点创建活动意义和中银协历年来颁发的活动方案、评比考核标准等其他相关文件的理解，并作概括性的解读。而"解读"一词在第六版《现代汉语词典》第 665 页上是这样注释的："［解读］：动。①阅读解释；②分析；研究；③理解；体会。"因此，笔者特此声明：撰写本书期间，虽然认真仔细查阅和研读了许多原始文件资料，但本书所述内容皆为"解读"，许多观点只是笔者的一家之言，不具有权威性，仅供读者参考，谨慎提醒读者，一切均应以中银协颁发的原文件和中银协有关领导和专家的解释为准。

各商业银行都有自己独特的服务文化，许多示范网点都有宝贵的创建工作经验，笔者由衷地欢迎各位同仁和专家对拙作提出宝贵意见。

目　录

第一章　示范网点创建活动简论 / 1
- 第一节　示范网点创建活动的背景 / 1
- 第二节　示范网点创建活动的成果回顾 / 7
- 第三节　银行网点转型与星级评定的关系 / 13
- 第四节　银行与客户的关系 / 16
- 第五节　银行网点服务与营销的关系 / 18
- 第六节　银行合规文化与优质服务的关系 / 21
- 第七节　银行柜面员工业务技能与优质服务的关系 / 24
- 第八节　银行网点6S管理对示范网点创建的作用 / 27
- 第九节　银行3.0时代网点智能化服务的新感受 / 31
- 第十节　全面履行银行示范网点的社会责任 / 36
- 第十一节　让更多的示范网点群星璀璨 / 39

第二章　示范网点创建工作简介 / 44
- 第一节　考察选点 / 44
- 第二节　方案设计 / 47
- 第三节　全员动员 / 48
- 第四节　硬件改造 / 49
- 第五节　亮点策划 / 51
- 第六节　员工培训 / 54
- 第七节　现场辅导 / 55

第八节　情景演练 / 61

　　第九节　专项辅导 / 62

　　第十节　工作简报 / 69

　　第十一节　成果包装 / 71

　　第十二节　模拟测评 / 74

　　第十三节　迎检辅导 / 76

　　第十四节　创建总结 / 80

　　第十五节　创建感悟 / 82

第三章　示范网点评选标准版本解读 / 84

　　第一节　环境管理 / 87

　　第二节　服务功能 / 100

　　第三节　信息管理 / 110

　　第四节　大堂管理 / 113

　　第五节　柜面服务与效率 / 122

　　第六节　员工管理 / 137

　　第七节　服务基础管理 / 145

　　第八节　经营业绩 / 154

　　第九节　消费者权益保护及社会责任履行 / 156

　　第十节　服务文化培育 / 164

第四章　员工培训课程导入讲义 / 167

　　第一节　银行网点服务文化培育与践行 / 168

　　第二节　银行示范网点创建与维护 / 176

　　第三节　银行网点文明规范服务指引 / 184

　　第四节　银行网点员工仪态形体形象塑造 / 191

　　第五节　银行网点大堂经理卓越能力提升 / 202

　　第六节　银行网点客户投诉处理技巧 / 211

　　第七节　银行网点员工与客户沟通技巧 / 217

第八节　银行网点员工市场营销能力与技巧 / 224

第九节　银行员工职场伦理与职业道德 / 232

第十节　银行员工情绪与压力管理 / 238

第五章　网点服务情景演练教案 / 249

第一节　大堂管理类 / 250

第二节　特殊客户类 / 254

第三节　投诉处理类 / 257

第四节　设备故障类 / 259

第五节　制度执行类 / 264

第六节　危机处理类 / 270

后记 / 277

第一章 示范网点创建活动简论

随着创建活动的不断深入开展，各银行网点参与的热情日益高涨。有的网点连续多年坚持创建工作，通过创建活动这个载体，结合各银行业务转型和基层工作实际，将示范网点的评定与本行网点转型紧密结合，为银行转型发展增强了动力，大大提升了品牌形象和竞争力。在创建过程中，员工们通过服务理念的培训和服务文化的熏陶，能正确厘清银行与客户、服务与营销的关系，真正站在客户的角度和银行可持续发展的角度提高网点客户服务水平。根据中银协提出的相关要求，许多网点能正确地运用6S科学管理方法（6S管理法即整理、整顿、清扫、清洁、素养、安全），改善网点营业环境，并与时俱进，踏着银行3.0时代的节奏，大力开拓网点的自助服务功能，让不同类型的客户都能分享现代化银行网点智能化服务的新感受。同时，他们也没有拘泥于中银协颁发的创建评比标准，广大网点员工自觉苦练业务技能，并紧紧围绕客户的服务需求，创新创建方式，完善创建机制，不少做法都属业内首创，大大丰富了创建工作的内容，为示范网点创建活动注入了可喜的活力。

通过创建活动，员工的精神面貌发生了根本的改变，强化了员工自身的社会责任意识，自觉把维护广大存款人和金融消费者的合法权益作为银行网点员工的天职。他们着眼于社会公众的实际需求，正确处理好业务发展与服务管理的关系，通过提供规范有序、快捷高效、价宜质优的服务，有力促进了银行与公众的良性互动，促进了银行与社会的和谐发展。

第一节 示范网点创建活动的背景

示范网点创建活动开展至今已十多年了，造就了许许多多的"五星网点""千佳""百佳"，产生了巨大的社会效应，推动了整个银行业服务水平的提升。在此期间，无论是活动的名称，还是评选考核体系都经历了一个变化、修改、完善的演变过程。目前业内尚无专家对此过程进行详细的回顾分析，为了方便和各位同仁回顾和分析整个创建活动的背景、起因和发展过程，以及了解中银协为推动创建活动健康顺利进行，在每年度为此所付出的辛勤劳动和所作出的令人瞩目的贡献，本书粗浅地对整个创建活动开展历程作一个尝试性解读。

一、创建活动启动阶段（2006—2008年）

为贯彻落实《中国银行业文明服务公约》，提高银行业整体服务水平，树立银行业良好的社会形象，促进银行业金融机构各项业务健康发展，中银协于2006年6月14日颁发了银协发〔2006〕55号文《关于开展"中国银行业文明规范服务竞赛活动"的通知》，其附件《中国银行业文明规范服务竞赛活动方案》中提出了创建活动的目的和意义："通过开展文明规范服务竞赛活动，搭建一个交流先进的管理方法和服务经验的平台；推动银行业转变作风，树立良好的社会形象；规范服务行为，促使银行业服务向规范化、标准化和国际化方面发展；增强银行从业人员的服务意识和敬业精神，培养从业人员的道德操守。"文件明确规定了参赛单位的范围："凡会员单位办理人民币、外币个人金融业务、法人客户会计、结算、出纳业务的经营场所，均可报名参赛。会员单位所属的单一营业场所的经营单位，以该单位为参赛单位（如××营业部）；有所属网点的经营单位，可以某单一所属网点为参赛单位（如××储蓄所、××分理处），也可以其所属全部单位参赛，以所属网点的经营管理单位为参赛单位（如××支行）等。"并对评选工作提出了相关的要求："评选活动应坚持'少而优'的原则，不搞平均分配，既要考虑网点分布较多银行的实际情况，又要照顾网点较少的城市股份制商业银行，真正评出精品网点，树立先进典型。"在评选结果名单中，以储蓄所为参赛单位的有42家，其他参赛单位除个别是以综合性支行含其辖属经营网点集体申报外，其他绝大多数会员单位是以单一所属网点为参赛单位，这与以后的相关规定有所不同。文件第八条中还明确指出："中国银行业文明规范服务整体水平的提升是一项系统工程。银行业文明规范服务竞赛活动要作为一项经常性的活动来抓，形成长效机制。获奖单位保持称号，实行动态管理，下一年度进行重新认定，不符合标准将摘牌。"从中银协2006年相关的文件中可知，当时还没有形成比较系统完整的创建评比标准，只是规定了八条评比内容。银协发〔2006〕55号文《关于开展"中国银行业文明规范服务竞赛活动"的通知》附件所列的当年文明规范服务示范单位申报数额为600家，银协发〔2007〕43号文《关于表彰中国银行业文明规范示范单位的通知》公布实际当选单位为600家。

2007年4月19日，第四届常务理事会第一次会议审议通过了《中国银行业文明规范服务系列活动工作方案》和《深入开展文明规范服务系列活动倡议书》，并作为银协发〔2007〕42号文《关于开展文明规范服务系列活动的通知》的附件一、附件二下发各地区银协和会员单位。2007年开展文明规范服务系列活动的内容主要包括：第一，加强银行业文明规范服务制度建设；第二，召开中国银行业文明规范服务大会；第三，开展"文明服务月"活动；第四，开展银行业从业人员职业操守宣传教育活动；第五，开展文明规范服务宣传活动；第六，开展文明规范服务示范单位经验交流活动。于2007年6月18日又颁发了银协发〔2007〕57号文《关于对中国银行业文明规范服务示范单位进行复查与考核的通知》，其中有两个重要的附件文件，即附件二《中国银行业文明规范服务示范单位管理办法》和附件三《中国银行业文明规范服务示范单位考核标准》。文件对示范单位的"评选活动的组织、示范单位的条件、示范单位的申报和初选、示范单位的认定、示范单位的表彰、示范单位的管理"等方面都作了详细的规定和说明。这些规定和当年开展的文明规范服务系列活动都拓展了以后每年度示范网点创建活动的思路，积累了许多宝贵的经验，产生了极其重要的影响。当年，中银协还拟定了《中国银行业文明规范服务示范单位管理办法（试行）》（银协发〔2007〕40号文附件2），对示范网点的创建评比和动态管理进行了重要的探索。

2008年3月7日，中银协颁发了〔2008〕18号文《关于印发2008年度中国银行业文明规范服务示范单位评选活动方案的通知》，文件附件一为《2008年中国银行业文明规范服务示范单位评选活动方案》，方案规定了申报单位及其主要负责人的鉴定材料写作要求和示范单位考核报告的写作要求。在附件中所列的当年文明规范服务示范单位申报数额为1 000家，银协发〔2008〕86号文《关于表彰2008年度中国银行业文明规范服务示范单位的决定》公布实际当选单位为996家。并于当年年底组织召开了表彰大会，对当选的示范网点授予统一制作的牌匾和证书，同时向业内和社会进行公告。银协发〔2008〕87号文《关于印发"中国银行业文明规范服务示范单位"管理补充规定的通知》中对牌匾摆放提出了统一要求，规定了展架统一使用金色方形金属管材制作，高度1.3米左右。这种表彰形式一直沿用至今。

二、创建活动提升阶段（2009—2012年）

2009年7月，中银协正式颁发了银协发〔2009〕73号文《关于印发中国银行业文明规范服务示范单位管理办法的通知》，并附有两个考核标准，即"千佳示范单位考核标准（58）条"和"百佳示范单位考核标准（65条）"。中银协为了在银行业内精心打造文明规范服务品牌，充分发挥文明规范服务示范网点的示范作用，在全行业内开展了中国银行业文明规范服务百佳示范单位评选活动。中银协于2009年7月21日颁发了银协发〔2009〕74号文《关于印发〈2009年度中国银行业文明规范服务百佳示范单位评选活动方案〉的通知》，明确指出参加申报百佳示范单位的必须是荣获2008年度中国银行业文明规范服务示范单位荣誉称号的单位，也就是后来的"千佳"示范网点。文件还对当年百佳示范单位评选数量作了相应的说明："中银协参照0.12的系数,以各地区'2008年度中国银行业文明规范服务示范单位'数量为基数,并根据金融资产集中化程度等因素,对部分经济发达地区进行加法微调",要求"各地方协会应按分配名额向中银协推荐百佳示范单位候选单位,全国总计128家"。而且还首次向各地方协会提出了"确定本地区百佳示范单位候选单位名单,提请地方协会理事会审议本地区百佳示范单位候选单位名单,统一报送至各省银监局对候选单位进行合规性审核"。从2009年9月下旬开始,中银协按照示范网点管理办法的要求,首次引入社会测评机构,对示范网点候选单位进行暗访测评,并规定测评结果在综合评价中占20%的权重。银协发〔2009〕130号文《关于表彰中国银行业文明规范百佳示范单位的决定》公布实际当选单位为100家。

2009年开始,为表彰先进典型、巩固评选活动成果,在对各单位评选活动组织工作进行全面总结、综合考评的基础上,经中银协自律工作委员会审议通过,决定对在创建评选活动中表现突出的单位进行表彰。银协发〔2009〕131号文《关于表彰2009年度中国银行业文明规范服务百佳示范单位评选活动最佳组织奖、突出贡献奖、创建鼓励奖获奖单位的决定》中公布了当年最佳组织奖、突出贡献奖、创建鼓励奖各10个获奖单位。由此,该三项评选内容也成为了以后每年度创建评选活动中的重要内容。

2010年7月,中银协颁发了〔2010〕56号文《关于印发〈2010年度中国银行业文明规范服务千佳示范单位评选活动方案〉的通知》,千佳示范网点的荣誉称号也由此开始以文件的形式正式提出。文件中对评选条件增加了一条新的规定,即"不实行综合性支行含其辖属经营网点集体申报,其所属经营网点可单独申报"。文件附件一列出了《2010年度中国银行业文明规范服务千佳示范单位候选单位推荐名额分配表》,表中规定全国当年千佳候选申报单位为1 200家。在该年度评选活动中,中银协对曾进入2006年度、2008年度示范单位和2009年度百佳示范单位名单的网点进行了优先考虑。银协发〔2010〕103号文《关于表彰中国银行业文明规范服务千佳示范单位的决定》公布实际当选单位为1 000家。

2011年7月,中银协颁发了〔2011〕56号文《关于印发〈2011年度中国银行业文明规范服务百佳示范单位评选活动方案〉的通知》,文件规定参加评选的候选单位必须是荣获"2010年度中国银行业文明规范服务千佳示范单位"荣誉称号,并经当地地方银行业协会复查验收合格。文件的附件中列出了《2011年度中国银行业文明规范服务百佳示范单位候选单位推荐名额分配表》,规定了全国当年百佳候选申报单位为120家,中银协发〔2012〕1号文《关于表彰2011年度中国银行业文明规范服务百佳示范单位的决定》公布实际当选单位为100家。

为建立文明规范服务工作长效机制,夯实"百佳""千佳"示范单位创建基础,进一步统一银行业文明规范服务标准，提升行业服务质量管理水平，中银协曾作出了尝试构建中国银行业营业网点文明规范服务星级管理体系的决定，于2011年11月颁发了银协发〔2011〕84号文《关于征求对〈中国银行业营业网点文明规范服务星级管理办法（征求意见稿）〉及〈中国银行业营业网点文明规范服务星级评定标准（征求意见稿）〉意见的通知》，但该版本实际创建活动评选过程中并未使用过，且当年的星级网点评定工作也未正式实施。

2012年8月，中银协颁发了〔2012〕62号文《关于印发〈2012年度中国银行业文明规范服务千佳示范单位评选活动方案〉的通知》，文件对千佳示范单位申报条件以作了新的补充要求：候选单位应"经银行监管部门批准经营金融业务，具有独立经营场所，至本方案下发日止开业2年以上（机构地址及名称变更不影响营业时间连续计算），且不实行综合性支行含其辖属经营网点集体申报，其所属经营网点可单独申报"。评选活动实行差额评选，中银协参照各省、自治区、直辖市及计划单列市辖内金融机构数量和总资产数额情况，以及往年千佳示范单位中农村合作金融机构（包括农村信用社联合社、农村合作银行、农村商业银行）数量，按照比例测算，并综合考虑各地区经济金融发展水平，进行适当调整，制定2012年度千佳示范单位候选单位推荐名额分配数量为1000家，根据候选单位申报、合规性审核、资格审定、检查验收、巡检、暗访测评等情况综合评价，并提请自律工作委员会审议，最终根据银协发〔2012〕99号文《关于表彰2012年度中国银行业文明规范服务千佳示范单位的决定》公布所评选出的千佳示范单位有1 000家。

三、创建活动全面发展阶段（2013—2015年）

2013年6月，中银协在银协发〔2013〕50号文《关于印发〈2013年度中国银行业文明规范服务百佳示范单位评选活动方案〉的通知》中规定了百佳示范单位示范有效期变更为4年，在此期间可不申报参评百佳示范单位，中银协将不定期对已当选的百佳示范单位进行年检。并在文件附件中也安排了全国当年各地各银行推荐百佳示范单位候选单位总计为120家，最终根据银协发〔2013〕147号文《关于表彰2013年度中国银行业文明规范服务百佳示范单位的决定》公布所评选出的百佳示范单位有100家。

2014年，中银协正式开始进行五星级营业网点评定工作，于6月，颁发了〔2014〕87号文公布了《关于印发〈2013年度中国银行业文明规范服务五星级营业网点2014年度评定工作试行方案〉的通知》，其目的是"以五星级网点评定为切入点，探索创建营业网点星级管理工作模式，为行业全面推行营业网点星级管理工作奠定基础"。文件还强调了"五星级网点评定工作是构建中国银行业营业网点文明规范服务星级管理体系的重要组成部分，是强化行业服务品牌建设的保证。星级网点评定将与'中国银行业文明规范服务百佳、千佳示范单位'评选共同构建中国银行业文明规范服务品牌建设体系"。正式拉开了五星级评定工作的序幕。文件中对评定数量除了按照惯例实行比例控制外，还作了一些其他条件的规定，如获得2011年度、2013年度百佳示范单位称号的网点经申报为五星级网点，获得2011年度、2013年度百佳示范单位评选活动创建鼓励奖和创建优秀奖的网点也可申报五星级网点。根据银协发〔2014〕199号文《关于命名中国银行业文明规范服务五星级营业网点的决定》公布了首批荣获五星的网点有1236家。

2014年7月，中银协颁发了〔2014〕116号文《关于印发〈2014年度中国银行业文明规范服务千佳示范单位评选活动方案〉的通知》，文件指出："千佳示范单位是在中国银行业文明规范服务五星级营业网点中评选产生，更具先进性、引领性和示范性的文明规范服务工作优秀典型。"明确了各银行网点在申请千佳示范网点评选前，先要申报五星级网点，并按照银协发〔2014〕88号文《关于印发〈中国银行业营业网点文明规范服务评价标准（CBSS1000）〉的通知》，经地方银协评分达到960分（含）以上的营业网点，最终被评定为五星级网点的单位才具备千佳示范网点的申报资格。这意味着全国银行业文明规范服务品牌建设体系的构建更加完善，即从普通网点、星级网点、千佳示范网点、百佳示范网点应依次递进升级。

在2014年度中，中银协对五星级网点候选单位、千佳示范网点候选单位合并进行现场检查和考核评价，是以各地方协会对本年度申报五星级网点的现场检查考核结果作为当年千佳示范网点评选推荐的唯一依据。根据银协发〔2014〕198号文《关于表彰2014年度中国银行业文明规范服务千佳示范单位的决定》公布了所评选出的千佳示范单位有1000家。

2015年，中银协又全面实施了银行营业网点文明规范服务星级管理工作，颁发了银协发〔2015〕89号文《关于印发〈中国银行业文明规范服务星级营业网点2015年度评定工作方案〉的通知》，星级管理工作开始全面推进，文件指出：为了"系统化、规范化评价中国银行业营业网点的文明规范服务水平和质量，建立分层次的星级营业网点管理体系。星级网点评定将与'中国银行业文明规范服务百佳、千佳示范单位'评选共同构建中国银行业文明规范服务品牌建设体系。在银行业深入开展星级营业网点创建评定工作，夯实文明规范服务工作基础，带动中国银行业服务能力的进一步提升，塑造银行业依法合规经营、文明规范服务和履行社会责任的良好形象"。文件还指出："星级网点实行年度申报、年检审核制度。星级网点经年检或抽查合格长期有效。中银协组织对星级网点进行动态管理。已命名的星级网点，根据服务提升情况，在符合评定条件的基础上，在评定年度按规定申报流程，逐级申报更高星级。"即各申报星级评定的银行网点应由"三星""四星""五星"逐级递升评定，再从"五星"向"千佳""百佳"申报参评，这使得示范网点创建活动更具普及性，评选项目更具系列化。89号文明确规定了：评分达到950分（含）以上的营业网点，具备五星级网点申报资格；评分达到900分（含）以上的营业网点，具备四星级网点申报资格；评分达到850分（含）以上的营业网点，具备三星级网点申报资格。文件还指出对已命名的星级网点如果发生了违法、违规、违纪事件或文明规范服务工作水平明显下滑或重大负面影响的星级网点要进行降级或摘牌处理，并将在业内通报。根据银协发〔2015〕183号文件公布了当年荣获五星网点有1 092家。

2015年5月，中银协颁发了〔2015〕90号文《关于印发〈2015年度中国银行业文明规范服务百佳示范单位创建评选工作方案〉的通知》，明确规定根据新颁布的示范网点考核标准（满分为1000分），评分达到980分（含）以上的营业网点，具备百佳示范单位申报资格。并计划全国各地推荐候选单位有120家，根据相关的评选程序，最终根据银协发〔2015〕181号文《关于表彰2015年度中国银行业文明规范服务百佳单位的决定》公布所评选出的百佳示范单位有100家。

目前，星级网点评定将与我国银行业文明规范服务千佳示范单位、百佳示范单位的评选共同构建中国银行业文明规范服务品牌建设体系。"百佳示范单位"是中国银行业文明规范服务中含金量最高的荣誉，也是各商业银行基层单位倾力打造的最重要服务品牌。中银协为此作出了巨大贡献，在此期间各地银协也付出了艰辛的劳动，取得了卓越的成绩。随着银行业示范网点创建活动的深入开展，各银行网点的文明规范服务工作基础将进一步夯实，将更加有利于塑造我国银行业依法合规经营、文明规范服务和履行社会责任的良好形象。

第二节　示范网点创建活动的成果回顾

十多年来，在中银协的发起和周密的组织下，在各省、市协会多年的共同推动下，我国银行业内争创示范单位的热情越来越高涨，参创行的队伍逐年在扩大，争创意识日益增强，近两年来各地的外资银行也积极参与了这项活动。自2006年至2015年，在全国21.7万个银行网点中，共有400家当选为百佳示范单位，有4 598家当选为千佳示范单位，有2 328家银行网点被评定为五星级网点。以下是各地区银行的示范网点数量排名前十的示意图（中银协将深圳、厦门、大连、青岛、宁波五个城市单列计算，下列图表数据包含上述地区）。

按地区排名（如图1-1、图1-2、图1-3所示）：

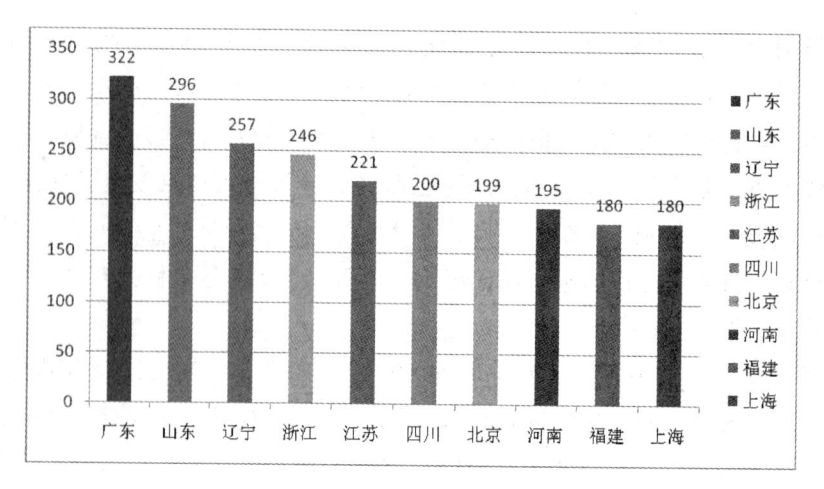

图 1-1　千佳示范网点示意图（按地区统计）

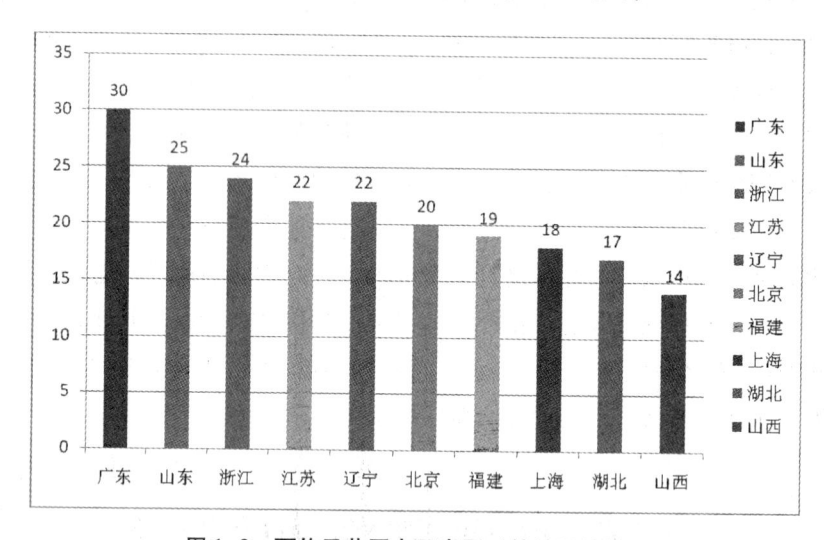

图 1-2　百佳示范网点示意图（按地区统计）

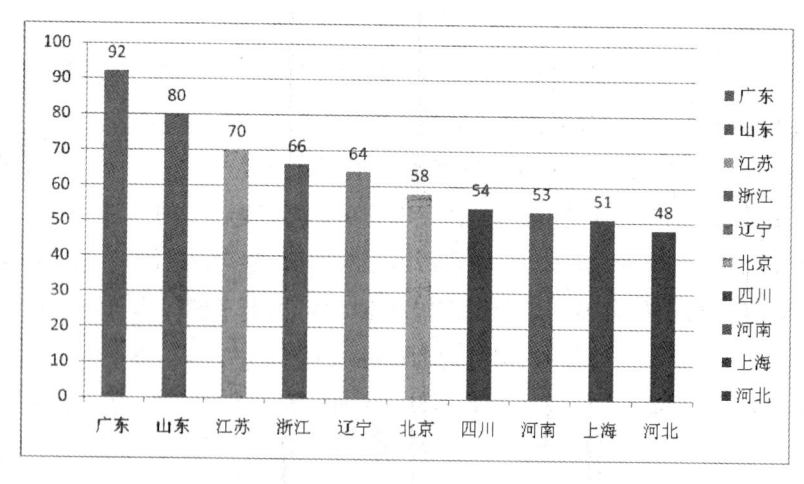

图 1-3　五星级网点示意图（按地区统计）

按银行排名（如图1-4、图1-5、图1-6所示）：

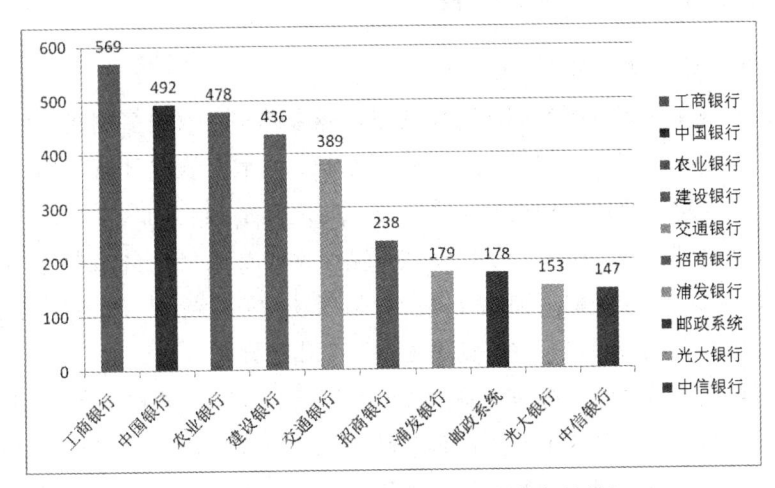

图1-4　千佳示范网点示意图（按银行统计）

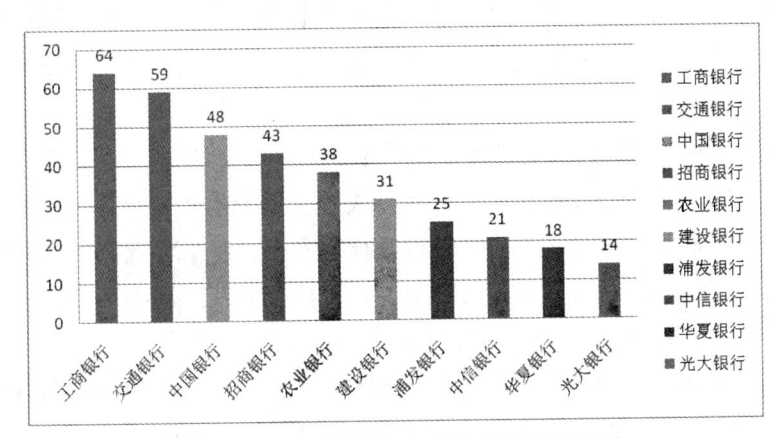

图1-5　百佳示范网点示意图（按银行统计）

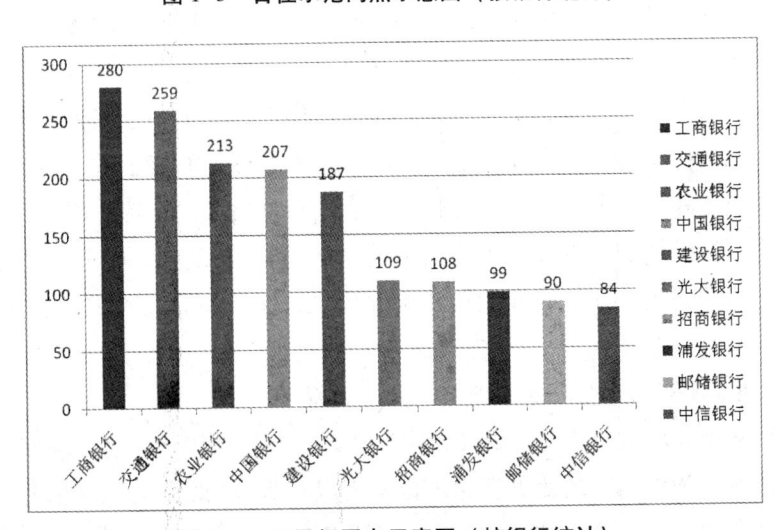

图1-6　五星级网点示意图（按银行统计）

一、示范网点创建活动的成果分析

（一）浓厚的创建氛围业已形成

目前，重视文明规范服务创建工作的银行越来越多，有很多创建单位建立和完善了创建工作领导小组，由"一把手"担任组长，分管行长具体落实创建工作的计划、组织实施、检查督促、调查分析情况；部门之间加强协调，形成领导重视、全员参与、强化培训、奋力拼搏的创建氛围，基层网点员工自觉自愿参与的热情不断高涨，主动要求上级管理部门和地方协会加强现场检查指导，有许多单位还聘请了专业培训机构或有经验的专家进行创建工作的专业辅导。

示范网点创建活动已向纵深发展。各商业银行越来越重视网点的文明规范服务的基础建设，客户服务管理工作抓得越来越精细、扎实。创建不仅是树立典型，更重要的是在网点建设与管理的面上深入推广。示范网点的奖牌不是目标，提升本系统整体服务水平才是最终目标的理念已被大多数银行接受。于是创建目标更加明确，创建工作思路有了根本性的转变，由过去的突击抓变为长效抓和上下联动抓、多部门共同抓。

（二）丰富完善了银行业的行约行规

为了使创建活动开展得有声有色、卓有成效，近十年来中银协出台了许多的规范性、指导性文件，包括示范网点考核标准体系在内，都成为我国银行业的行约行规，对各银行的经营行为和从业人员的服务行为具有很强且有效的指导和约束作用。

（三）大大地提升了我国银行业的社会服务功能

在示范网点的带动影响下，绝大多数的银行营业网点均以优化软硬件服务设施、完善制度保障与员工管理为主轴，大力推动新时代下银行网点的新一轮转型。各商业银行都自觉严格按照中银协要求，统一行业标准：营业厅堂的服务功能多元化且分区合理方便；柜面服务、大堂经理、理财经理的文明用语及服务行为进一步标准化和规范化；服务管理工作制度、计划、评比、检查制度进一步完善和细化；应急事件的处理联动机制有了进一步的完善，客户投诉处理效率有了进一步的提高；保护消费者的权益和保护客户秘密信息工作得到了有效的落实；特殊群体的服务实施和服务措施更加具体和人性化；关爱员工的措施不断完备，加强员工的业务培训、服务培训业已常态化；践行服务文化和服务理念、服务文化传承的工作不断扎实、深入。

（四）树立了标杆，推动了行业新风尚、新形象

创建活动有效地引领了全行业服务质量和水平持续提升，示范网点的员工们积极践行"以客户为中心"的服务理念，将文明规范服务内化于心、外化于形，有效地提升了金融消费者对我国银行业文明规范服务工作的满意度和美誉度，在社会公

众面前树立了良好的职业形象。当前，在全国银行业内已形成了学先进、赶先进的风尚，以点带面的示范效应业已彰显。中银协、省市银协分别组织的各种创建经验交流会和现场观摩活动，吸引了许多银行员工陆续到已被评为千佳、百佳的示范单位上门学习取经，对本行的创建工作进行补充完善。通过银行之间的相互学习，先进网点之间服务水平的差距越来越小。尤其是被评为中银协千佳、百佳示范网点更好地显示了员工的精神面貌和创建活动的成果，有力地促进了示范网点创建活动持续有效的开展。

（五）提供了交流平台，互相促进网点创建活动的开展

有的会员行虽然目前还没有正式推荐本行系统内的参评网点，但通过派员参加省市银协组织的检查组，积极参与当地的评选工作，旨在通过检查参评网点的机会，学习兄弟行的先进经验，为今后在本行系统内全面开展创建工作积累学习资料。许多银行负责创建工作的领导深切地感到，过去对示范网点的评比成果认识不足，通过观摩学习后发现，创建工作对银行网点员工整体素质的提高、服务环境的优化、档案管理的规范及网点负责人的管理能力等都极有帮助，纷纷表示今后一定要积极参与创建评选活动。

二、示范网点创建活动需要改进的问题

（一）行际之间创建工作的基础有差距

一是少数参评单位对中银协颁发的评价标准的理解上还有差距，有些条款落实不到位；二是少数小型银行虽然是一级法人机构，但由于改制时间不长等诸多原因，目前营业网点所经办的业务种类不全，因而对照评分标准有许多空白点，影响了该类网点的评分值；三是外资银行的内部管理制度要求和中资银行也有些不同，造成了创建评选结果的不全面性。

（二）行际之间创建活动的参与度不平衡

少数银行参与的目的不够明确，单纯为了荣誉，而不是为了提升网点客户服务管理水平。因而示范网点评选后分别出现了以下几类状态：

一是传承先进网点的优良传统，曾多次被评选为千佳和百佳，即使以后没再参加创建评选活动，但网点的客户优质服务水平常态化，多年保持良好的先进网点的形象，受到社会公众、客户和同行的一致好评。

二是有许多网点因创建工作起步较晚，经验不足，在参加评选活动的过程中承受了失败的痛苦，但不气馁，不放弃，重整旗鼓，从零开始。他们的目的很明确、很健康，为的是通过评选活动来提升本网点的客户服务水平，抱着重在参与的心态，能否获得荣誉并不是唯一的目的。

三是随着网点参加创建工作的原班人马流动离岗，网点的优良作风未能继续传

承下去,先进的光环逐渐褪色,荣誉奖牌已成为历史的记忆。

四是有的网点参加文明规范服务示范网点的评选活动,从一开始仅出于"为了荣誉而战"的目的,一旦侥幸评选过关,网点的一切管理情况又回到"原生态"。

五是因种种原因未能获得评选的成果,未能以积极的态度去总结经验教训、自查差距,继续参评,而是鸣金收兵、偃旗息鼓。有的甚至带有情绪地表示永不参与,网点的客户服务水平始终难以提升。

(三) 示范网点评选与星级网点的评定应有必要的区分

当前,把星级和千百佳标准按照一个标准进行考核确实不太合理。千佳、百佳因名额有限,可以考虑不同银行之间的兼顾性,但五星网点如果也有名额设限,并也需要考虑银行之间的兼顾性,将不利于评选标准的把握。因为评上千佳或百佳的银行网点的成绩相差不会太大,而星级网点的评分结果在不同的银行之间存在着很大的差异。因为有的银行在创建工作方面有多年的基础,而有的银行创建工作起步较晚,相互之间存在着明显的差距。如有的银行当年推荐多个网点申报五星网点,而有的银行当年只申报一个五星网点,因名额所限,都只评上一个五星网点,然而前者落选的网点的评分却比后者的网点评分要高得多,这就会伤害网点员工参加评选活动的积极性。其实千佳、百佳应该是争先创优的评选项目,而五星、四星、三星则是达标定级的评定项目,争先创优可以考虑各银行的平衡因素,达标定级则应重标准因素,这样才能通过争先创优评选活动和达标定级评定工作真正做到激励先进、全面推动。因此,为更广泛地提高各家银行基层营业网点的参创积极性,全面提高银行业的文明规范服务的整体水平,笔者建议中银协对星级网点的评定从设定名额逐步过渡到不设定名额,评定工作实行分层分级,按标准进行验收,只要达标就予以授牌,实行动态管理,年检不合格者摘牌。

(四) 创建评比考核内容有待优化

现有创建评比的检查考核标准偏重于硬件条件,对各行的服务文化特色考核不足。在实际的创建过程中有追求网点硬件设备的先进化的倾向。我们既要鼓励大银行在服务硬件方面引领行业的发展方向,也应重视各中小型银行在服务软件方面的特色创新;我们既需要"高、大、上"的旗舰店,也应该有更多的"小而美"的精品店。只有如此,示范网点创建活动的开展才能更具普及性和标杆网点的可学性。因此,现有的考核标准内容需要进一步优化,要加大对网点员工综合素质的考核。从理论上来讲,大、中、小银行在硬件条件的配置上有差异,但在员工队伍的建设上基本是没有客观制约的,大都侧重于从员工综合素质方面去考核评价,这样可能更具可比性。考核网点员工的综合素质不是单纯地查阅现存的文档资料,有些资料在较短的时间内,容易被假象掩盖。可在现有的考核体系中适当增加一些网点员工业务素质的评分标准,如通过现场检查,对参选网点员工进行一定的业务面试、笔试和几项基本业务技能的现场考核，以网点为单位的团队考核人均分数作为考核内容。这样可以避免所有的创建工作只落实在几个骨干员工身上的现象。创建评选工作的重点应该是考察银行网点服务文化的培育成果在每位员工服务行为中的真实体现，引导银行网点全体员工共同参与、共同努力、共同拼搏，真正体现示范网点的团队精神。

第三节　银行网点转型与星级评定的关系

随着示范网点创建活动的深入开展，中银协为了进一步推动该活动的普及，进一步提高银行业的整体服务水平，于2014年又开始推出星级网点的评选活动。然而，有许多银行并没有完全了解星级网点评定的相关内容和标准，部分外聘的培训机构也误将以前银行转型的培训内容和方式进行现场辅导，致使参评的单位的创建效果离中银协颁发的评选标准相去甚远。为此，我们有必要把网点转型与星级评定两个概念分别加以厘清。

在阐述网点转型前，我们不妨先追溯一下我国五大商业银行的发展演变经历。

1950—1978年，在计划经济时期，中国人民银行成为国家吸收、动员、集中和分配信贷资金的职能部门。中国人民银行作为国家金融管理和货币发行的机构，既是管理金融的国家机关，又是全面经营银行业务的国家银行。不论是资金来源还是资金运用，都由中国人民银行总行统一掌握，实行"统存统贷"的管理办法。银行信贷计划纳入国家经济计划，成为国家管理经济的重要手段。高度集中的国家银行体制，为国家大规模的经济建设提供了全面的金融监督和服务。

1979年1月，国家为了加强对农村经济的扶持，恢复了中国农业银行。同年3月，为适应对外开放和国际金融业务发展的新形势，改革了中国银行（成立于1912年）的体制。1984年1月1日，中国工商银行从中国人民银行分离后成为专业银行。1986年7月24日，作为金融改革的试点，国务院批准重新组建交通银行，它成为中国第一家全国性的国有股份制商业银行。

1994年，按照国家投融资体制改革的要求，建设银行将财政职能和政策性基本建设贷款业务分别移交给财政部和国家开发银行。1996年3月26日，更名后的中国建设银行从财政体系分离，在功能转换上迈出了向现代商业银行转轨的重要一步。过去的四大专业银行也由此同交通银行一起统称为五大国有商业银行。

从20世纪80年代中期起，为适应经济金融体制改革和经济发展的要求，四大专业银行通过开办各种面向社会大众的商业银行业务，丰富了银行职能，为向现代商业银行转轨打下了坚实的基础。在此期间，各地还相继组建了信托投资公司和城市信用合作社，出现了金融机构多元化和金融业务多样化并存的局面。随后，各种类型的中小型商业银行也如雨后春笋般地出现，极大地推动了我国商业银行的健康发展。

随着国内外经济形势发展复杂多变，经济金融格局不断调整，金融同业之间竞争日益严峻，商业银行在传统业务上遭到了非银行金融机构和国外同行的替代挑战。银行间的竞争不只限于规模和业务上面的竞争，更多地表现为服务的竞争。同时，日益提高的客户需求和客户对网点满意度的不足也要求网点进行转变。日益增加的客户期望包括多样化的产品、优质的服务、获取服务的便利性等。客户希望银行能够在提高业务处理速度、简化业务处理环节、优化网点内部布局等方面对网点进行改造，从而提高客户满意度。如果客户需求不能在网点服务中得到体现和满足，则会导致客户忠诚度的降低和客户的流失，给银行带来巨大的潜在损失。为此，转型成为各商业银行面临的重要问题。然而，商业银行的转型是一个庞大而复杂的问题，商业银行的全面转型和深层次的结构性变革，既包括发展战略的转型，也包括管理体制的转型；既包括资产结构、负债结构、客户结构、收入结构等经营结构的转型，也包括组织体系、资本管理、网点经营模式、业务营销渠道和人力资源等经营资源的转型。本书所叙述的"转型"仅指与星级网点创建活动相关的内容，即银行网点经营模式、业务营销模式和客户服务管理模式等方面的网点转型。

商业银行网点转型是指网点的业务功能由核算交易主导型向营销服务主导型的转变，其核心是柜面业务流程和客户服务流程的再造。商业银行网点转型可采取重新定位网点员工岗位职责、优化业务操作流程、塑造网点精神、改善网点环境等措施，规范网点的服务营销模式，从而实现提高网点服务效率，实现服务标准化和客户体验的一致，提高产品销售能力，提升客户满意度，提升市场竞争能力，提高内控管理水平和盈利水平的目标。

近十年来，面对日趋激烈的国内外银行竞争，国内各家商业银行均加快了网点转型进程，有的银行网点转型已从一代、二代向三代过渡，对网点建设和网点营销业绩的提升起到了明显的促进作用。为进一步巩固网点转型成果，推进网点服务管理工作的规范化、标准化和常态化，提升服务品质，展现良好的社会服务形象，许多银行在早些年就启动了本系统内的星级网点评定工作，为评价网点的实际业绩提供了一致性标准。

网点转型是实现零售业务转型的前奏和基础；而星级网点创建是在综合考虑网点销售业绩、客户服务、物理环境和风险控制等因素的基础上，对网点客户服务的综合能力和水平进行考核、评定。相关银行管理部门或协会根据评定结果授予相应星级网点称号，并予以表彰、授牌和动态调整的管理活动。从两者的目标和实施的基本内容来看，网点转型与星级网点创建都是我国商业银行可持续发展的重要举措。可以说，网点转型是星级网点创建的基础，星级网点创建是网点转型效果的检验和升华。

目前，各家商业银行在网点转型和星级网点创建过程中出现了一些不容忽视的问题，亟须采取有效措施加以解决。对于任何一家商业银行来说，都需根据自身经营发展状况和现实条件，制定相应的网点转型战略及政策路线。然而，最优方案的集合并不一定代表最佳的行业标准，各家商业银行所制订的网点转型方案和星级评定标准，都存在着与我国银行业行约行规不相符的缺陷。比如：许多银行网点服务功能区域的布局设计不够分明、合理和方便；自助设备之间和厅堂理财专柜之间没有区隔设施，不利于客户私密信息的保护，让客户缺乏安全感；厅堂的免责提示用语不够温馨；没有设置应有的公共教育文宣墙；相关的产品服务信息不够透明，金融消费者的知情权得不到充分体现；网点管理制度和服务文化培育机制不够健全完善等，而这些缺陷又制约着各商业银行网点转型的不断完善和提升。

中银协自2014年起，在示范网点创建活动的基础上推行了星级评定项目，对推动和引领我国商业银行网点转型的良性发展具有重大的意义，同时也能有效地指导各商业银行星级评定工作，使其更加规范化和常态化。银行业协会是由银行业金融机构自愿组成的，接受中国银行业监督管理委员会的指导和监督，为实现会员共同意愿、按照其章程开展活动的银行业自律组织，严格按照国家有关法律法规开展工作，维护银行业合法权益，维护银行业市场秩序，提高银行业从业人员素质，提高会员行的服务水平。根据银监会授权，中银协可对涉及全行业的专项业务工作进行相应的指导和协调，并依据章程或行规行约，组织制定行业标准和业务规范，推动实施并监督会员执行，提高我国银行业的整体服务水平。

由于各银行"CI"和"VI"设计理念的不同，因此，各商业银行在网点转型的理解和方案的设计方面上各有自己的思路，在许多转型设计方案和本行系统内星级评定标准的制定不完全符合中银协创建活动评价标准。笔者在部分银行网点做培训辅导时，曾针对一些不符中银协示范网点创建评定标准的地方，以书面简报或口头提示等形式向网点领导提出整改意见，但常得到类似这样的反馈：总行有相应的规定，基层网点不能随意更改。类似此类情况，主要原因是许多银行不了解中银协所制定的星级评价标准对银行网点转型的指导作用，基层网点也没能及时地向上级行相关管理部门反馈整改的必要性。其实，各银行不同的"CI"和"VI"设计效果与中银协制定的创建评价标准没有原则性的冲突，然而中银协颁布的星级网点评定标准得到了绝大多数会员和广大金融消费者的普遍认可。许多银行在示范网点创建活动的实践过程中，以"千佳""百佳"评选的成果，充分发挥本行示范网点的标杆作用，极其有效地推动了全行所辖网点转型的全面升级，取得了令人瞩目的成绩。因此，可以这么说，中银协制定的星级评价标准更具有行规行约的指导性、代表性、规范性、统一性、先进性和权威性。

第四节　银行与客户的关系

为了提高客户对银行服务的认可度、美誉度、忠诚度，很多银行的基层领导和培训机构的老师通常会用"客户是上帝"和"客户是衣食父母"这两句话来教育员工。可这种说教式的教育对员工而言显然是苍白的、成效甚微的。为此，我们有必要厘清这两个概念。

一、客户是上帝

"客户是上帝"是个被误释的舶来词。"客户至上"是西方营销理论中的一个经营理念，在中国市场经济初期时被传到了中国，被我们不知是有意还是无意地翻译为"客户就是上帝"了。如果说西方人把客户当做"上帝"或许是可以理解的，因为西方国家出于信仰，提出这样的口号可能是虔诚的，能令人信服的。而在东方，尤其在我们中国，信仰天主教和基督教的人数究竟有多少，目前还没有权威的统计数据。笔者曾在多次培训时提问过上千位学员，仅有3位员工宣称是基督教徒。现实如此，我们又怎能要求银行大多数员工对待客户就要像虔诚地顺服上帝一样？道理很简单，很多员工会想：上帝是什么？上帝在哪里？员工们对于上帝没有虔诚的感觉，又怎么可能找到"客户是上帝"的感觉。相反，个别员工经常冒犯我们的"上帝"，这些现象就不足为怪了。

从哲学角度看，"客户是上帝"的观念不是唯物观。从现实情况来看，我们在人为造"神"中把客户变成了"上帝"，使得我们的员工每天都要对"上帝"敬而远之、恭而畏之，使得我们的员工在正常的客户服务过程中常常感到卑微、自闭，在心理上很容易与客户之间产生一道"楚河汉界"。于是原本熟悉的客户变成了陌生的"上帝"，亲切情感变成了呆板的服务用语，自然服务习惯变成了僵化工作流程。员工每天面对难以沟通、高高在上的"上帝"，越来越找不到自信。在这种心理阴影下，我们的员工又怎能发自内心地做到热情周到、细致入微地接待好客户和服务好客户，与客户又如何能做到心贴心地交流与沟通？

二、客户是衣食父母

"客户是衣食父母"，从营销和经营的角度来说并没有错。我们的业务来源于客户，客户能给我们带来丰厚的经营利润。我们似乎可以理解为客户就像父母一样。因为我们的吃、穿、用都是客户提供的，所以我们应该好好报答客户，好好为客户服务，只有对客户好，才能财源滚滚。但银行网点员工尤其是年轻的员工，大多数是独生子女，在家被娇惯，通常饭来张口、衣来伸手，常跟父母亲怄气、赌气，是被父母服务的对象。甚至有的不懂得如何感恩父母对他（她）们的爱。笔者在网点经常看到这样的情况：每到中午，有些十分溺爱孩子的父母常冒着风雨严寒，端着热饭热菜到网点来送给自己的孩子，但有不少年轻的员工却态度生硬地埋怨父母送得太晚了。笔者为此也没少批评这些员工，可他们的父母却毫无怨言。笔者曾经批评过一位刚入行的员工："客户是我们的衣食父母，你怎么能跟客户争吵呢？"他却说："行长，这事明明是客户不讲理，我当然要据理力争。我们家里是很民主的，父母也有犯错的时候，我就是这样跟他们说理的呀。"由此看来，要求员工在工作时把客户当做他们的父母，他们自然会把在家对待父母的态度用来对待客户，遇到不高兴、不顺心的事顶撞一下客户这不是太正常了吗？笔者不是说子女不尊重父母的现象是合理的，只是认为对银行员工的教育方式应该更接地气，要用让青年员工更能接受的方式进行教育，不能生硬地把"孝"文化教育与现代服务理念混为一谈。

总而言之，员工教育理念的错误是导致长期以来我们许多银行网点服务水平难以有效提升的重要原因之一。因此，我们教育员工应该坚持的是"以人为本"的思想，而不是"以神为本"的僵化说教。

三、客户是朋友

中国人注重朋友之情，人情味浓，因此，"视客户为朋友"更符合中国人的思维习惯。这样的服务理念才更具人性化，也更具有深层次的服务内涵，更能贴近员工和客户。

第一，在传统的文化观念中，中国人最讲朋友之情，对朋友之托会尽心竭力，否则被别人看不起。从客户服务的文化价值角度来讲，我们提倡"把客户当做朋友"更为贴切，因为朋友之间容易交流沟通。或者还可以说"把客户当做亲人"，因为"熟人好办事"的观念对我们来说还是比较根深蒂固的。在现实生活中，当朋友有困难需要帮助时，我们往往会有想方设法、竭尽全力去帮助的那种热情和真情。因此，我们的员工在服务客户时要把客户当作朋友或亲人，要努力地与我们的客户发展朋友式的关系，改善我们的服务质量，大大提高客户对本行的忠诚度。当然，换位思考：如果客户也能把你当做朋友，那么就证明你成功了！

第二，银行与客户的交往主要是建立在双方利益交换基础之上的，这种关系的建立技巧可以用老子在《道德经》中的一句话来概括："虚其心，实其腹。"即通过我们的优质服务让客户得到实惠，对你形成持久的依赖，在持续不断地享受我们银行提供的服务的过程中，客户则会慢慢放弃其他的选择，出现问题时第一个想到的就是你这个朋友。只要你能真诚地善待客户，稳固的供求关系与满意度、忠诚度是唾手可得的。

第三，在员工与客户也应是一种平等互助的关系，双方都有被尊重、被亲近的情感需求。员工与客户如果相互视为朋友，就会多一份亲近感、亲切感。对员工而言，"有朋自远方来，不亦乐乎"，心情愉悦，精神定会饱满、振奋，工作干劲、热情自然会倍增，办事效率将大大提高；对客户而言，受到主动热忱、周到细致的服务，情感需求得到极大的满足，也必将回报银行，两者其乐融融。

第四，朋友是一种实实在在的关系。人活在世上，不可以没有朋友。朋友多了路好走。你对朋友以诚相待，笑脸相迎；朋友也会投桃报李，回报以忠诚。员工与客户之间最佳的状态，不是公式化的宾客礼遇，不是程式化的服务用语，也不是刻板的业务流程，更不是低三下四地点头哈腰，而是一种相互理解、宽容、体谅的自然状态。员工每天接待客户时，主动打招呼、拉家常、谈近况，从而增进彼此交流。在此过程中，员工们会听到许多客户对本行的赞扬、建议、批评、抱怨，应以谦虚、理智、宽容的态度对待这些评价，体现出一种友爱、体贴、理解与气度，自觉地为客户排忧解难、解惑释疑，消除客户的疑虑和不快，以友情包容误会、缓释矛盾，可大大减少投诉现象。

总之，大力推导"客户是朋友"的服务理念，必将惠及客户、惠及员工、惠及银行、惠及整个服务行业。

第五节　银行网点服务与营销的关系

笔者在对银行员工进行培训时，无论是讲授员工营销技能还是柜面文明规范服务指引等课程，都会向他们提出一个问题："服务和营销究竟哪个重要？"学员回答的情况几乎都是类似的：有的说服务重要，有的说营销重要。每当双方激辩之时，也有许多学员面有难色，不知如何回答。我们支行的网点负责人回答说两者都很重要。这样的回答看似完美，其实不然，因为有许多负责人是口是心非的。在笔者支行下辖的近20个网点中，有的网点负责人整天忙于走街串巷搞营销，而疏于网点员工的客户服务管理，一旦"后院着火"，才无奈地打道回府，处理客户投诉，为此也常常消耗了许多时间和精力；相反，有的网点负责人则能较好地处理两者关系，虽然网点未必处于闹市，每年的营销业绩也许未必像前者那样经常会有"意外的惊喜"，但也不会在"惊喜"之后不久又有"高空跳水"或者"长期潜水"的苦恼，网点的各个经营指标都能保持持续增长。

笔者不否认营销与服务两者的区别。一是对于金融消费者而言，从马斯洛的需求层次理念上理解，产品营销只是提供了简单地满足客户在生理或安全方面的需求，而服务更注重的是消费者在享受银行网点所提供服务全过程的感受，这是人的最高需求，即尊重需求和自我实现需求。二是对于银行而言，营销的重点在于产品收益是否能满足不同客户的财务收益要求和网点经营业绩的量化，服务的重点在于银行与客户互动的感受和客户对本网点的口碑，以及客户的消费行为能否在本网点长期延续。三是从两者形态而言，银行网点所营销的金融产品是有形的、可储存的，客户可以根据自己的需要在同一个网点内进行选择，客户购买行为也可能一次性的；而银行网点的服务却是无形、不能储存的，服务是为了使众多的"头回客"变为"回头客"，一旦出现问题，就会严重影响消费行为，并且不容易补救。四是就两者的特性而言，营销可以用产品文字介绍的方式向消费者表述，客户可根据产品的性价比作选择；而服务没有办法像产品那样给出样板或者完全具体化、量化，消费者只能从银行知名度、美誉度和网点的办公场所的环境、服务的硬件设备、员工的着装打扮、谈吐行为、切身接触的感受等来评判其服务质量。五是从两者实施的过程来说，银行产品介绍中的收益率和风险测试指标都是产品管理部门预设的，网点员工在营销时的口径必须是统一的；而员工的服务质量是动态的，是因人而异的，往往是根据不同服务情境即时应变的。网点之间和同网点员工之间都可有自己的服务特色，而且每一次提供的服务与前一次相比都是独一无二的，这个特性常使得网点对服务的质量很难控制。

但是，我们应该认识到两者又是紧密相连的关系。在新经济时代的今天，已经不存在单纯意义上的营销了，它必须仰赖服务而生存。营销本质上就是一种服务营销，产品有形部分的价值在满足人们需要的消费品价值中的比重正在逐步下降，而无形产品及产品无形部分的价值正变得越来越重要。

笔者在分行信贷管理部门工作时，经常会听到部分网点负责人和客户经理抱怨：不是觉得营销费用不足，就是埋怨本行的产品价格不如其他银行优惠。但笔者始终认为靠价格战和优惠政策吸引客户毕竟是权宜之计，因为价格的优惠是有极限的，而服务没有最好只有更好。因此能将客户长久留下的，最终还是服务，不然前方夺了城池，后方却失了阵地。在我们的银行网点中确实有许多负责人和员工只重视对银行产品的营销，而忽略了对服务的提升，以致银行产品在销售之后，因服务缺失而影响到客户的稳定性。甚至部分银行的一些业务主管部门仍抱有"酒香不怕巷子深"的老观念，只是以一副居高临下的气势强行下达营销指标，而不注重网点客户服务的管理，营销指标预期与网点所处的市场环境经常脱节。

服务确实是为了营销，而且服务也是营销。在任何一次营销过程中，服务穿插于其中。服务质量和效率会影响营销的效率和成果。服务是开启营销的钥匙，当网点员工与客户交流的时候，良好的服务意识是能够瞬间赢得客户信任的关键，热情的招待和专业可信的解说可以让你在接下来的营销过程中掌握先机、争取主动。网点员工在为客户提供服务过程中,是一种高度接触服务,重要的是要让客户在服务整个过程中理解和体会银行员工的工作,让他们感受到来到网点营业大厅的所经历的一切,每次都有备受重视、尊敬的感受。真正的服务是为了能使服务提供者与客户之间形成难忘的、愉悦的互动。追求服务品质就要亲和待客,追求业绩就要诚信待人,我们在为客户提供产品需求时,要让客户感到不是单纯地购买了一种金融产品,而是一种特别的享受,这就是营销的最高境界了。在全面服务的时代,无论何种产品,与服务已经没有一条泾渭分明的界限,服务已经渗透到经济的每一个领域,成为各种产品不可缺少的一部分,没有服务的产品是残次品,残次产品在市场上不会有广阔的营销空间。

营销的本身也是一种服务。大部分客户缺乏金融常识,因此在购买产品时肯定会有问题要问,网点的员工要熟悉产品性能才能耐心地圆满解答客户的疑问。这个过程既是服务也是营销。解答得到位,既说明员工的营销能力强,又体现出员工的服务好,客户满意首先就是对服务满意,只有客户满意了才有购买产品的意愿和可能,营销也就有了结果,员工也就有了理想的业绩。因为,客户购买我们银行产品不仅是为了使自己的财务保值、增值,或是为了借助银行结算平台进行正常的交易往来,而且越来越注重每次业务交易过程的体验。事实上,银行提供的许多产品都包含着服务的内涵,有的产品甚至直接表现为服务。例如在银行与企业业务合作的营销方案或者个人金融业务理财产品的设计中,都要站在客户利益的角度为对方提供专业的意见和解决方案,满足客户需求,超越客户消费期望值,在提高客户满意度的情况下,刺激客户反复消费,并形成口碑传播。营销环节的合理设置可使良好的服务发挥到极致,这就是我们银行员工市场营销活动的整个过程。

因此,银行在营销产品的同时更多的也是在营销一种服务。营销是一个过程,而在这个过程中,服务是至关重要的一环。可以说,服务是营销的基础也是营销的延续。衡量金融产品质量的好坏,除了增值以外,就是服务水平的高低。金融产品同质化很强,网点营业厅所销售的产品不可能是唯一的,一个成功的营销模式很容易被模仿,而一支服务精英队伍却很难被他人复制,一个网点客户服务的优质程度至少可以在其所处的地域范围内成为唯一。

在银行网点的实际管理过程中,有许多网点负责人对服务与营销两个概念认识还不够到位,常有部分网点负责人认为客户的根本目的是为了使自己的财务增值,只要产品好,银行网点的服务态度好与不好并不重要。持这种观点的网点负责人没有认识到金融产品的可复制性极强,任何一家银行要在所有的产品收益方面完全长期领先于其他同行并不可行。事实上客户往往会在服务质量和产品收益两个方面综合考虑后才选择银行,如果我们的网点不注意两者的关系,势必失去竞争的优势和实力。也有的网点负责人说:"我们网点的营销任务指标那么多,哪顾得上考虑客户服务质量管理工作。"其实,无论哪个网点的营业大厅都面临着服务和营销的压力,每一个网点的负责人和员工都渴望同客户建立更长久的关系,而不只是在一笔交易完成后就离我们而去。如果我们能通过优质的服务,充分展现网点营业大厅的魅力,使每一次营销的终点成为下次营销的起点,就不会在究竟是营销重要还是服务重要的这个问题上困扰了。因为服务与营销两者是相互作用、缺一不可的,两者犹如一枚硬币的两面,忽视了任何一个面都难以构成其完整的价值。在市场竞争异常激烈的环境下,"今天的质量就是明天的市场"。我们的服务工作做好了,产品质量能较好地满足客户的需求,我们的市场营销才有保证。

在中银协历年颁发的文明规范服务示范单位评价标准中,既有网点服务质量的标准,也有网点营销业绩指标的考核。这是对我国银行业发展的一种正确导向,是非常必要的,也是非常重要的。它既是银行本身生存和竞争发展的需要,也是银行应尽的社会责任,更是社会文明发展的必然。

第六节　银行合规文化与优质服务的关系

安全是银行网点经营的生命线,示范网点首先必须是合规文化的楷模。笔者过去常常跟员工们说这样的话:"千万不要用我们的血和泪去作为兄弟行应吸取的教训,也千万不要因为我们的违规过失和后果成为管理制度新条款产生的依据。"只有严格合规作业,才能把一切风险隐患消灭在萌芽之中。银行营业机构合规经营,以及柜面员工规范操作业务流程,是有效防范管理风险和操作风险的重要前提,也是衡量一个基层行经营管理水平高低的重要标志。中银协在每年度组织开展的文明示范网点创建活动的过程中,特别强调考察参评网点的合规管理问题。然而,在历年的创建评选中,也确曾有少数申报网点因自身内控管理出了问题最终被取消评选资格。因此,各银行都必须高度重视合规文化的建设,尤其是参加申报评选活动的网点。如果在日常客户服务的过程中不注重网点的合规管理、员工的合规操作,这样的网点既不文明也不规范,就不可能是一个能令人信服的示范单位。

有规不遵、有章不遁都是各行业之大忌,更是银行业的雷区。银行网点不合规问题主要有两大类,即柜面员工业务操作不合规造成业务差错和少数员工道德操守失控酿成经济案件。无论何种不合规的问题,我们都必须严加防范、杜绝隐患,不可掉以轻心。银行号称"三铁":铁制度、铁算盘、铁账本。正因为有了银行的"三铁",银行在百姓心中才是可以信赖的。但是,当今银行也是经济案件高发区,一些大案要案的发生,不仅干扰破坏了经济金融秩序,而且严重地损害了银行的社会信誉。银行其实是一个巨大负债者,资金主要来源于客户存款,通过发放贷款获取收益。如果说银行是船,那客户就是水。资金安全是银行的生命线,如果失去了这条生命线,就会失去客户的信任,动摇了资金来源的基础,那么,银行犹如搁浅的船舶,寸步难行。

网点是银行系统内经济案件的重灾区。从客观上讲,银行网点的员工每天与钱打交道,受到的诱惑大,再加营销业绩压力大,每日接待上百个形形色色的客户,员工容易积累大量的负面情绪,若不能及时疏导,加之意志稍微薄弱,就很容易行差踏错。从主观上讲,其主要原因是我们基层领导的合规经营意识缺失,平时只强调业务工作的重要性,而忽视了员工的思想政治教育,没有正确处理好遵纪守法、职业道德教育与业务工作的关系,导致规章制度形同虚设、执行不到位。

合规包含着两个层次的含义:一是要有一个合格的规。这个规必须符合法律,适应银行经营特点,提升经营管理层次,保障银行健康发展,调动从业人员的积极性;二是大家都要用行动去符合和遵守这个合格的规。这就需要有一种氛围和机制,使从业人员不是被动地,而是主动地去遵守这个规。

第一,努力建立和完善合格的规,培育良好的合规文化。

有效的合规风险管理机制是银行构建全面风险管理体系和有效内部控制机制的基础和核心,是合规文化形成的基础。但是,据银协相关人员反映,许多申报评选的网点制度建设不到位,各类必备的规章制度不是缺失就是过期失效,导致网点员工的业务操作和服务行为严重失常,离文明示范网点的标准相差甚远。笔者认为,一个名副其实的文明示范网点,必须注重合规文化的培育。一是要根据银行自身的公司治理、企业文化、组织结构、发展战略、人力资源、市场需求、竞争环境、业务复杂程度、绩效考核和激励机制等因素,认真抓好制度建设和规章制度的落实执行,并且应随着上述因素的不断变化而动态的调整。如果这个规本身不充分、不系统、不合法或者没有得到及时修订,就会使银行在客观上处于违规的境地。二是要根据网点柜员工作的特点,坚持必要的学习制度,使每位员工都能真正做到懂制度、明职责、严操作,从源头遏制违规操作和违纪、案件的发生。三是要采取定期或不定期的自检自查、上级检查、交互查等方法,及时发现和纠正工作中的偏差,对业务工作的各个环节进行有效的内控与制约。在网点的实际业务管理和客户服务过程中,网点柜员每天都进行大量的业务操作,难免会有差错出现,必须坚持有错必纠、违章必究的原则。四是既要对员工进行正面教育,又要坚持经常性的案例警示教育,使大家都能加固思想防线,经常告诫自己"莫伸手,伸手必被捉",从而为消除经济犯罪打下良好的群众基础和思想基础,使每位员工都能做到"常在河边走,就是不湿鞋"。

第二,强化员工自觉守规意识,确保网点的优质服务。

我们要使每一位员工都牢记合规操作就是优质服务的生命线,优质服务就是要通过严格落实规章制度去体现，也是规范客户服务的一种必然要求。车行千里始有道，就网点柜员而言，就是要坚持自始至终地按规章办事。正确办理每一笔业务，认真审核每张票据，监督授权业务的合法合规，严格执行业务操作系统安全防范，抵制各种违规作业等，做好相互制约、相互监督，不能碍于同事情面或片面追求业绩指标任务的完成和经济效益的增长而背离规章制度而不顾，甚至踩法律的界线。

常常有网点的员工认为：有的规章制度过于严格，束缚了自己的业务操作，影响了服务效率，制约着自己的业务发展。事实并非如此，各项规章制度的建立都不是凭空想象出来的，而是在许许多多血和泪的教训中总结完善出来的，是经得起推敲和检验的，是各项工作必须坚守的底线。比如，在网点的业务操作过程中，授权签字和加盖业务印章是必需的业务程序，一旦签字盖章就产生了法律效应。但有的网点以业务繁忙为由，不能严格遵守；有的先办理后授权签字，有的印章保管不妥、使用不当。这些违规行为往往就是定时炸弹，常会给少数违法犯罪分子以可乘之机，产生意想不到的后果。无论发展什么业务、提供什么样的服务，首先要合规。俗话讲"没有规矩不成方圆"，离开了规章制度和规范化要求，银行经营也就无法正常运行，优质服务就更无从谈起。因此，网点主管必须严格履行应尽的岗位职责，既不越权也不溺职，每位员工都必须严格执行"自行保管，合规使用，离柜锁屏、锁章、锁柜"制度。

有的网点员工为了让客户得到满意的服务，或擅自简化手续，或碍于情面办理了本不应该办理的业务等。而事实证明一旦形成案件风险，损失是惨重的、代价是巨大的、教训是沉痛的，类似这样的"满意服务"也就失去了应有的意义。依法合规经营、严格遵守规章制度、规范业务操作流程必须不讲情面，这与我们追求的优质服务是并行不悖的。这是因为，我们倡导的优质服务不仅要遵章守规、坚持原则，还要讲究策略、方法和技巧，要科学地、灵活地落实规章制度。当客户的要求不符合规章制度而又确实无法满足时，我们不能只是生硬地说"不"，而是要用真诚和蔼的态度向客户解释不能办理的原因，不仅要晓之以理，更要动之以情，学会用情感来化解矛盾，做到合法、合规、合情、合理，相信一定能够得到客户的理解和信任。

在网点这个团队里，员工之间的信任是合作的基础，但这种信任是建立在合规基础上的，熟悉不能代替责任，更不能代替制度执行。员工之间岗位分离、职能独立、各占其位、各司其职，相互监督、相互制约。查库、复核、授权、双人封箱等程序，看似麻烦多余，却是维护整个银行系统的稳定和长治久安的保证。网点员工每天都与钱打交道，容不得一点疏忽，我们应该让合规的观念和意识渗透到每个员工的血液中，形成全员性的合规文化，要每位员工都做到为自己的职业生涯负责、为家人幸福负责；也要为同事的权益负责、为银行的安全负责，更要为客户的利益负责、为社会的和谐负责。要让责任在网点内成为风尚，要让合规成为我们的工作习惯，要让优质服务成为我们的品牌。

第七节　银行柜面员工业务技能与优质服务的关系

优质服务是银行网点的核心竞争力。但是，人们往往习惯于把服务仅仅理解为服务者的态度，即服务者的态度好就等于服务好。其实不然，服务有其更深刻的内涵。每位客户走进我们银行网点的营业大厅，不是来看我们员工的微笑，他们需要办理结算业务、购买金融产品、咨询金融知识，更需要我们的服务能给他们的财富带来增值。因此，对于网点硬件条件而言，要保证银行网点必须具备安全、舒适、温馨的服务环境，先进方便的服务设施设备，科学的服务程序等。而对于银行网点的员工而言，服务质量的基本内容应该涵盖员工的工作态度、工作效率、专业知识和业务技能等。

银行业虽然也是一个服务性行业，但在各类服务性行业中，银行业对技术含量的要求相对较高，因为银行工作需要掌握的知识非常繁琐，而且不是一成不变的，经常会因为一纸文件而改变业务处理方法。只有不断地学习，拥有丰富的业务知识，才能更好地满足客户的各种需求；只有不断地强化训练业务技能，熟练掌握各类业务技能，才能提高服务工作的效率。同样一件工作，内行人无论在做事的效率还是做事的质量方面都与外行人有所不同，他们在工作中的一举一动、一招一式，都会让人觉得像干这行的人，这就是职业化。各行各业都有各自独特的技能要求，银行的员工也不例外，一个称职的银行员工应该具备一定的行业技能。

古人云："工欲善其事，必先利其器。"柜面业务知识和专业技能都是提高网点员工服务能力的基础保证。没有全面的业务知识、过硬的专业技能、娴熟的操作技巧，就无法为客户提供完善、快捷的服务，就不能赢得客户的信赖。只有掌握熟练的专业技能，才能在业务操作过程中得心应手，更好地为广大客户提供方便、快捷、准确的服务，才能提高工作效率。因此，要提高网点的服务质量，我们网点员工就必须注重加强柜面业务知识的学习，而且还要随着服务设备技术的升级和业务操作流程的改造，及时地更新自己的柜面业务知识，提高柜面业务处理的能力。同时还要苦练四项专业技能，打下扎实的基本功，提高业务办理的速度。

柜面员工应该掌握的以下四项基本专业技能：

一、点钞技能

所谓点钞，即整理、清点钞票，泛指清点各种票币，又称票币整点。目的是保证柜面进出钞票的数量和质量，这是柜面员工的一项日常的、大量的、技术性极强的工作，也是合格上岗必备的专业技能和职业素质。常用的点钞方法有20多种，各个地域的银行会根据自己的情况和习惯采用不同的点钞方法。无论何种点钞方法，都应以"准、快、好"为前提。"准"，即清点和记数要准确；"快"，即在"准"的前提下，不断提高点钞的速度，至少应该达到总行所确定的点钞考级合格标准；"好"，即整点的票币应达到点数准确、残钞挑净、平铺整齐、把捆扎紧、盖章清晰的"五好"捆钱标准。

二、汉字录入

计算机文字录入有许多种方法，但五笔字型汉字输入法的输入速度较快，只是初学时要记字根，于是很多员工怕费事而使用拼音输入法。其实这是一个习惯问题，笔者初学时就是学盲打五笔字型汉字输入法，在我们行里许多使用拼音输入法的年轻员工录入的速度还比不上笔者。许多员工改学五笔字型输入法后，汉字录入速度有了明显的提高。

三、数字键盘录入

传统的训练方法是使用纸式传票翻打录入，而现今有许多网点员工使用本行制作的模拟训练系统进行翻打录入。其要求快、准。

四、鉴别技能

鉴别技能主要有货币鉴别和居民身份证及护照鉴别技能。发现处理假币和假身份证是一项政策性、技术性很强的工作，如果员工鉴别技能不过关，就很容易造成财务损失、客户投诉和法律纠纷等不良后果，这与银行的公信力和网点的服务质量都有密切的关系。

1. 假币鉴别

要熟悉本外币的一般防伪特征，了解假币的种类及伪钞的辨别技巧；掌握人工鉴别与机器鉴别真假币的方法；掌握假币的处理、残损币的挑剔与兑换。真假钞票的鉴别方法主要有直观对比法、仪器检测法、特殊分析法三种。网点应不定期地组织员工，通过登录中国人民银行网站，点播由中国人民银行制作的视频——人民币的防伪常识，了解和掌握假币的主要特征。

2. 身份证鉴别

一是要熟悉居民身份证的特点和整体识别技术。随着我国经济的迅猛发展和人口流动的不断加速，居民身份证的使用越来越频繁，而居民身份证是国家法定的证明公民个人身份的证件，是银行在办理相关业务时需要核查和识别居民身份的唯一有效证件。

二是要了解登记用护照和港澳台居民来往内地通行证的简单识别要领。识别护照的内容，包括识别持照人的国籍、身份、护照类别、护照有效期等最基本的内容，还要注意护照上注明的《注意事项》内条款的内容，鉴别护照的真伪及其合法性。

护照关系到持证人在国外所受合法保护的权利与进入本国的权利。目前，国际上大多数国家颁发的护照可分为外交护照、公务护照和普通护照三种，而我国不承认的护照主要有：世界服务组织发的护照、议会护照、英国属土公民护照和英国国民（海外）护照、英国旅游护照、中国公民持有的"受汤加保护者护照""汤加国民护照"、把我们的领土作为一个国家发的护照、中国公民非法持有的其他外国护照等。而港澳居民来往内地通行证，俗称"回乡卡"或"回乡证"，由广东省公安厅签发，是具有中华人民共和国国籍的香港特别行政区和澳门特别行政区居民来往内地的证件。"台湾居民来往大陆通行证"，简称"台胞证"，是台湾地区居民来往大陆地区所持有的证件。

许多员工对四项技能练习不以为然，认为客户名字大多是两三个字、单笔业务数字也不会太多，速度快慢无大差别；点钞机可以替代手工点钞；识别器可以直接鉴别真伪，因此，现在仍然要员工花很多时间苦练这些技能实在没有必要了。有这种想法的员工不在少数，甚至许多管理人员也持这种想法，其实是错误的。四项技能是银行员工的职业化训练的最基本要求，就如军人要进行队列训练一样，都是一种职业素养。武器装备再先进，但队列训练从建军至今依然是每个军人常规训练的基本科目，军队进行队列训练为的是培养每位军人"服从命令、步调一致、英勇威武"的职业素养。同理，强化员工四项技能训练的必要性有三：一是银行员工整天跟钱打交道，其点钞的姿势和速度就应该与众不同，这是职业特性使然，体现了一个银行员工职业的素养；二是员工通过这四项技能的严格训练，可以培育员工做到干一行、爱一行、钻一行、精一行敬业精神和吃苦耐劳、专心致志的工作态度；三是从单笔业务来看，技能好与差对业务操作效率不会有很大的区别，但从总体业务量的情况下考察必定会有很大的差别。

强化员工四项技能训练必要性除了上述三条，在网点的管理过程中的功效也是十分显现的。笔者所在支行的员工四项技能曾在我省行系统内多年排名倒数第三，笔者到任后开始采取一系列强化训练措施，组织柜面全体员工勤学苦练。一年后，柜面员工的基本技能训练成绩一下子名列省分行系统内前三，员工找回了自信，增强了凝聚力,各网点的工作氛围也有了很大的改观。我们营业部柜员朱丹一次被人民银行临时抽调去做信息管理系统初始化录入工作,与各家银行员工在同一个场所一起利用电脑进行信息录入,朱丹的文字数据录入的速度令同行们叹为观止、折服不已,并受到了人民银行领导的表扬。这就是具有职业化素养员工的工作效率,与众不同。这个事例说明了一个道理,员工的综合素质培训不仅仅在于理论知识的教育,更重要的是要通过实战进行磨砺,训练四项技能就是一个很好的办法。

在现有的中银协创建评选标准中,没有能体现和评价员工技能水平的相关的条款,其实考核网点柜面员工的工作效率应该作为一项必要的达标条件,除了笔者以上所述的理由外,四项基本技能的考核和定级几乎是所有银行总行对所辖基层经营网点的员工的基本要求。因此,笔者认为有必要在考核标准中增加这方面的内容,比如检查评比时随机选两名员工(对公、对私业务人员各一名)进行现场测试,考试不合格则应扣除相应的分数。或者由网点提供出示总行、省分行系统内的考核成绩证明,但其真实性恐难保证。

总之,增添考核网点员工四项技能是否达到行业标准,可真实反映网点员工的专业能力和工作效率,不仅必要而且还很重要。因为,我们银行需要具备知识型、技能型、实用型、复合型的柜面员工。

第八节　银行网点 6S 管理对示范网点创建的作用

6S 管理最早起源于日本,后被许多国家引进。早在 1955 年,日本就提出了"安全始于整理整顿,终于整理整顿"的宣传口号。在当时他们只推行了前两个 S,即"整理(Seiri)""整顿(Seiton)",其目的仅为了确保企业的作业空间和安全。后因企业对生产和品质控制的需要而又逐步提出了新的"3S",即清扫(Seiso)、清洁(Seiketsu)、素养(Shitsuke),共同构成了 5S 管理活动,从而使其应用空间及适用范围进一步拓展。日本的 5S 管理著作的问世,对整个企业界现场管理模式起到了冲击性的作用,并由此掀起了 5S 管理的热潮。第二次世界大战后,许多日本企业导入 5S 管理活动,使得产品质量迅猛提升。随着企业管理的要求和水准的提升,后来有很多企业又增加了一个 S,即安全(Safety),于是就成了 6S 管理,一直影响至今。

当年笔者在创建千佳示范网点时,并不了解 6S 管理的概念,只是按照自己长期以来的管理思维,在实际工作中探索和尝试对支行所辖营业网点实施正规化的管理。笔者曾有过近 15 年的从军经历,曾在部队基层连队代理过两年的指导员工作,部队正规化管理的理念一直挥之不去。进入建行工作后,无论是做信贷营销工作,还是在基层网点做负责人，常以军人应有的素养去影响和要求员工，做任何事都要求认真负责和规范化，特别强调办公环境的整洁、规范、统一。在这种管理理念的指导下，员工的整体素质得到了提高，团队的凝聚力明显增强。在支行负责网点管理工作期间，为了在创建评选活动中能取得优异的成绩，笔者动员员工积极参与、齐心合力，结合本行的实际情况，合理配置了资源，对网点的各类设施设备和厅堂环境进行了精细化的整理和整顿。比如：要求高柜区和低柜区员工所使用的电器设备和其他设施用品固化安置，始终要求保持"横看成岭侧成峰"的效果；把员工要求业务操作台原先裸露在外的电线全部用铝合金压条或塑料软管包住，当客户走近柜台，视线可见的范围内看不到任何杂物，而只能看到整齐划一的业务操作设备和用品；请广告公司特定设计了放置柜员平时使用频繁的印章、印泥、打码机、牛皮筋等用品的文具盒，使柜员的操作台看上去即整洁又美观，节省了台面空间；还请家具公司定制了九宫柜，固化柜员日常使用的业务凭证凭条的摆放位置，确保每位员工无论轮到哪个柜台进行业务操作时，都能熟练地拿取所需业务凭证凭条，养成了良好的工作习惯，大大提高了工作效率；甚至连员工的饮水杯也统一配置摆放在后场桌面上，从每一个细节着力管理，营造了一个整洁、优美、有序、高效的工作环境。同时，还对每个岗位职责、每个业务流程、每个操作环节进行了统一的规范，这样每个员工心中就有了一个标准，在工作中时时刻刻思考并按照标准来执行，慢慢就形成了一个统一的、模式化的工作流程，使网点的服务质量和服务效率得到了一个质的飞跃和提升。当时有的员工认为笔者把员工当做士兵来管理，学习了6S管理知识后，笔者将军队的内务条例中的管理要求与6S管理方法进行了对比，发现从仪容仪表、精神面貌、工作态度和保持办公环境的整洁、统一、有序、安全等方面，两者之间有着很多的相似之处，这也许就是当年我们支行创建工作能获得成功并得到中银协高度评价的重要原因之一吧。

当然，6S现场管理模式对银行网点的规范化管理更具行业特性，更有针对性和实用性。6S现场管理运用于银行网点，其主要功能是为银行网点解决如何用好空间、用足空间、保持环境清洁、形成良好习惯、重视安全等问题，确保网点营业大厅达到"零度干扰"的效果，为服务对象创造一个宽松、舒畅、安全、自由、随意的环境，使客户在享受服务的整个过程里，尽可能地保持良好的心情，自始至终能真正获得愉悦的精神享受。

银行网点应根据6S现场管理的要求，制定本网点规范化、标准化和制度化的《网点6S管理手册》，其内容包括：银行网点6S管理概述、网点6S管理的方针和目标、网点6S管理组织架构、6S管理的职责分工、6S管理的操作规范和标准、6S管理的监督和检查、6S管理的分析和改进等。

手册中应对网点里所有用具物品提出实施定位管理的原则和要求，大到机器设备，小到诸如鉴别仪和计算器、美工刀等文具用品，都要有统一固定的摆放位置，不得随意移动。为便于识记物品的固化位置，对大的物品可在摆放的位置做些隐秘的方位记号，小件物品可用双面胶固定于使用的位置。具体要求必须在手册中详细规定，以便在日常工作中让员工自觉对照执行，也作为6S管理监督、检查和考核的依据。

手册中还应对每个员工负责的区域和职责进行划分，每日由各区域负责人检查柜员执行的情况，每周再由主管对一周6S工作进行总结，并对下周6S管理工作提出进一步的要求和规范。在支行人员变动时，还应对手册中岗位划分重新进行修改，并对变动的人员进行一对一的6S管理专项辅导，使轮岗人员可以迅速融入其角色，能及时衔接自己在6S管理上具体工作和职责。要定期（通常每月一次）组织员工学习手册，在学习讨论的过程中，对手册中与实际情况有出入的地方进行修正和完善。

为确保6S管理持久贯彻在网点的日常管理工作中，应注意贯彻执行以下六点：

（1）网点各区域（现金区、非现区、贵宾区、大厅区）都要分别指定一名员工担当6S管理检查员，每天班前班后要对6S管理执行情况进行检查。

（2）网点各区域员工都要严格执行"四查"（自查、互查、专查、巡查）制度，各区域6S管理员要实施好"随时、随地、随机、随人"的"走动式"督导。

（3）网点主管每月定期和不定期巡查各区域现场，发现6S管理亮点或问题，及时组织全体员工观摩并进行点评，提出学习目标或整改意见。

（4）网点主管要对6S检查出的问题点，对照改善前后的对比，定期向支行领导进行汇报。支行领导要提出相关要求，支持和鼓励业务主管继续抓好本网点的6S管理工作。

（5）定期公布各区域的整改情况，设立各区域6S的检查评分表，排出名次后公布在员工文化墙上。

（6）严格执行6S管理工作的考核，其考核结果与责任人的奖惩挂钩，对在6S工作中表现优秀的员工进行奖励，对疏于6S管理工作的员工进行必要的处罚，以激励员工对6S管理的积极性。

银行网点要搞好网点现场管理，离不开上级行管理部门的支持和配合，大家都要树立系统和整体的现场观念，从客户和公众的角度出发，明确管理的范围。笔者在基层行的管理工作和为兄弟行辅导创建工作的过程中发现一个共同的问题：每个银行网点设计和装修时就没考虑到网点6S管理的要求。比如各类电器的布线都没有相应的隐蔽措施，待网点装修完后发现遮掩这些电线相当费事，甚至很难有好的方法解决。又如厅堂各功能区域的分布不合理，与中银协示范网点创建评价标准中所体现的行业标准相去甚远，成为网点的评选硬伤难以纠正，有的网点的功能区（如公共教育区）甚至无处可设。为预防类似问题，笔者建议今后银行网点装修前，相关业务管理人员一定要事先同工程设计人员进行沟通，使设计人员了解和熟悉 6S 管理的基本理念和中银协示范网点评价标准的要求，结合网点建筑房屋的实际情况，合理布局装潢，避免日后再作二次返工装修。

  定位管理要常态化，每位员工应该养成良好的工作习惯。在服务设施的设计上也应考虑可操作性，不要使其成为员工的负担。比如，填单台上的凭证要求摆放整齐，而且按规定应始终保持三分之一以上的量。为了方便员工做好定位管理，可将摆放业务凭证的分隔盒设计得更加人性化点，每个分隔盒前后再隔成两段，前面摆放可供客户使用，如果哪一类凭证需要添加了，只要把分隔盒抽出来，就把后面一段储备的凭证取出来补充。这样的设计可提高厅堂业务管理效率，大堂经理不用到后场去取，节省了时间。

  在网点定位管理的过程中，对有些设备设施物品的摆放也要注意客户的感受，比如对网点不能过度粉饰，厅堂的颜色不宜杂乱，安置的桌椅要舒适，大厅层高太低会使人感到压抑。客户等候区的灯光不宜太暗，会使人感到沉闷；而贵宾区的灯光则应以暖色调为主，给人以温馨之感。有的物品摆放位置还应注意必要的避讳，我们每天会迎来许多形形色色的客户，我们应该尊重他们的信仰和感受，要尽可能地消除一切（哪怕是无意的）会给客户带来不快的诱因，这也是一切为了客户着想的具体体现。

  银行网点在推行 6S 现场管理的过程中，还必须认识到光靠改变工作环境是不能达到 6S 管理目标的。首先要对员工进行 6S 管理理念的灌输，让每一位员工真正了解 6S 管理的真正内涵，让他们知道推行 6S 管理不但可以改变网点的形象、切实保障安全，还可以有效地改善我们与客户的关系。这好比一个再不讲卫生的人走进五星级宾馆也绝对不可能随地大小便，而一个再有修养的人进了偏僻的山区农村也可能会随地吐痰。我们为客户提供温馨舒适的服务环境，有利于客户保持愉悦的心情，在和谐氛围下，客户的投诉率必将大大降低；反之，任何一个人在喧嚣杂乱的环境里都会变得烦躁不安。因此，实施 6S 管理能让我们从中受益，整洁的工作场所让上班的员工心情舒畅，促进工作效率提高，能更好地服务客户。6S 管理也是银行网点无声的但最有效果的形象广告，整洁、舒适、有序、安全的美誉能获得广大客户的信赖，吸引更多的客户，也必将大大地提升网点的经营业绩。

第九节　银行3.0时代网点智能化服务的新感受

1994年以前，我国的银行不以盈利为目的，仅仅是帮助国家管好金融市场，集中社会财富为政府和国有企业服务，主要承担社会金融管理职能。1994年后，四大专业银行开始逐渐向商业银行经营模式"转轨"，在那时，银行竞争的关键是空间和时间，是银行的网点时代，即银行1.0时代，银行具有强烈"坐商"模式，还不真正具有商业银行的属性。1998—2012年，我国银行借助国家经济的高速发展，开始自身体系的深化改革，其不良资产被国家买单，轻装上阵，上市融资，改善公司治理结构，开始真正回归了商业银行本质。在此阶段，银行竞争的关键是功能和安全，进入了网银时代，即银行2.0时代。但银行依然含有计划经济、国有经济体制的基因，银行经营模式还有着"坐商"遗痕。我国商业银行在经过近10年的高速发展之后，在互联网技术和互联网金融的压力下即将进入金融互联网时代，即银行3.0时代。其定义十分简单，就是银行参与到价值创造的整个生命周期，作为一个价值创造、传递、消费过程中的推动器。

银行的3.0不是简单的技术进步，互联网技术的应用，而是一种基于未来消费群体和消费者习惯、企业金融需求、全新的风险管理模式、降低价值产生和传递过程中的金融成本，减少金融交易的中间环节，将金融产品的选择权直接交给客户的一种商业模式。从国内多家银行推出了升级版的3.0移动银行来看，银行的服务模式更智能、更具个性化、更注重客户体验。当今银行竞争的关键是场景和体验，智能银行或称智慧银行已成各商业银行大力发展的方向。如果说2.0时代银行仍然延续的是"坐商"模式，那么，3.0时代银行将主动围绕客户的衣、食、住、行开展"行商"模式，将多元化的金融服务产品渗透到各种不同类型的客户之中。

从2015年初起，多家银行网点引进各种智能化设备，致力打造出"智能银行"或称"智慧银行"。笔者按服务设备所处的空间位置和功能将其分为三大类，一类是网点客户自助型服务设备有：预处理终端、电子填单、硬币兑换机、外币兑换机、自助发卡机等银行智能化设备；另一类是可游离于银行网点之外的电话银行、手机银行、网上银行、微信银行、VTM远程银行等，这类智能化设备是不受空间和时间所限；还有一类是阅读式自助设备，摆脱了传统银行网点中销售人员依靠纸质介绍手册进行产品推荐的方式，而是利用多种屏幕体感互动的方式为客户展示产品特点，为客户提供更佳的体验式服务。"智慧银行"承载着银行应对客户金融消费行为模式和服务需求所发生的深刻变化，体现了现代化商业银行"以客户为中心"，着力使银行的服务设备变得更加"聪明"起来。

一是智能设备和系统开发优化业务流程,让银行服务变得更智能、更高效。通过合理的布局、引导和及时数据分析,"一点接入,全程响应"的全新金融服务新模式,给客户带来了全新的服务体验。如:

(1)"智能预处理终端"。集业务分流、客户识别、排队叫号为一体。客户进入网点大厅只需刷一下身份证,就能把客户个人信息传输到大堂经理手中的平板电脑和柜员的操作系统中。甚至还可以让客户在家里或者路上拿起手机进行预填单和预约排队,到网点后通过二维码打印出叫号凭条。该设备颠覆了银行以往的业务流程,使业务办理更加便捷、高效,节省了客户在银行网点厅堂等候的时间,减轻了网点大堂经理分流客户管理的压力,有效地细分客户,网点员工能有针对性地向客户进行产品营销。

(2)"智能引导互动屏幕"。在客户取号的同时,只需在屏幕上点击相应的要办理业务,这里就会清晰地显示办理业务的柜台和行进的路线,将客户准确快捷地引导到服务人员面前。

(3)"自助填单机"。以前必须在柜面进行的填单和申请服务,客户可自助完成。可将传统手动填写单据改成机打单据,规范了文字字体,提高了文字的可识别率;可以通过刷身份证读取客户的身份信息和账户信息,省去客户复杂的填写及避免填写错误等;充分利用客户等待排队的时间,将复杂的业务单据填写实现电子化,将填写信息进行有效的分类,有效地避免了客户对于复杂单据无从下手的现象;客户所做业务的相关数据会自动初始化至柜员业务系统,节省了柜员输入信息的时间,并有效地防止了错误的出现,提高了准确率,降低了业务处理的时间,提高了柜员的业务效率;方便存折打印、自助账务查询、转账等自助功能的扩展;同一个业务,之前有填写过单据的,可以通过刷卡或者刷二代证,系统自动调出历史记录,客户可以选择原有的历史记录单据进行微观修改,快速完成单据的填写。

二是在客户服务模式上最大的特点是通过全新的功能分区和渠道分流,让服务变得多渠道化、自助化、便利化。如:

(1)"硬币兑换机"。因为零钱清点和包装会耗费许多人力和时间,过去时有银行网点拒收大把零币的负面报道,而在厅堂安置硬币兑换机可让客户不用排队自助操作,有效地减轻了网点柜面业务压力。相信不久的将来,还能将纸币兑换硬币、硬币兑换纸币的自助兑换功能合并在一台机器上,就像纸币存取款一体机一样,会更方便。

(2)"外币兑换机"。这是一种多功能的自助银行设备,具有货币兑换、自动存取款、查询等功能。其货币兑换功能是将外币(纸币)兑换成人民币(纸币加硬币)。

(3)"自助发卡机"。这极大地缓解了新开户排队难的问题,自助发卡机通过居民身份证的识别,支持开户发卡实现在自助设备上客户就可以持证自助开户。甚至有的客户可以先在网上自助填单，在他到达网点之前银行系统就已接收到业务申请，客户只需在自助发卡机上操作几步就能轻松完成，整个过程不过 2 分钟。这比传统的客户手工书写，柜员再输入系统大大提高了工作效率。该设备系统在提供开卡、补卡、换卡功能的同时，还提供银行自助终端的所有非现金功能，如查询余额、查询明细、转账、修改密码、各种中间业务等，可以取代传统的银行自助终端设备。

（4）"电话银行"。操作简单，自动化管理，不需要人工干预，可实时查询，实现银行 24 小时服务。客户不必去银行，无论何时何地，只要通过拨通电话银行的电话号码，就能够得到电话银行提供相应的服务，如：账户查询、存贷款利率查询、大额现金提现预告、银行留言通知等其他各类指定的查询服务。其安全性高，系统内配有多级用户验证，能保证客户银行信息安全，可实现强行拨号，而无需等待提示语音结束。

（5）"手机银行"。也可称为移动银行，是利用移动通信网络及终端办理相关银行业务的简称。作为一种结合了货币电子化与移动通信的崭新服务，不仅可以使人们在任何时间、任何地点处理多种金融业务，而且极大地丰富了银行服务的内涵，使银行能以便利、高效而又较为安全的方式为客户提供传统和创新的服务。

（6）"微信银行"。过去客户无论是账单查询这样的日常问题，还是丢卡挂失这样的紧急情况，通常只能通过拨打客服热线寻求帮助，而令客户烦恼的是拨通人工坐席后通常需要等待一段时间，有时候甚至无法接通。而微信银行可使客户随时随地查询账单、办理挂失，时间不过数秒，客户体验的提升不言而喻。又如，客户在银行网点办业务需要取号和排队，通常要等候很长时间，如今客户只要拥有一部智能手机，即可轻松查看周边银行的排队信息，提前预约，省时省力，还可以随时随地各类消费、账单分期、转账支付、账户查询、网点预约、生活缴费等支付、投资、理财等。

（7）"网上银行"（也称网络银行）。是银行在互联网上设立虚拟银行柜台，依托迅猛发展的计算机和计算机网络与通信技术，利用渗透到全球每个角落的互联网，突破了传统银行的业务操作模式，摒弃了银行由网点厅堂前台接柜开始的传统服务流程，把银行的业务直接在互联网上推出。利用 Internet 技术把自己和客户紧密连接起来，突破了时间、空间的限制。在各种安全机制的保护下，客户可以随时随地在不同的计算机终端上登录互联网，办理各项银行业务。

（8）"VTM 远程银行"。该设备集成了高清摄像头、手掌静脉识别、手写签名、二代身份证读取、证件扫描等相关设备模块，可为客户提供 7×24 小时的远程面对面柜台服务，客户不但可以利用 VTM 系统实现自助发卡、申请信用卡、信息服务类等金融业务，还可与银行客服人员进行视频通话，能有效分离中低端的人工服务，使得银行能投入更多资源服务到高端客户，这将帮助银行大大降低部署营业网点的成本。

三是通过最新前沿科技与银行产品的有机结合，让网点的厅堂服务变得互动有趣、更人性化。

客户走进"智慧银行"的网点后，智能墙、手机互动展示屏、互动桌面、三维立体展示柜等这些先进的金融电子设备，将每个人带入了全新的金融服务体验。厅堂内的"智能文宣墙"是现代化网点中最能耀眼的一景，是由一块体感式互动屏幕构成，客户只要简单地用挥手、抓握等动作，墙面显示屏上一项项金融知识、行约行规、产品信息、业务流程等信息立刻进入眼帘，实现金融服务信息与服务对象的交互体验。"手机互动展示屏"是厅堂的服务人员向客户进行业务介绍的极佳用具，是利用手机屏幕投射技术，将相关金融信息内容投射到一块相当于手机屏幕50倍大小的显示屏上，可以成为帮助一些传统客户迈入移动银行的最佳"课堂"。客户还可以在"金融超市货架上"拿起感兴趣的产品卡片，旁边的屏幕就会自动播放该产品的动漫介绍。在移动金融场景运用区，客户可通过二维码支付、闪付、刷卡支付现场购买饮料，体验便捷支付方式。客户若是坐在"智能互动桌面"前休息时，查阅最新金融信息和金融产品就像点菜一样容易，充分激发客户对金融知识的学习兴趣，增进对金融理财知识的了解。客户还可以在等待服务时用它玩一玩"切水果"之类的小游戏，不过在这里"切"的不是水果，而是琳琅满目的信用卡、储蓄卡等金融产品，其中也许就有客户所需要的银行产品。三维立体展示柜更加"高大上"，通过虚拟现实和全息影像技术，可在无实物的状态下，形成多维度的视觉交互效果，可以投射出贵金属产品的全息影像，实现对贵金属类产品360度无死角的全方位展示。

四是"智慧银行"在给予客户高效服务的同时，还为客户提供一个舒适、温馨的环境。

"智慧银行"整个厅堂全面采用低柜化、开放式、全通透的空间布局，功能分布更加优化明确，自助银行、互动体验、移动理财与传统的现金、非现柜台相得益彰。与传统网点相比，客户体验区域更为扩大，占据了最核心的区域，并与服务等待区融为一体，为围绕客户需求展开服务奠定了基础。厅堂窗明几净，生机盎然的绿植，等候区处摆放错落有致的书籍和杂志，客户可以通过巨大的九联屏，实时了解一下财经讯息、理财市场、银行网点分布、天气预报等信息，实用而便捷。厅堂客户等候区已不再是冰冷、刻板的座椅，客户静静坐在沙发上，阳光透过玻璃窗照在身上，一边轻轻地品尝着手中的饮品，一边随手翻看着书报杂志，静谧而温馨。在这里，客户享受的并不只是高科技带来的快捷、高效的服务，还有浓浓的人文关怀。

智能银行最大的变化是银行服务观念之变，由过去银行网点以柜台为中心，变为以客户为中心。智能化网点在全程自助服务的协助下，客户可以免于在柜台前排长队的烦恼，从冗长的等待中解放出来。同时智能化的先进设施也对服务质量提出了更高的要求，网点内传统的柜面业务在减少，客户更多的是通过电子渠道和自助渠道完成业务办理，大多数柜员无需再值守柜面，而是穿行在大堂中为客户提供即时的现场服务。根据新功能分区和渠道分流的特点，加强了"管家式"厅堂服务理念，把不同关联岗位的员工组合起来，为客户提供包括理财、保险、信用卡、消费贷款、出国金融、企业金融等服务在内的全流程服务。服务人员不再简单地守在柜台，而是要主动服务，积极与客户互动，随时发现服务客户的需求，配合智能化机具和系统，让服务达到"1+1>2"的服务效果。

智能化服务功能目前在我国各商业银行网点中虽然还不普及，但毕竟是一个发展的潮流。"智慧银行"的推广与普及，将大大减少各商业银行的网点物理布局，而保留下来的网点必须是"高智能化"的。在中银协的评价体系标准"项目2.3 智能银行服务"第42条要求参加评选的示范网点至少配置一种智能化服务功能，然而有一些银行网点虽然也配置了不少智能化服务设备设施，甚至还有"智能银行"的美称，但其功效还未能真正发挥作用，一是设备操作性能还尚未完善，二是网点员工本身对其性能还未熟练掌握。所以，各参加评选的银行网点必须确保已经配置的"智能"设备设施的正常维护和使用，要提升其实际使用价值，千万不能仅仅作为一种摆设。

近些年来，互联网技术和电子商务的蓬勃发展，对银行网点的形式和功能带来了巨大冲击。许多专家对银行网点的未来提出了种种设想，甚至有许多专家认为："未来，银行网点转型的终极目标其实是消灭网点。"也有的认为，即使是物理网点的存在，也是一个"无人银行"。但是笔者不敢苟同专家们的观点。虽然以互联网为代表的各种新兴销售渠道蓬勃发展，但传统的物理分支网点在各类销售渠道中仍然具有难以取代的地位，银行和客户都需要多种销售渠道的组合，因为不同的销售渠道有着不同的特殊功能，物理分支网点的许多关键性功能至少在较长的一段时间内还无法被另外的销售渠道完全取而代之。首先，网点最能有形地树立和展示银行的品牌形象。人是有感情的高级动物，需要很多的人际交往和沟通形式来相互表达思想情感，不可能完全生活在一个虚拟的社会之中，物理网点会有人进行面对面的交流，能充分满足情感交流的需要。不久前，交通银行智能客服机器人"娇娇"的问世引起了社会各界的强烈反响，表明了我们银行业已经走在了世界银行业智能化的前列，但是这个机器人的物理模型、名字、着装以及对话、行走都未能脱离"人的样子"，而且最能引起客户兴趣的也还是"她"那个"大大的眼睛，憨态可掬而又略显萌态"的人样。由此说明，银行服务的"人文"关怀还是不能缺失的。其次，网点是推广银行新业务、新产品最好的试验现场，能及时接收客户的反馈意见。

最后，客户的需求是个性化、差异化的，有许多较为复杂的金融产品，往往需要银行员工在一个比较私密的空间内，为客户提供专业的咨询服务，这最适宜在银行物理网点中进行。因此，银行的物理网点作为银行基本分销渠道，对于树立银行服务品牌形象、销售复杂金融产品、优质客户的关系管理都具有重要且不可替代的作用。

总之，不管是"有人网点"还是"无人网点"，无论是"物理网点"还是"虚拟网点"，都是银行产品销售的渠道，只是渠道方式不同，只是给客户的体验感受不同，而服务永远是银行业的核心功能和行业属性。

第十节　全面履行银行示范网点的社会责任

责任从字面上理解有两层意思：一是指分内应做的事，如职责、尽责任、岗位责任等。二是指没有做好自己工作，而应承担的不利后果或强制性义务。简而言之，责任是一种职责和任务。它伴随着人类社会的出现而出现，有社会就有责任。而社会责任是指个人或组织对整个社会的良性发展需要承担的责任，涵盖的内容包括：遵纪守法、积极进取、保护环境、维护人权、社会安全、保护消费者权益、劳工准则和劳资关系、职业健康安全、伦理、反腐败、团体关系、慈善事业等。社会责任通常是指组织承担的高于组织自己目标的社会义务。如果一个企业不仅承担了法律上和经济上的义务，还承担了"追求对社会有利的长期目标"的义务，这就是一个企业应有的社会责任的。

商业银行作为一种特殊的企业，虽然自身没有义务参与直接国家经济政策的宏观调控，但却是国家直接的调控对象和调控信号的最主要传递环节，作为经济生活中的重要因子，必然要主动地承担社会责任，这并不是从根本上否定商业银行的营利性，而是认为银行在经营过程中应当顾及利益相关者的合法权益，客观上履行了其特殊的义不容辞的社会责任，使银行的这种营利性能更好地为整个社会服务。银行作为典型的商业机构，既依赖于股东的资本投入，也得益于客户、员工和其他利益相关者以不同资源为银行所付出的努力，银行的公众性质决定其应发挥承担更多社会责任的示范作用。那么什么是商业银行的社会责任？世界银行将企业社会责任定义为："企业与关键利益相关者的关系、价值观、遵纪守法，以及尊重人、社区和环境等有关政策和实践的集合。"该定义表明了企业社会责任既是企业在经济全球化背景下对其自身经济行为的道德约束，也是企业为改善利益相关者生活质量而贡献于可持续发展的一种承诺。在当今西方发达国家，国际型大银行各自之间的竞争已经从硬件领域的竞争上升到软件层面的竞争，从技术和产品领域的竞争上升到企业社会责任以及商业伦理道德水准层面的竞争。银行的公众性质决定其应发挥承担更多社会责任的示范作用。

　　历年来，我们银行大多数网点在取得良好经营业绩的同时，也开始积极践行其企业社会责任，如为员工提供良好的福利保障、修建希望小学、为灾区捐款捐物等。中银协颁发的《中国银行业营业网点文明规范服务考核评价体系（CBSS1000 2.0）》第九模块第9.4项目"社会责任履行"中规定了网点必须履行的四个方面具体要求，笔者认为这只是狭义的范畴，而广义地说，中银协大力开展的文明规范服务示范网点创建活动，及各商业银行积极响应、认真投入，这本身就是一种社会责任履行的重大举措。因此，履行社会责任的概念，对于每个银行而言，包含的内容不仅限于中银协的评选标准中"第九模块9.4项目"所提及的那些内容，而是有着更广泛的内涵。

　　基层网点是银行经营活动的最重要的场所，网点所提供的金融产品和规范服务同样要受到市场、客户的检验，社会公众的认可。因此，不断提高网点的客户服务管理水平和网点员工自觉规范自身的服务行为都是各家商业银行真正履行社会责任的重要体现。但是，什么是社会责任，如何承担社会责任？从近年来开展示范网点创建活动的情况来看，各银行网点在理解和执行上还存在着很大的差异。

　　一是将社会责任等同于公益、慈善事业。在参评网点提供的汇报材料中凡提及有关"社会责任履行"的内容，有许多只是涉及了网点员工如何利用工余时间进行了几次公益慈善活动，而对履行社会责任的真实含义理解不够。甚至有的网点为了拼凑服务档案相关内容，将网点在某次组织的公益慈善活动中所拍的照片，多次套用在其他未曾举办过的公益慈善活动的材料中，这种做法极不可取。

　　二是没有意识到提高银行网点客户服务管理水平本身就是最大的社会责任。有的网点只过多地注重硬件改造升级，而忽略了网点服务文化"软实力"的培育，网点厅堂内的硬件设施非常先进时尚，但员工的服务行为离规范化还有很大的差距，甚至有的员工不能与时俱进，主动学习新业务新技能，不能熟练掌握网点内配置的服务设备，先进的科技设备未能真正发挥应有的作用和功效，而是将其作为一种摆设。

　　三是将社会责任的履行仅停留在"在公众教育区，配备充足数量的公众教育、金融知识普及读物"和"通过开辟专栏等不同形式，宣传低碳、环保、节能等生活常识"的常规形式上，而对"落实国家产业政策，积极支持绿色信贷、节能环保、小微企业、涉农项目、科技创新型企业、养老金发放、个人助业、个人助学、保障性住房、消费贷款等项目"所应提供的真实资料相当有限，如果是五星网点只要符合"至少两类项目"的要求即可（因为目前大部分银行网点都有养老金发放、个人助业、个人助学、保障性住房、消费贷款等基本业务），但对于千佳和百佳的示范网点则应有更高的要求。

四是大多数银行能很好地执行国家宏观调控政策，积极支持绿色信贷、节能环保、小微企业、涉农贷款、科技贷款，并设有"小贷中心""科技贷款支行"等，在实际运行过程中，往往会将相关的业务集中经营管理，而其他网点则鲜有类似业务开展。于是有部分参选网点在信贷业务营销业绩的指标或档案材料中缺乏类似的业绩表现内容。有个别银行网点出于业绩指标考核的压力，对自身利益与社会责任统筹兼顾不力，仍有支持高污染、高能耗行业信贷业务的发生。

五是个别网点自身未能很好地践行积极支持环境保护事业，以绿色运营的实际行动降低自身对环境资源的影响。如2007年6月1日国务院办公厅发布通知，要求严格执行公共建筑空调温度控制标准。通知要求公共建筑内的单位，包括国家机关、社会团体、企事业组织和个体工商户等，夏季室内空调温度设置不得低于26摄氏度，冬季室内空调温度设置不得高于20摄氏度。而有的网点大厅内的空调温度有时过冷有时过热，这些厅堂管理细节虽然事小，但对社会公众的影响会很大，我们还是应该将此提到自觉践行社会责任的高度来认识。

六是少数银行网点营销人员公平竞争和诚实守信意识仍然淡薄。例如，在《中银协示范网点评价标准》中第62条明确的规定："营业厅内产品宣传内容符合有关规定，无摆放赠送物品，无诋毁、贬低同业、误导客户现象。"但少数网点时有采取回扣、请客、送礼等非正常方式争夺银行客户的现象。有的网点为了应付中银协的检查，在评选期间撤掉大厅里的礼品柜，等检查人员离开后又将礼品柜搬回原处，这显然是缺乏商业诚信的行为，破坏了行业公平竞争的原则。

七是"二八定律"让银行有嫌贫爱富之嫌。商业银行也是企业，为追求效益的最大化而运用国际先进企业的经营法则，"二八定律"作为市场营销的策略是不应该有异议的。但任何定律和法则的运用都不能走极端，很多银行网点片面热捧、追寻高端客户，让拥有50万元金融资产的客户可成为贵宾客户，将其实行"一对一"客户理财，可为其提供包括融资、投资、居家等套餐贴身金融服务。在许多网点销售的部分理财产品，经常只针对身家百万以上的"高净值客户"进行定向营销，而具体产品信息在网站的公开渠道也查询不到，大部分普通的客户不仅没有机会购买，甚至不知道有这类产品的存在。类似小储户受冷落的事时有发生，部分网点或想方设法对个人小额账户收取各种名目的管理费，或减少为大众服务的设施，提高普通小储户的服务门槛，尤其是针对特殊群体的客户便民服务措施不到位，这些行为都与银行应履行的社会责任的理念是相违背的。我们还应该清醒地认识到，长期以来，银行在普通老百姓心目中享有崇高的信誉，钱存入银行最为放心，如果银行一味地追求利益最大化、一切围绕能够给自身带来最大效益的高端客户转，冷落了占绝大多数的小客户，那么，由此带来的负面效应将随时有可能发生。因为，在我国真正拥有数百万元、数千万元以上的被银行列为高端贵宾客户的存款者毕竟只占少数。

这部分人社会活动面相对固定，对银行信誉的社会影响力相对有限；而小储户来源广泛，社会影响力更大，银行对其服务得好，他们就是其社会信誉的宣传员。反之，一旦银行"嫌贫爱富"的恶名广泛流传开去，其公信力就会大打折扣，这是银行自身生存发展之大忌。在社会主义市场经济体系不断完善的过程中，我们不能生搬硬套国外的一些定律和法则。金融业尤其如此，实实在在地践行普惠金融，努力让不同人群的客户都能享受同样优质的金融服务，塑造一个和谐文明的社会环境。这应该成为我们银行网点全体员工共同持有的服务理念，也是我们银行应该履行的社会责任。

上述现象反映了我们银行网点在承担应尽的社会责任方面还有很多差距，一个真正有社会责任的银行网点所具有的基本特征应该包括：一是自愿履行社会责任，而非法律、规则、习俗和上级的要求使然；二是诚信为本，自觉维护金融消费者权益；三是将客户服务质量与业务营销业绩同等纳入管理目标并加以考核。我们应该深刻认识到银行自觉地全面履行社会责任，不仅是应尽的义务，也是实现长期繁荣和可持续发展及获得竞争优势的基础。我们还应该充分认识到商业银行应履行的社会责任除了慈善责任，还有经济责任、法律责任和道德责任，银行网点的服务制度、服务行为、业务流程、产品营销等都与后三个责任有着紧密的联系。

第十一节　让更多的示范网点群星璀璨

创建评选活动的竞争形态日益激烈，我国银行业在国内共有21.7万多个基层经营网点，要在创建评选活动中取得星级网点、千佳、百佳中任何一项殊荣都不是一件轻而易举的事。在历年的创建评选活动中，有很多基层网点员工付出了艰辛的努力，但在检查验收时却因某种因素未能过关，使人扼腕痛惜不已。我们应该认识到创建评选活动是一个系统工程，要获得创建评选活动的成果和荣誉，必须要一步一个脚印、扎实地做好各方面的基础工作，其中，有以下六个误区需要避免。

一、重评选结果，轻创建过程，网点文明规范服务品质缺乏持久性

有些参选的银行网点急功近利，为突击应对评选验收，对照中银协颁发的评选检查千分标准，临阵磨刀，常常采用变通、替代、嫁接甚至造假等方法试图侥幸获取高分，一旦评选活动结束，网点的客户服务品质则立即恢复"原生态"。例如：有些参选的银行网点在创建评选活动期间要求柜员站立招手迎客，但评选结束后，柜员既不站立也不招手迎客，连员工脸上应有的微笑都不见踪影了；有一家银行网点，在我的辅导下初步建立了文明服务档案管理机制，收集补齐了残缺不全的文件

资料，将纸质文件装订成册，电子文件库设计成型，在当年的参评过程中算是过了关，可第二年创建活动开始，他们又请我去辅导时，我发现该网点的文明服务档案资料从去年中银协评比验收后的那一天起就戛然而止了，从那天至今的所有文件资料和原始凭证资料又要从头收集补齐。如此种种现象都反映了部分银行网点仅仅为了应对评选而临时突击包装，而对于真正提高网点的文明服务管理水平并不在意。

要使创建评选活动真正达到提高银行服务水平的目的，就必须建立健全长效的创建管理机制和规划，每年都应该精心设计本网点升级版的创建实施方案，更重要的是从领导到全体员工必须要有"没有最好只有更好"的理念和持之以恒的精神，才能使示范网点的光彩永不褪色。

二、重文件指导，轻技术支撑，网点创建工作缺乏可操作性

部分银行的创建工作管理部门仅仅以文件的形式，只给辖内的支行网点提出参加创建活动的原则要求，但在整个创建活动的过程中，则鲜有管理部门人员一起参与网点的创建工作，甚至个别银行管理部门任由基层网点"自娱自乐、自由发挥"，应有的指导、协调措施不到位，必要的资源和技术支撑不给力。例如有的参评银行网点在厅堂布局设计方面与中银协的评选标准存在很多差距，其原因是在总行的厅堂设计标准规定中，存在着服务功能布局设计便民性、客户信息保护私密性、银行服务信息透明性、厅堂服务设施安全性等方面的要求，都与中银协的评选标准要求不相吻合，这些问题常常困扰着参选基层网点，发现存在的问题后，因得不到上级行政管理部门的认可和支持，整改工作无法操作，相关评选也就难以达标，大大影响了整体评分成绩。

文明规范服务示范网点的创建标准在硬件上有很多基本要求，然而有许多参评网点因得不到本行上级领导部门的重视和支持，无法达标而无缘示范网点的光荣榜，在很大程度上挫伤了基层网点员工参与创建评选活动的积极性。创建工作涉及目标规划、方案实施、资源调配、工作协调和检查督促等诸多工作环节，这都离不开上级管理部门的参与，只有全行上下齐心协力，才能确保整个创建活动有声有色、卓有成效。

三、重单项考核指标、轻综合管理水平，参评网点的推荐缺乏可行性

各银行在推荐本行具备什么样的条件的网点能参加创建评选活动时，存在着不同方面的考量：有的银行简单地把近年内业绩指标完成好的网点推荐为参评单位，作为对该网点的一种鼓励，但这类网点往往在厅堂管理和柜面客户服务等方面未必能达标，网点的整体管理基础比较薄弱。网点的负责人有可能较关注网点的营销任务指标值，而轻视本网点全体员工的综合素质和网点服务规范化管理；也有的银行

会优先考虑把本行新装修的网点推荐为参评单位，虽然员工参加评选活动的积极性很高，但因网点选址并不理想等原因导致网点的营销业绩不理想，或者网点的业务产品和服务功能不够齐全，这都成为评选入围的障碍。甚至有个别网点在合规经营方面存在问题，最终因此原因未能通过评选验收的事例历年都曾过。

示范单位评选标准共有环境管理、服务功能、信息管理、大堂管理、柜面服务与效率、员工管理、服务基础管理、经营业绩、消费者权益保护与社会责任履行和服务文化培育等十个方面的考核内容，因此，各银行在推荐参加"创建评选活动"的网点时，应该全面兼顾到各方面的综合参考指标，即对外是否能在服务方式、服务效率、产品种类、客户体验等方面全方位地满足客户多层次的优质服务需求，对内是否能够在基础管理、制度建设、员工素质、经营业绩等方面，具有以点带面、给其他网点树立标杆示范的作用，只有这样的示范网点才能在评比中出彩。

四、重厅堂硬件建设，轻员工素质提升，缺乏普及推广的示范性

有的银行在网点硬件设施方面的舍得花费重金，投入很大，甚至不考虑是否实用，盲目地追求网点的厅堂装潢和电子设备"高大上新"，而忽视了在网点员工综合素质培养和提升方面的投入。网点服务设备设施的现代化、科技化、智能化很容易在短期内做到，但网点员工的服务行为的标准化、规范化、职业化和业务操作流程的合规化等都需要经过一个长期培养的过程。事实上，任何一家银行都不差钱，厅堂先进的智能服务设备设施千金易得，厅堂环境绿化以及文宣墙面的美化设计等也很容易在短时间内配备齐全，但从历届创建评选活动的结果来看，有许多银行网点虽然在银协现场评选验收时，厅堂服务设备设施齐全新潮，视觉感官很有冲击力，员工的现场表现也很出彩，但最后却经不起监控检查和档案资料的查阅，其根本原因就在于某些银行网点为了评选获奖，突击拼凑入选的硬件条件，而忽略了网点服务基础管理和员工文明规范服务习惯的长期培养。

服务设备设施的现代化并不等同于银行网点客户服务的文明规范化，被评选的示范网点绝对不能是硬件设施的简单堆积，如没有高素质的银行员工，一切先进的服务设备设施都只会是个摆设，也难以让其发挥最大的作用，如此所谓的示范网点也只能是"金玉其表"而已。随着社会科技的不断发展，银行网点服务设备设施的更新换代是必然结果，但同时网点员工服务行为文明程度的提升将更加重要。各银行网点在创建评选活动中能否获得成功，拼得不是硬件费用的投入，而是员工综合素质水平。因此，要重视加大员工培训投入和力度，不断地培养出一大批网点的客户服务明星，为客户提供最温馨的服务，这才是创建评选活动最根本的目的，这样的文明规范服务示范单位奖牌才真正具有明星品牌的质感。

五、重课堂知识传授，轻现场实战辅导，员工培训缺乏实用性和针对性

各银行都有其各具特色的员工培训机制，尤其是大型银行都有非常成熟的培训体系，甚至还有规范建制的专业培训学校和机构，相比而言，部分中小型银行在这些方面比较弱。各银行在对基层员工培训时，大多以业务基本知识和新产品业务流程等课堂知识传授为主，而基层网点员工的职业化素质的培训不够全面。对于前者内容，各银行通常是由本行的兼职培训师进行培训，由于培训技巧欠佳，许多培训以照本宣科的形式为主，培训效果不理想；对于后者内容，大多是外聘专业培训公司的老师进行培训，有不少培训老师演讲水平堪称一流，培训形式多样化，通常会在课堂上采用编队分组、喊口号、唱队歌、做游戏等形式，课堂互动效果较好，的确很能打动学员，这类培训对一线员工舒缓情绪也确实很有功效，但他们多以商务礼仪培训和产品推销（不是营销）等共性化课程为主，同一个培训老师可以分别为保险、宾馆、电信等不同的服务行业甚至各类企事业单位的员工进行培训，这些老师没有银行从业经历，没有厅堂现场客户服务管理技能、处理客户投诉及突发事件的应变技能、柜面业务营销技能等实战体验，因此，这类培训形式只能局限于课堂讲授，却无法深入到银行基层网点的现场，能针对性地解答和辅导员工如何处理网点客户服务过程中出现的疑难问题。对银行网点客户服务工作的指导性、针对性大大不足，听了这样培训课程会让员工有隔靴搔痒之感。

有关创建评选活动的培训工作不同于其他业务培训，不能仅限于课堂传授知识，更多的培训内容应该采用的是现场辅导式培训，才能让学员分享应有的实战体验。因此，一方面银行在选择培训老师时一定要考察所聘老师的从业经历；另一方面可以通过每届创建评选活动，有意识地培养具有创建实战经历的员工作为本行的培训老师，积极参与今后的创建评选活动的培训工作。总之，让有实战经验的老师进行培训，将更有针对性地为参与创建评选活动的示范网点加油助力。

六、重表面视觉感受，轻真情服务体验，缺乏本行企业文化的独特性

根据中银协每年创建评选工作的要求，各申报千佳或百佳的候选单位需要上报三类有关创建工作的文字材料，其中有介绍网点"服务创新亮点"的内容，亮点主要是以服务制度完善、服务渠道建设、服务产品创新、服务流程优化、服务内涵提升等为切入口，能展现在提升客户服务体验、提高业务办理便捷性等方面的研发创新工作，客观反映创新的功能及成果。但是，目前大多数银行网点仅侧重于厅堂环境美化方面的创新，有的甚至根本就不是创新，偏离了银行业的特性，标新立异，单纯追求网点装修设计视觉感观效果。如有的把野外的大树搬进营业大厅内，配上"小桥流水"的场景，把网点装饰成植物园似的，美其名曰绿色环保；还有的将营

业大厅的一角设计装修成儿童乐园,孩子们的追逐嬉闹极度影响了银行大厅正常的客户服务秩序。网点厅堂环境美化固然必要,但应与银行行业特性和本行企业文化视觉元素相吻合,如果只注重花里胡哨的厅堂设计新意,则背离了中银协倡导的"服务亮点创新"应有的本意和文化内涵。

厅堂环境美化创新的着力点是应该展示网点服务功能区域的便利性和服务设备设施的智能化,而更为重要的应该能充分展示本行的经营理念和企业文化特征,从服务理念、服务产品、服务渠道、服务流程、服务方式、服务管理等特色创举,并在推出该项创新后,能获得员工和客户的普遍好评,取得良好的社会效益和经济效益,也只有这样的"服务创新亮点"才能显得光彩夺目。

总之,中银协今后将会不断强化文明规范服务示范单位评选活动制度化、规范化、常态化建设,会进一步强化对被选示范单位的管理,确保示范单位的先进性、示范性,其评选标准也将逐年提升。因此,我们应该端正参与创建评选活动的态度,走出创建工作的误区,脚踏实地、苦练内功、追求实效、持之以恒、以点带面、推广普及,让更多更好的文明规范服务示范网点群星灿烂。

第二章 示范网点创建工作简介

示范网点创建工作是一项复杂而艰辛的重大项目工程，需要精心策划、周密安排，各方密切配合、精耕细作。对于任何一家银行来讲，从考察选点和创建活动方案设计制定，都需要银行领导尤其是一把手的高度重视和支持，否则难以动员全体员工积极参与。示范网点创建工作也是一件十分有意义、有价值的事，是银行网点员工展示才华的机会和平台，为了能充分展示银行的服务文化特色和网点员工风采，银行领导和有关管理部门应调度相关的资源，大力支持网点硬件环境的升级改造，并在软件升级方面做好相应的亮点策划，为示范网点创建工作打下一个良好的基础。

示范网点创建工作的最终目的是为了提升网点员工的综合素养，提升网点的管理水平、提升客户服务的质量，塑造公众认可的职业形象。在创建过程中，应该安排组织好网点员工的职业化培训和服务情景演练，并通过相应的现场辅导和专项辅导的形式，及时排查和纠偏存在的问题，把创建工作做得更精细、更完美。在这个即时性强的创建工作期间，可以利用工作简报的形式，加强各参与方的信息及时沟通，共同掌握、督促和落实创建方案实施进度，做好相关的整改工作。同时，需要利用先进的科技手段进行网点形象和员工风采的合理包装，为示范网点创建成功增光添彩。在银协检查验收评比之前，还应做好模拟测评和应检事务的准备工作，查漏补缺，补弱增强，确保网点在中国银行业协会（以下简称中银协）的检查验收评比的过程中取得预期的成果。

无论评选的结果如何，都要认真总结经验，查找不足之处，树立提升和改进客户服务质量的目标，将创建文明规范服务示范网点的工作坚持到底。

第一节 考察选点

在示范网点创建工作中，各商业银行相关管理部门都十分重视本行的创建工作，所辖许多网点也纷纷踊跃申报，但因每年的申报参选的名额有限，参加当年示范网点创建工作的候选单位必须从网点的"参选资格、硬件基础、发展前景、业绩指标、示范效应和参与意愿"等诸多因素出发选派本行代表。

一、参选资格

中银协在每年年初颁发的示范网点评定工作方案中，对申报网点的申报资格和基本条件都有明确的规定，必须满足以下三个方面的硬性条件：

一是会员银行辖属单点式营业网点（不实行综合性支行携其辖属经营网点以团体身份申报参评，其所属经营网点可单独申报）。各商业银行的网点机构建制有所不同，大型国有银行的建制体系为总行、省分行为一级分行、市分行为二级分行，二级分行根据业务规模的大小再下设支行、分理处、储蓄所等经营网点；而多数新型商业银行基本没有分理处和储蓄所等单点式营业网点建制。在副省级的城市，许多银行在一级分行以下设有中心支行（相当于二级分行）级的管理型支行，管理型支行以下还管理着若干个单点式营业网点建制。而根据中银协相关文件的要求，申报示范网点参评单位应是"会员银行辖属单点式营业网点"。

二是经银行监管部门批准经营金融业务，具有独立经营场所，取得《金融许可证》和《营业执照》的营业网点；正式营业两年以上（以金融许可证上的批准成立日期为准，机构名称或地址变更不影响营业时间累计）。

三是参选的网点必须坚持依法合规经营，自觉维护金融市场秩序，健全各项内控管理制度并认真执行，无不正当竞争和商业贿赂等行为。两年内（含评定年度和上年度）无违法案件和重大责任事故，其网点和从业人员无被监管部门确认的违规、违纪行为。

二、硬件基础

网点要符合评价的标准，厅堂服务功能区域清晰分明，基本的服务设备要到位，还应有较为先进的智能服务设备。如果网点原有的布局设计需要调整，应考虑到装修改造能否按时完成、有无难以解决的障碍等因素。

三、发展前景

申报"五星"的网点最好能具有今后参与"千佳"和"百佳"的基础条件。一是网点的地理位置不宜过于偏僻，要考虑到网点的客户流量和经营业绩的发展潜力；二是随着银行网点智能化发展的趋势，营业大厅面积不宜过小，否则难以新增先进的服务设备，成为今后网点升级改造的短板。

四、业绩指标

中银协对参选的网点还要求效益良好，具有较完善的银行服务功能，具有一定的业务规模和良好的客户基础，能够完成上级行下达的各项业务经营指标。网点近两年来的主要经营业绩指标在本地区各网点的排名基本上应位于前三名，最好能有一两项重要指标能排名第一。

五、示范效应

当年，笔者前后分别选了一个储蓄所和一个分理处作为作本支行的标杆网点进行培育和打造，但不是因业务产品不全面就是经营规模太小，都不具有先进网点的示范作用。最后选定支行本部的营业部作为培育先进的单位，一是营业部在本支行范围内业务品种最全面，打造先进网点最具有代表性；二是各网点员工经常来支行本部开会或办理相关事宜，营业部员工日常的客户服务过程非常容易成为各网点展示学习的样板；三是各领导部门经常来指导工作，营业部成为向领导展示支行员工精神面貌的最佳平台；四是营业部处于本市的闹市地段，信息传导渠道广，一旦打造成功，对公众的形象展示效应大。

六、参与意愿

这点最为重要，示范网点的创建是一个历经磨炼、成长、收获的过程，有的网点经过八年以上的艰苦创建，最终才获得"百佳"荣誉。笔者在为多家银行进行创建活动辅导的过程中，深切地体会，参选行的主要领导的重视程度和网点全体员工的参与度，与创建成果呈正比关系。

各参选行应该从以上几个方面进行择优选点，作为当年参加示范单位评选网点的先决条件，确保当选成功。如果决定聘请专业培训机构参与示范网点创建工作，有关管理部门可邀请专业培训老师参与择优选点的工作，除了对上述方面进行打分评估外，还应对参选行的申报目标实现的可行性进行摸底调研，将本地区评选配额情况分析、与当地竞争对手优劣势比较、网点达标落差问题诊断、内外部资源组合情况等内容，形成书面报告，供参选行参考。分行管理部门可在辖内开展初选工作，通过组织网点自评打分申报、分行现场考察评估、对照标准审核、参考培训机构调研意见等流程，最终确定辖内参选候选网点名单，尽快制订示范网点创建项目实施方案。

第二节　方案设计

示范网点创建工作是一项十分繁冗的工程，需要分为几个阶段实施，对于每个阶段的工作重点和任务，完成本阶段工作和任务的人力、资源需求和时间期限，工作和任务的实施形式，项目实施过程中的疑难问题和不可预见因素等的处理机制，各任务组及不同部门、参与人员之间的组织、协调关系等各个环节的问题，都需要设计周密而具体的实施方案。

若银行需要引入专业培训机构进行辅导，在项目方案设计前，可由培训机构进行现场调研，并向被辅导银行提交《示范网点创建辅导项目建议书》之类的调研报告，然后再由分行相关管理部门、参选网点和培训机构等三方组织管理人员共同参与，对建议书的具体内容要逐条疏理、交换意见。目的是使所有创建工作的参与者都能明确项目实施目标和具体要求，以便在项目实施的各阶段能很好地配合协调，提高创建工作实施效率，以避免参选网点被动介入项目实施过程，影响实施进度和效果。经过讨论达成共识后，再制订正式的《示范网点创建工作实施方案》，作为整个创建阶段的工作指导大纲，其主要内容应包括：

一、目标定位

明确创建活动目的、意义；参评的目标名称（"五星""千佳""百佳"）；创建网点的优劣势分析；提出创建工作的原则。为全面落实各项创建工作，可根据本行的实际情况明确提出"领导重视、全员参与、强化培训、奋力拼搏"的原则等。

二、实施思路

成立"推进创建工作领导小组"，明确"推进创建工作领导小组"的负责人、牵头部门及各部门的主要参与者，其成员应由分行、参选行相关领导和网点主要负责人组成，负责制定创建活动实施方案，阐述创建活动的主要工作方法，并明确各自的岗位职责。在创建活动期间定期开会讨论，及时帮助协调解决创建过程中出现的困难和问题，如遇到特殊情况可对实施方案进行微调，确保创建工作顺利进行。如决定聘请专业培训机构介入辅导，应注明辅导的具体形式和相关的注意事项。

三、实施时间

通常从创建项目实施至完成迎检工作至少需要半年以上的时间，尤其是需要硬件提质改造的网点，可能时间跨度较长，因此必须尽早启动项目实施。为了确保创建顺利进行,应及时控制进度,通常可分为三个阶段。第一个阶段是项目准备阶段,包括现场调研、择优选点、确定方案、硬件改造启动等。第二个阶段是培训辅导阶段,包括亮点策划、培训教育、现场辅导、情景演练、专项辅导、工作简报、成果包装等。第三个阶段是评估迎检阶段,包括自查评估、模拟测评、应检辅导和创建总结等。

四、激励措施

对创建活动中表现突出、贡献大和在各类培训辅导过程中认真学习的员工要有相应的表彰奖励办法,如设立"创建活动积极分子""最佳贡献奖""优秀学员""最佳金点子奖"等评选内容。无论最终评选是否达到预期目的,都应给予必要的精神鼓励和物质奖励。

五、项目预算

分行对参选网点应提供必要的财务投入,其中包括硬件设施费用和专项培训费用。预算项目要有明细说明和拨款时间。

六、明确责任

示范网点创建工作实施方案定稿后,要组织员工认真学习,使每个部门、每位员工都清楚了解创建工作的目标和责任。

第三节 全员动员

笔者在多家银行网点进行培训辅导时,发现有的网点创建工作未能做到全员参与,大量的创建工作集中在少数几位员工身上,甚至有的网点把整个创建实施工作全都交付给网点的一位业务主管来抓。缺少各级领导的重视和支持,网点员工的创建积极性必然会大打折扣,其最后的评选结果必定是不理想的。营造创建氛围也是影响创建工作成效的关键之一。因此,全员动员是一项非常必要的程序,可采用以下几种形式:

第一,参选行通常应该在创建项目方案正式启动时召开创建活动动员会。会议形式与规模可根据各行的实际情况而定,或利用网点下班后的夕会时间进行,或利用专题培训课前动员,也可召集各部门创建活动的主要组织者进行专题动员会议。无论何种形式的动员会,上级管理行的领导和管理部门负责人及相关人员都应参加,以示重视。动员会的目的要使大家统一思想、提高认识、明确目标、建立信心,并宣布创建工作领导小组成员名单，对创建工作提出相应的要求，明确分工和职责。相关领导和部门负责人必须全程介入创建工作，对参选网点不能仅仅下达任务，还应为其提供各方面的支持和工作指导，要与网点员工一起克服困难、共同努力。动员会上还应有参选网点的负责人、业务主管和各岗位的骨干员工的发言，最好也邀请培训老师一起参加，使大家认识到创建工作不只是领导的工作，而是全体员工共同的愿望和义不容辞的任务。

第二，当创建活动接近尾声时，要认真做好迎接中银协验收的准备工作。参选网点也应召开一个动员会。领导要对全体员工在前阶段为创建工作付出的努力予以肯定和表扬，鼓舞员工的士气，保持良好的精神状态；同时要对个别需要完善的细节提出整改要求，作最后的冲刺，力争评比结果达到预期目的。

第三，根据网点的具体情况，编写创建口号，如"争先创优鼓干劲，我为'百佳'（'千佳''五星'）作贡献""立足岗位作贡献、创建'百佳'（'千佳''五星'）当先锋""齐心协力创'百佳'（'千佳''五星'），群策群力靠大家"等，并制作横幅悬挂在网点员工工余活动区域或办公区走廊、过道处。

第四，创建信息沟通微信群，要求所有参与者加入，并踊跃参与创建工作信息交流和讨论。群主应利用这个交流平台，发动每位员工充分发挥自己的主观能动性和聪明才智，为网点的创建工作献计献策，挖掘本网点优质服务的亮点。群主还应及时收集和整理员工们的合理化建议和本网点创建工作中存在的问题，协调落实整改措施。员工们也可通过这个交流平台，及时了解本网点创建工作的进度，对照检查自己的阶段性工作和任务是否落实，使整个网点始终保持着积极向上、努力拼搏的良好状态。

第五，及时更新"员工文化墙"的内容，选登员工参与创建工作的心得体会，让创建活动开展得有声有色。

总之，可以采取多种形式营造出一种全员积极参与、志在必得的氛围，共铸网点服务品牌。

第四节　硬件改造

由于各商业银行 CI 设计的不同，有许多银行网点营业大厅在原有的内部装修上对各服务功能区域的划分、厅堂的布局、设备设置及定位管理的没完全达到中银协规定的创建标准。因此，为了创建工作验收达标，需对部分装修多年的老网点进行服务环境的局部升级改造。其主要内容包括：合理调整网点服务功能的分区、优化和增配服务设备、服务设备电器线路的隐蔽、在营业大厅设置公众教育宣传栏等、创立网点企业文化精神墙报、调整和完善员工休息区等。

参评网点营业大厅硬件改造项目通常需要 60 天（含法定休息日）完成，因此该项目在整个创建活动启动时就要尽快投入方案实施。硬件改造应按照"硬件升级、方便合理、有机统一、突出亮点"的原则，以实现客户最优体验为目标，以中银协提出的有关网点厅堂管理要求为行业标准，根据银行自身财务状况，对参选网点的相关硬件、软件设施进行更新升级。

一、硬件升级

"工欲善其事，必先利其器"，基础设备不能满足市场和客户的需求也是部分网点在评选活动中的硬伤。因此，网点应增配部分相应的服务设备设施，如自助查询终端、开户免填单系统等现代化商业银行零售业务场所的标配设备。为了顺应时代发展的潮流，很有必要在新型的自助设备和智能服务机具等方面加强对参评网点的投入。这些项目的实施还关系到网点大厅原有布局的调整和改造，应在硬件改造项目设计时统一考虑。除此之外，还应该购置相关的服务硬件设施，如"便民服务流动车"，装上茶水、饮料等物品，在大厅内进行流动服务；在员工休息活动区内放置跑步机、哈哈镜、小型按摩椅等，可作为员工降压、舒压的活动用具。

二、方便合理

第一，厅堂服务功能区域的布局设计要以方便客户为前提。如便民服务区内摆放的便民用具一定要方便客户获取和使用，便于员工为客户提供服务；大堂经理咨询台（又称引导台）和取号机应放置在距离大厅门 3 米以内；残疾人轮椅不能离营业大门太远；饮水机、报纸杂志架放置在等候区旁 1 米以内等。第二，引进 6S 管理技术，对网点所有的服务设备设施和员工业务用具进行定位管理，对一些不符合定位管理要求的设施物件进行重新设计定制，以方便网点员工的日常物理管理，提高工作效率。如果网点的基本设施和厅堂布局有大的变动，那么 6S 管理的实施一般要在厅堂硬件设施基本到位后开始。

三、有机统一

营业大厅的物理环境改造和区域布局设计首先要与本行系统内的 VI 设计理念高度统一，在各个细节的设计上要突出协调性，以利于品牌的提升和识别。如花卉的色调、座椅的颜色应与本行的 VI 设计的主色协调，形成网点统一视觉冲击力和美观感，焕发勃勃生机。同时也要参考中银协提倡的相关行业标准进行适当的补充和改良，对明显不符合消费者权益保护和厅堂安全的问题必须进行相应的调整和改造。因此，对被推荐和有意向参加示范网点评选活动的网点，在网点硬件改造前一定要同时领会本行 VI 设计理念和中银协提倡的行业标准，综合考虑硬件改造方案，如有可能最好参观兄弟银行的样板网点，或聘请专业培训老师进行现场指导。

四、突出亮点

网点厅堂硬件改造不仅要重视硬件的升级换代，也要重视网点厅堂硬件管理的细枝末节。由于各网点营业规模、环境、建筑面积、客户群等情况不同，应在系统内网点建设整体风格协调统一的原则下，针对每个网点的情况进行独特设计，体现精准服务内涵。优化营业厅堂的物理布局应做到：服务功能区域便民化，宾至如归；客户等候区域家居化，温馨舒适；公众教育区域艺术化，赏心悦目。

在创建活动开展期间，应分别拍摄现场硬件环境改造前后的两组照片，待创建活动后期可进行对比，透过这两组照片可以让大家直观感受到现场管理对环境改善的价值所在，增加网点员工的荣誉感、自豪感和归属感。

第五节 亮点策划

对照中银协颁发的示范网点评价标准，凡是有信心、有意愿申报的银行网点，可以说只要有充分的时间准备，基本都能达到，尤其是厅堂内的硬件设备设施，只要肯投入财力，都能达到理想的标准。然而，在评分分值差异不大的情况下，谁能最终出线获胜，其中一个很重要的法宝就是网点的亮点创意和展示。示范网点的亮点创意就是一个创新的过程，对于每个网点而言，是一种以本行或同行现有的思维模式提出有别于常规或常人思路的见解为导向，利用现有的知识、科技发展成果和物质条件，改进现有的服务管理状态或创造新的服务方法、模式、元素、路径、环境的行为。

笔者辅导过的一些银行网点为了力保评选成功，都想在如何展示本网点亮点上做些文章，于是也让笔者出出主意，帮他们策划策划。其实，网点的服务创新不是为了亮点而刻意制造出亮点，这也不是培训老师所能包办的事。真正的创新，应该是调动网点自身的主观能动性，在本行网点原有资源（服务理念、管理体系、经营环境、硬件设施、业务流程等）的基础上，通过资源的再配置、再整合（改进），进而提高（增加）现有的网点服务功能和价值。不妨从厅堂环境美化、服务理念、服务产品、服务渠道、服务流程、服务方式、服务管理等七个方面挖掘本网点现有的服务亮点或进行新服务亮点的创意。

一、厅堂环境美化

挖掘网点所处地区的历史文化底蕴（如诗歌之乡、书画之乡、革命老区、佛教圣地等），进行网点营业大厅的美化改造，旨在让进入银行大门的客户眼前一亮，让客户在优美的、舒服的环境下办理业务，在营业大厅内等候时可以感受当地浓郁的人文气息。与此同时，感受到本网点全体员工的文雅气质和热情、贴心的服务，成为在当地最具有文化特色的银行网点。

二、服务细节创新

"服务没有最好，只有更好！"服务不能仅仅停留在口号层面上，还应扎扎实实地落实到我们网点的日常管理上。笔者曾辅导过的一个"百佳"网点经历了九年的创建历程，非常重视对服务细枝末节的改进，每一年都有新的创意和提升。比如，起初为了防止厅堂内某些设施的边角撞伤客户，在边角安装了防撞套。后来发现较低矮的设施，如安装在茶几四边角的防撞套也会把女客户的丝袜或短裙钩住，于是又将茶几的四边角做成圆弧形的，又美观又安全。这样的事例还有很多，该网点把服务的细节做到了极致，成为该网点的最大亮点。

三、服务产品创新

建议从两个方面着手：一方面，网点虽然没有产品创新设计权，但可以根据市场变化和客户需求，定期或不定期地以书面形式向上级业务管理部门提出产品创新的建议；另一方面，有的产品虽然是由总分行设计的，但可以申请本支行作为试点网点，及时将产品的成效检验反馈给上级行，积极参与系统内产品创新活动。在活动过程中要注意收集、整理和存档。

四、服务渠道创新

一方面，我们应该积极响应政府的宏观经济政策的导向，注意在信贷业务方面多总结和收集有关"重点支持实体经济、扶持小微企业、服务三农金融、加大绿色信贷"等方面的业务资料，包括业务数据、现场图片、客户反馈意见等；另一方面，建议网点客户经理和理财经理的业务营销形式由"坐商"向"行商"转变，主动走进企业、走进社区、走进校园，展开多方位的业务营销，总结出自己的独特的营销方式和经验。

五、服务流程创新

一是随着互联网金融的兴起及电子信息技术的迅速发展，银行的服务将从线下物理网点转向线上平台。可以根据这个创新潮流，将服务流程的个性化、便捷化、智能化等方面作为创新实践的切入口，改变客户进入营业大厅排队等候服务的习惯，由大堂经理主动引导公众强化自动化操作体验，从而获取金融服务的行为改变，增强客户互动体验。自动化将是今后银行网点的发展趋势，在引进设备方面需要得到上级行的支持。二是努力改进业务流程，强化信息对称，使业务交易过程更加透明，将交易的最终提交权交给客户，充分尊重客户的知情权和执行权。

六、服务方式创新

一是可借鉴类似微信客服的服务方式，根据客户发送的各类咨询，利用微信客服给予快速、精准的解答；同时，还可以利用在线人工服务，客户可在微信银行直接连线人工服务，享受更为专业、快速、全面的咨询服务。二是大力改进特殊人群服务的方式，如在自助区内增添盲人专用ATM机；针对不识字的人或老年客户引入指纹确认服务功能等。

七、服务管理行为创新

一是推行大堂经理厅堂管理手势语，提高现场管理效率。二是制作且公布《网点员工文明规范服务行为手册》，供广大客户对每位员工的服务进行监督指正。三是在网点大厅内设立客户点赞台，让客户给他认可的员工贴上一枚"红星"以资表扬，通过这种方式也能提升客户的满意度和忠诚度。

八、公众教育形式创新

丰富和美化网点大厅内的公众教育文宣栏。文宣栏内容包括如何识别假币、金融产品消费使用安全常识、网上支付防密码被盗刷等常识，以提高消费者权益保护意识。文宣墙设计应有趣耐看，如条件允许可增配一些先进的科技设备，如用视频形式滚动宣传、智能墙、手机互动展示屏、互动桌面、三维立体展示柜等这些先进的金融电子设备，提高公众教育内容的宣传效果，丰富进社区公众金融知识教育宣传活动的内容和形式。

以上所述的亮点、创意和思路，在中银协和各地区银行的各类刊物或官方网站中，有大量实例介绍，都是各商业银行示范网点在创建过程中实践和总结出来的宝贵经验，值得大家学习和借鉴。但借鉴不是模仿，也不是照搬，而应该是自己的创意。比如麦当劳即是一个连锁快餐企业，也包含了一种文化。它在全球许多地方开了分店，然而西方正宗的西餐大师肯定不会认同它是正宗的西餐，只是叫西式快餐，是一种独特的餐饮方式，但是麦当劳成功了。在我国也有快餐店模仿麦当劳，甚至有的还在全国各地开办了连锁店，但这种模式仍然属于"拷贝"。同理，只是通过走访、参观部分已成功的示范网点,"克隆"他人的模式,那不是创新,也不是亮点。笔者曾听说某银行几年前成功创建了一个示范网点,后来还想在同城区内再另外打造一个示范网点,无论是厅堂布局设计、装修风格,还是所有的服务模式都原样照搬,甚至将大多数原班人马调入新网点。笔者认为这样的创建思路是不可取的。示范网点在亮点创意上,一定要立足于网点自身的实际情况和所处的客户服务环境及客户的真实需求等因素,创新的初衷和最终目的都是为了扎扎实实地提高网点客户服务质量,一切为了方便客户,而不是单纯地为了评选过关而人为地去制造出一个亮点。

第六节 员工培训

员工培训的主要内容有:一是中银协关于开展示范网点创建活动的相关指导性文件和评价标准解读;二是银行客户服务理念、银行服务文化、网点团队建设、员工职业化、职场伦理和职业道德、银行网点营销技能等。进行员工培训,既是为了确保网点员工在创建活动过程中能正确地理解中银协相关文件的精神要求,严格对照检查标准对网点进行硬件和软件等方面的整改、提升、创新,更是为了提高参选网点客户服务管理水平,提高网点员工的专业技能,真正打造一个名副其实的银行业示范网点。

从实际情况来看,创建网点员工培训工作主要有以下几个问题需要引起注意:

一是有许多银行为了创建舍得花巨资去更新改造网点的硬件环境,但对员工培训的费用投入不足,有的甚至用以会带训的方式代替必要的系统的专业培训。有的侧重于让骨干员工按照检查标准逐条理解和落实相关创建工作,大多数员工对创建的目标不明确,对自己的职责和作用不明确,导致少数员工拼命赶进度,而多数员工的积极性没有被调动起来,有的似乎成了旁观者,整个网点创建工作处于被动局面。因此,为使网点创建工作能有声有色地开展,必须重视加大培训力度。

二是培训师资缺乏合理的安排,培训内容针对性不强,外聘培训机构的"水课"现象较多。建议可以采取内训师与外聘培训师互补的方法,采取多样化的培训形式。内训师更了解行业特性和本行的服务理念、现状、特色及问题,培训辅导针对性强;而外聘培训老师信息量大,可以传导同业的先进经验,拓宽员工视野,借他山之石攻玉,提高本网点的创建水平和效果。但要避免有的外聘老师以礼仪训练、6S管理、网点转型等单项内容替代整个创建内容的培训,达不到预期的培训效果。

三是基层网点日常业务量大,工作时间长,还要经常加班,部分员工对利用休息时间进行培训有消极情绪,学习兴趣不高,培训效果不佳。我们应该注意提高培训的质量，在课程的设置、培训老师的选聘、培训时间的合理安排等方面都要做好统筹安排。如有关网点现状分析、疏理存在的问题、整改的措施等方面的培训内容，对多数员工而言，其关联度不是很大，可利用正常工作时间召集上级行创建工作牵头人和参选网点负责人、业务主管、档案管理人员等相关人员，由培训老师对照检查进行逐条辅导讲解。老师在讲解时，学员们要做好记录，会后列入简报内容，作为下阶段检查创建进度、检查督促落实的依据，亦作为培训效果的检验。对于中银协的检查标准中（占比50%以上）有关员工服务行为等方面的条款，则可采取上大课的方式，全体员工参加培训，由专业培训老师将其插入相关课程中进行细化解读。因涉及的培训内容很多，应保证足够的培训时间，并适当拉开每次培训日期的时间间隔，以免过度集中培训时间，加重员工的疲劳度，影响培训效果。

　　四是为确保培训效果针对性强、趣味性高，在制订培训计划时，受训单位应与培训老师进行必要的沟通，合理地安排课程内容。同时为了提高每位员工对培训学习的热情，确保培训效果，培训老师应采取互动式的授课方式，增加员工的参与度，网点领导对听讲认真、互动积极的员工应予以鼓励。笔者曾培训过的一些网点会在每堂培训课结束前评出优秀学员，由网点领导给予一定的物质奖励，还将多次被评为优秀学员的员工列入最终网点创建工作贡献奖的名单中，大大提高了员工参加培训、认真听讲的积极性，其效果极佳。

　　五是要客观评价培训作用和效果。一方面，要充分认识到定期组织员工进行多元化的培训教育对提高员工的综合素质有着重要的作用，应该把员工培训工作常态化；另一方面，不能认为培训就是万能的，不切实际地指望培训能解决一切问题。培训只是提高了员工的认识，学习掌握相关的专业知识和技能，未必能立竿见影、万事大吉，不要指望几次培训课就能全面提升网点员工的客户服务质量，也不可能经过短短的几节培训课就能达到示范网点的所有标准，能轻松获取评比的成果。再优秀的培训老师也没有点石成金的秘籍，要摒弃一切急功近利的幻想，根本的落脚点还是要扎扎实实地做好所有的创建工作，一步一个脚印地完成整个创建活动。

第七节　现场辅导

　　创建示范网点涉及许多管理工作和实务操作，银行的内训老师或外聘培训老师每月的驻点辅导应不少于一次，进行创建工作的短板诊断，梳理本行服务管理的差距，解析参评指标，提升弱项。除了对照评选考核标准逐条分析，提出整改意见，督促落实措施，通常还可从以下几个方面对网点员工进行专项辅导：

一、晨会固化

晨会不仅是网点员工的一个工作例会，更是网点员工每天工作前的动员会，目的是振奋员工精神、鼓舞员工的士气，促进学习交流，明确工作目标。同时也可以让员工轮流主持晨会，把晨会作为员工施展自己能力的平台，提高员工的管理意识和团队意识，从而使员工将提供优质服务变成一种自觉自愿的行为，变成一种长期坚持的工作习惯。晨会固化训练的主要内容有以下几个方面：

（一）晨会站立队形

网点的晨会应采取站立式的形式进行，这样有助于振奋员工精神，使员工能尽快从休闲状态转向工作状态。可根据营业大厅的实际情况，选定合适、固定的空间，并根据其大小宽窄情况固化晨会站立队形，通常有以下四种队形（如图2-1、图2-2、图2-3、图2-4所示）：

图2-1　圆形队形（所有员工围成一圈站立） 　　图2-2　单向队形（所有员工面向主持人，人多可以排成前后两排）

图2-3　双向队形（所有员工分两列面对面站立） 　　图2-4　N字形队形（此队形可按高柜区、对公业务柜面员和网点其他人员分三队站立

(二) 晨会议程固化

第一道程序：整理仪容仪表。

主持人提示员工之间相互检查仪容仪表是否符合标准、精神面貌是否进入工作状态。

第二道程序：员工相互问候。

主持人："各位早晨好！"

员工："好！很好！非常好！"

第三道程序：服务用语和手势操练。

员工在主持人（或指定其他员工）的带领下，操练文明规范服务的常用语和基本礼节手势。在此介绍一下笔者设计的《柜面"10+10"基本服务用语与手势礼》，供读者参考。

主持人："请大家一起跟我练习《柜面"10+10"用语与服务手势礼》。"

员工可按照下图所示进行用语和手势同步操练，操练过程中主持人应纠正不够规范的动作（如图2-5至图2-14所示）。

图2-5 欢迎光临！（左手心紧靠小腹，右臂向上平抬至90度，五指并拢，手心正向前方示意客户）

图2-6 您好！（双手并拢、手心紧靠小腹，微微点头示意）

图2-7 请坐！（左手手心紧靠小腹，右手手心向上，手指指向客户座椅）

图2-8 先生（女士），请问您需要办理什么业务？（双手并拢、手心紧靠小腹）

图 2-9 请您稍等！（左手手心紧靠小腹，右臂平抬前方不超过右肩，五指并拢，手心正向前方示意客户）

图 2-10 对不起，让您久等了！（左手手心紧靠小腹，右手抬起，手心紧靠胸前）

图 2-11 请您核对签名！（右手持业务凭证或其他资料，左手手心向上，指向凭证或资料中的签名处）

图 2-12 请问您还有其他业务需要办理吗？（左手手心紧靠小腹，右手向前平伸，手心面向客户）

图 2-13 请拿好您的回单和随身物品！（双手递送业务凭证或其他资料）

图 2-14 注意安全！请慢走！（左手手心紧靠小腹，右手在身前呈 45 度平抬，手心向上，示意客户）

第四道程序：表扬好人好事。

主持人："今天我要表扬的是员工某某……其他员工还有表扬的吗？"

员工："报告主持人，我来表扬一下员工某某……"

主持人："希望我们大家都要向他（她）们学习，把我们网点的服务工作做得更好。"

（主持人带领全体员工鼓掌）

第五道程序：点评业务成果和提示工作要点。

网点负责人：介绍最新的业务动态，传达相关文件精神，通报网点工作业绩，警示业务风险，提出当天（本周）工作要点，使员工明确工作重点，做好本职工作。大堂经理：点评近期网点客户服务情况。理财经理：介绍新产品、提示产品营销注意事项和业务营销指标。

第六道程序：宣布晨会结束。

主持人："今天的晨会到此结束，请各位做好岗前准备工作。"

全体员工齐声高喊精神口号（选一句能体现本行员工精神面貌的经典宣传口号，如"打造精品网点、铸就蓝色辉煌"）。

(三）晨会注意事项

（1）网点负责人如无特殊情况都应该参加每天的晨会，以示重视，确保晨会的质量和效果。

（2）晨会主持人运用每日晨会模板编写每日晨会发言提纲。

（3）合理安排晨会召开时间。每日晨会时间尽量避开现金库包车送款时间，时间控制在 15 分钟左右，可视特殊情况调整。

（4）晨会切忌单调沉闷，更不能批评员工，凡属需要批评的事项应安排在当天的夕会中。要以表扬鼓励为主，应做到有"四声"：主持问候有回声；发言精彩有笑声；表扬过后有掌声；晨会结束有喊声（口号）。

（5）晨会结束主持人要整理保管好当天的晨会记录，内容包括员工考勤签名、好人好事实录、晨会主要事项记录等，并定期装订归档。

二、夕会（或称晚点名、班会）

夕会不一定每天都召开，一般在当天发生某些影响不大的工作差错，或有上级行重要文件需要传达，或因某些特殊情况时召开。召开夕会不采用站立式，可以围坐在一起，便于员工边听边笔记。夕会的主要内容为：传达近期工作重点，组织对新产品、新业务、新制度、新流程的学习；通报相关事宜、分析问题、总结经验教训；对当事人提出批评，告诫全体员工应引起注意的相关事项，及时提出整改问题的相关措施。夕会主持人要整理保管好当天的夕会记录，内容包括员工考勤签名、通报事由、学习内容等，并定期装订归档。

三、员工服务行为抽检点评

监控录像是许多创建网点在中银协验收检查过程常常被扣分的重点问题，其主要原因是许多创建网点只注重表面的硬件项目的改进提升，忽视对员工的精神面貌和服务行为规范化的培训，或者也不知道如何培训、指导、改进员工的服务行为举止。于是，许多网点在现场检查时，员工不规范的服务行为不一定会被发现或扣分，而检查人员从监控录像中却能发现许多不尽如人意的情况。要消除监控录像难以过关的问题，可以在培训辅导期间采取如下措施：

（一）监控录像调阅抽检

创建活动期间，辅导老师应对网点的监控录像进行定期调阅抽检。按照中银协检查的惯例，辅导老师可分期调阅抽查近一个月内周一、周五和周六（日）等三个重要时间各5~8分钟的录像，但不限于此。具体时间一般以上午营业前后、营业高峰时段、中午、营业终了等多个重要营业时段。调阅录像内容要求：一是要抽查多路监控录像；二是监控角度包括网点大厅、自助服务区、窗口等区域，查看大堂经理分流服务、大堂经理指导客户使用自助设备、1~2个营业窗口办理业务效率、保安值岗、员工礼仪风貌等日常服务情况，以及供客户使用点验钞机的监控情况。每次调阅时间不少于2小时，辅导老师应将查阅监控录像的基本情况详细登记在《示范网点监控录像抽检底稿》中，以备专题辅导培训时点评之用。同时，网点负责人要根据《非现场检查底稿》指出的问题及时落实整改措施，并在班会中对服务行为不规范的现象进行批评，对问题比较严重的员工进行扣分处罚。

（二）现场跟踪观察

由专人实施人盯人的实时检查方式，发现网点大厅内所有服务人员（包括大堂经理、高低柜柜面员工、理财经理和保安、保洁员等）有不规范的行为时，一是当场进行笔录，将员工姓名和岗位（柜号）及问题所发生的时间记录下来，事后请专业人员将监控录像中相关的片段集中复制下来；二是可用摄像机拍摄营业大厅内网点所有服务人员为客户服务和业务操作的过程片段，整理汇总。

（三）纠偏辅导员工服务行为

许多柜面员工没有经过专业的培训，未能养成良好的服务行为习惯，也不清楚自己的服务行为究竟是否符合规范标准，这就需要培训老师进行服务行为纠偏辅导。将现场录像和监控录像中真实画面回放给员工看，让员工进行自我对照检查，再加上培训老师的专业点评指导，可以尽快地使员工发现问题并及时纠正。对于在客户服务过程中行为规范的员工，应予以表扬。

这种一对一的服务行为纠偏指导是一种非常有效的培训手段。它至少有三方面的好处：一是可以有效地帮助每位员工在服务行为中存在的不足，提升网点的服务水平；二是可以在检查评比前一个月监控录像，减少瑕疵出现率；三是经过三个月的监督检查、纠偏指导，员工都将会养成良好的服务行为，这也是创建活动和员工培训所需要达到的真正目的和效果。

在网点创建活动期间，每位员工均要经过三次服务行为的点评。若员工每次被截取的画面都非常规范，就应该进行表扬；若员工被截取的三次画面逐次改进，就应进行鼓励；若发现员工每次被截取的画面都有严重的不规范现象，应责令限期改进，或者调离岗位。同时，还应根据现场和录像的跟踪检查，对每位员工的行为表现进行打分评比，评出优秀员工（或称服务示范明星），进行必要的物质和精神奖励，以调动员工创建工作的积极性和主动性。也可以将服务行为比较规范的员工作为大家学习的榜样，在网点内形成"比、学、赶、帮、超"的良好氛围。这也是中银协开展示范网点创建活动的所应该达到的效果之一。

第八节　情景演练

情景演练是在事先虚拟的网点工作状态或事件（事故）条件下，组织员工针对假设的特定情况，执行实际服务突发事件发生时各自职责和任务的排练活动，或者说就是一种模拟突发事件发生的应对演习。情景演练融技能训练、技术训练、战术训练、心理适应性训练为一体，训练成本低、效率高、安全性好，可重复演练，不受时空环境的限制。银行网点员工情景演练可分为两大类：

第一类是日常服务工作的模拟情景演练。通过模拟真实事件及应急处置过程，可以给网点员工留下更加深刻的印象，从直观上、感性上真正认识和发现网点日常管理中存在的问题，采取相应的措施及时进行整改，完善网点的各项管理制度，增强应对可能出现的各种意外情况方面所具备的适应性，提高网点的管理水平。实践证明，组织网点员工进行情景演练能提高员工应变日常工作过程中突发事件的能力，可有效减少盲从性，避免或减少网点的人身安全、声誉和财产方面的伤害。

第二类是服务突发事件的模拟情景演练。银行服务突发事件的分类有三个等级：一是特大服务突发事件（Ⅰ级），包括营业网点挤兑、多个营业网点受自然灾害破坏、多个营业网点业务系统故障；二是重大服务突发事件（Ⅱ级），包括单个营业网点业务系统故障、抢劫客户财产、单个营业网点受自然灾害破坏；三是较大服务突发事件（Ⅲ级），包括客户突发疾病、客户人身伤害、寻衅滋事、营业网点客流激增、不合理占用银行服务资源、重大失实信息传播，以及其他影响营业网点正常服务的事件。通过服务突发事件的应急演练，可以提高银行网点员工对突发事件风险源的警惕性，在模拟演练过程中将虚拟现实技术应用于应急演练中，能够及时、迅速、有效、直观地对各类服务突发事件做出快速准确的预测并制定有效的应急措施，突破传统的培训模型，让网点员工能快速有效地掌握作业过程中的风险控制等知识，提升银行网点员工在突发事件面前的应急处置能力。

第九节 专项辅导

参选网点的亮点展示必定要通过一定的载体形式来体现，笔者在本部分"硬件改造"和"亮点策划"中已作了一些介绍，而本节所述的则侧重于软件设计和制作方面内容。以下是创建网点通常需要进行专项辅导的一些内容。

一、文化墙的美化设计

银行网点大厅内的文化墙也可称文宣墙，而办公区域内则通称为文化墙，都是用来普及金融知识，宣传本行文化、服务理念、品牌建设，展示网点形象、员工风采的行之有效的载体。网点的营业大厅区域内墙面，以及办公区域的墙面、走廊和楼道都是可充分利用的好地方，要在原有的宣传栏、荣誉墙、标语栏和员工风采展示的基础上，进行版面优化、更新内容和增置设备。

（一）版面优化

请专业美工师重新美化文化墙，版面设计要体现各商业银行"VI"设计的特色，颜色不宜过杂，版面设计忌呆板单调。建议采用一些新型装饰材料，如使用一些亚克力的板材，工艺采用电脑雕刻，制作一些标题、警示语和服务理念等内容。亚克力的板材在颜色选择上可用色彩比较饱和的，能造成较强的视觉冲击。

（二）更新内容

许多网点在文化墙的内容设置上还不够丰富，应从以下几个方面补充完善：

（1）一定要突出本行的企业文化理念，尤其是服务理念的细化解读。

（2）网点建设和发展简介。

（3）领导寄语。

（4）团队活动风采展示，如员工集体出游活动照片、员工业绩完成情况等。

（5）员工心里话。对领导有任何意见、建议及问题，可以以公开信的形式在此版块提出。

（6）交流天地。员工将自己在工作、学习和客户服务过程中的体会收获进行交流。

（7）员工信息互动栏。比如有员工生日、结婚，可由各同事自由写上祝福的话语。

（三）增置设备

营业大厅内还可以增购相关的文宣电子设备。

（1）文件宣传展示屏。显示内容可包括银监局、人民银行、银行业协会、公安部门、消费者协会和总分行的相关管理文件等。

（2）产品业务展示屏。显示内容可包括金融产品介绍、业务流程介绍、本行相关经营信息介绍等。

（3）人民币反假宣传工作站，可现场指导客户如何识别假币。

（4）理财室产品业务讲解 PPT 展示墙，为 VIP 客户播放相关理财产品信息和金融产品常识。

（5）在员工活动区内定制荣誉墙（柜）。将本支行历年获得的奖杯、奖状摆放至此，展示本支行的荣誉，激励正能量，悬挂先进员工的照片和事迹简介等。

二、设计制作网点创建宣传手册

网点创建宣传手册既可以作为网点厅堂和贵宾室的广告宣传资料，又可以用于向上级行和银协递交的网点创建工作汇报材料。其内容大致包括以下几个部分：

（1）支行情况简介，要重点突出本行企业文化理念、员工管理的人文关怀。

（2）网点服务环境和措施介绍。

（3）网点员工风采，包括员工客户服务状况、工余活动、社会公益慈善活动等。

（4）创建活动的经历和主要成果，如服务水平、经营业绩的提升等。

三、设计制作《网点员工规范服务行为示意画册》

在本网点挑选形象和服务行为俱佳的男女员工各一名作为模特，请专业人士拍摄和设计制作《网点员工规范服务示意画册》，其内容包括员工仪容仪表、员工迎宾礼节礼仪标准、员工服务形体示范、大堂经理服务行为标准、柜面员工服务行为标准、大堂经理厅堂服务管理手势语、网点 6S 管理标准等。

四、收集整理员工服务心得和案例

在营业大厅里，员工们在忙碌的客户服务工作中常常有说不完的辛劳、乐趣和成就感，也会有挫折和客户投诉的烦恼，这些都是很有价值的财富。比如，当某位员工遇到了一次客户不满、纠纷甚至投诉时，启动相应的处理程序后，能妥善地处理解决，得到客户的理解或谅解。在这一过程中，常常有很好的技巧和经验，非常值得其他员工学习，可以帮助其他员工在今后的服务工作中有效地处理类似的情况。因此，笔者在鼓楼支行工作期间，将每位员工在客户服务过程中的体会和经验教训收集整理成册，编辑成《员工心里话》和《客户服务案例分析》，并要求网点员工经常传阅，也作为新员工来行工作时的必读物，成为推广网点培育服务文化的一种有效途径。

笔者在手册中写下了这段话：

卷首语

注重服务细节，在于勤观察、常思考、多分析、快反应。

营业大厅，客户熙熙攘攘、川流不息——

一张张笑脸，是我们服务的回报，

一声声表扬，是我们服务的成果。

写下服务案例分析，有我们的泪水，也有我们的喜悦——

我们在客户的批评声中保持冷静无怨气；

我们在客户的表扬声中保持清醒不自满；

因为我们懂得：服务没有最好，只有更好。

说出我们的心里话，彼此交流、沟通心灵——

一字字，畅说着我们的话语，

一页页，记载着我们的收获。

这，都将是我们一份殷实的财富！

同事赵旻在《员工心里话》中这样写道：

痛并快乐着

从接到"争创"活动通知的那一天起，培训、学习、开会成了我们的家常便饭，我们就没过过一个完整的周末，也没有过一个星期是可以按时回家吃晚饭的。也曾有很多同事抱怨过：实在是太累了，快要撑不下去了！然而我们的行动毅然地战胜了脆弱的意志，在大家的努力下，我们的服务日趋完善，这使得我们赢得了更多客户的认可。有时站了一天的大堂经理腿都发软，晚上还得头顶着字典练站姿，跟严厉的形体老师学习各种礼仪姿态，我累得实在想倒下去就不要起来，可就那么一点点的坚持让我克服了疲劳。当我站在大厅内听到有客户夸奖我的姿态与气质时，才想到行领导的用心良苦。遇到外宾时，我能够很自豪地从容应对，这时才悔恨自己曾经埋怨过……

我深刻体会到了自己在"争创"活动中收获的是一笔巨大的财富：吃苦耐劳的精神，笑脸应对挫折，积极进取的学习习惯和自信大方的仪容体态，让我感受到了工作的乐趣和生活的丰富多彩，我觉得"争创"的过程远比这一荣誉称号更令我值得收藏和珍惜，这将会是在我工作中最精彩和永不磨灭的一段励志记忆！

另一位同事颜萍在《客户服务案例分析》中这样阐述：

一、事情经过

2008年11月11日，一位40多岁的女士来办理境外汇款业务，为身处异地的女儿汇16 000多澳元的学费。当时，她的存款账户上已有足额的澳元现钞，但汇款业务只能通过现汇的方式，需先将现钞换成现汇。而现钞换成现汇是需要支付一定手续费的，于是征求客户意见，客户回应说自己也不懂什么外汇，付一点手续费没关系，只要将这笔钱汇到澳洲就行了。于是会计人员在网上登记处理了这项业务，当时也未留意手续费数额的大小。待客户交费时，发现汇出的 16 000 多澳元竟然少了 600 多，折合人民币近 3 000 元，均为兑换手续费。当时客户很不满，因为手续费竟高达 4%。但是由于对方急于用这笔钱，迫于无奈还是将这笔钱汇出。办完业务后，这位女士非常不满，并咨询主管手续费的来由，主管不明，打电话咨询了上级业务管理部门后，仍无法答复这位客户的问题。

主管此时建议客户留下联系方式，答应了解清楚后再答复客户。客户便很不悦地下了二楼，到一楼又试着找大堂经理赵旻咨询，并声称未得到满意的答案就将此事曝光给媒体。此时另外一位大堂经理凭印象说道，一般钞汇的转换费用大约在 1.2% 左右。客户听了非常气愤，责问我们："怎么同一个建行，楼上和楼下收取手续费不同呢？肯定是多收了 2.8% 的手续费。"坚决提出要将问题弄清楚，否则就向媒体曝光。此时，大堂经理感觉到问题的严重性，便立即向主管反映，但大家都不清楚手续费的来由。该如何处理呢？虽然这并不在赵旻的职责范围内，但得不到答案明天就有被曝光的风险，这对银行的荣誉是极大的损害。赵旻灵机一动，想到直接咨询省行国际业务部。当国际业务部也不清楚时，赵旻并没有放弃，说："不用解释手续费的数额，只要将计算公式告知，我自己演算就可以了。"获取演算公式后，赵旻当着客户的面，用建行网站上公布的钞汇买卖价代入公式演算，得到的手续费额度确实和之前顾客缴纳的数额一致。由此证明不是我行乱收费，而是由国家制定的统一标准，在任何一家银行办理收取的费用都是这么多，客户此时心服口服。为了弥补客户的损失，赵旻又表示今后一定以更优质的服务回报客户。最后客户对解决方式非常满意，成功地避免了一次投诉曝光事件。

二、改进

虽然此事到此平息了，却让我们发现客户服务管理的漏洞。楼上办理的个人境外业务与楼下的个人业务服务与管理没有良好地衔接。由于楼上主要办理对公业务，缺乏对个人业务服务和应急事件的处理经验，而钞汇结算的手续费计算所需用的数据只能在楼下储蓄专柜查询，造成了很大的不便。同时，考虑到个人境外业务的操作技术难度不大，经支行领导和相关业务部门经理讨论决定，将此种业务统一移到楼下储蓄专柜负责办理，优化调整服务流程。

三、教训

(1) 在大堂的服务价目表中要有明确的条款，并应在收取大额手续费或高费率时，清楚地告知客户，避免纠纷。

(2) 熟练掌握各项相关业务，员工回答客户问题时不能凭想象随意答复。

(3) 每个员工应有集体荣誉感，碰到不是自己分内的事情，为了维护我行在社会上的良好形象，维护正常运营，都应主动想方设法去尽力处理解决。

（4）真心为客户服务，摆事实、讲道理。

五、文明规范服务档案管理

对于服务档案材料，除了原始凭证类档案需要作为纸质档案保管，其他资料尽可能地运用电子软件实施存档保管。网点收集整理的文明规范服务档案材料，除了在创建工作中产生的文档资料（即要有两年以上本单位服务工作材料）外，还应包括银监局、人民银行、中银协、地方银行业协会和系统内上级行的文明规范服务相关文件资料。

（一）档案的分类管理

电子档案可分两种模式进行分类管理：一种是按中银协提出的16个管理目录分类管理；另一种是按中银协评价标准十大模块分类管理。前者是适应检查标准，后者便于档案管理者调阅，而且对应检查条款更有针对性，即每个标准条款的文件依据一目了然，便于创建工作中对照核查。按中银协的16个管理目录分类管理的科目主要包括：基本情况、活动掠影、荣誉展示、行规行约、内控制度、岗位职责、服务践行、服务考核、检查监督、投诉处理、应急预案、学习培训、创建活动、创优评先、服务宣传、经验交流，将其分类归档管理。

此项工作应从培训阶段开始，任务布置到部门，责任落实到经办人（专职人员直至参评结束前不能更换），建立台账登记备案制度，分（支）行相关管理部门和业务人员都应积极配合收集相关资料（包括文字、图片、视频等）。

（二）档案管理软件运用

通常可选用以下两种电子软件：

1. 友益文书软件

该软件是一款集资料管理、电子图书制作、多媒体课件管理等于一体的多功能软件，可用于管理 HTM 网页、MHT 单一网页、WORD 文档、EXCEL 文档、幻灯片、PDF、CHM、EXE、TXT、RTF、GIF、JPG、PNG、DJVU、ICO、TIF、BMP、Flash 动画、方正 CEB 格式文档、CAD 等格式的文件；支持背景音乐及视频播放。该软件采用视窗风格，目录树结构管理，所见即所得的设计理念，不需要复杂的转换、编译；使用、操作方便，可以自由地添加、删除目录树，可以随心所欲地编辑文档内容，改变字体大小和颜色。这是一款绿色软件，不需要安装任何 PDF 阅读器，在任何计算机上阅读。即可方便阅读 PDF 文件，可方便制作翻页电子书。用该软件制作的电子文书可直接生成可执行文件，可在任何机计算机上阅读；能生成具有全文搜索、目录搜索、收藏夹等功能 CHM 格式文件，能生成便携设备如 iPad，手机等阅读的 EPUB 格式文件，对所管理的资料可直接生成可执行文件，在任何计算机上阅读；可生成 Android 手机版 APK 电子书功能，在手机上不需要安装任何阅读器即可阅读。

2. 个性化定制网络版档案管理软件

网点文明服务档案管理系统采用友益文书软件，虽然经济实用，但单机版软件系统有其局限性：版面设计太普通、个性特点不足。个性化定制软件使用及功能优点有以下几点：

（1）网络版采集数据采用了后台数据库处理，使采集数据更加快捷、方便、安全，便于数据的集中，文档资料共享快捷，实现文档资料的高效管理。

（2）数据的查询方式多，查询分析更直观、快速。

（3）文档资料只在服务器上进行备份，各终端不需要保存。

（4）档案管理可实行级别权限管理。即：档案专管员负责档案科目，收集归类各种文档资料，查询修改档案文稿，设置所属单位的阅读人员的权限；文档撰写部门和人员可以对所属部门撰写的文档资料进行上传和查阅，对于需要修改或替换的文档资料，均需上报档案专管员进行处理；文档阅读者可以对档案管理系统内的所有文档资料进行查询，但无权删改。

图 2-15 是档案打开的第一个界面，根据使用习惯和需要，点击"常规项目分类"或"评价标准分类"即可进入下一个界面查阅。前者是按照中银协考核标准"项目：7.6　服务档案第 169 条"划分的文明规范服务档案材料类别归类，主要包括基本情况、活动掠影、荣誉展示、行规行约、内控制度、岗位职责、服务践行、服务考核、检查监督、投诉处理、应急预案、学习培训、创建活动、创优评先、服务宣传、经验交流 16 类。后者是按照《中国银行业营业网点文明规范服务考核评价体系（CBSS1000 2.0）》版本中的 200 条顺序排列的档案归类。

图 2-15　鼓楼支行营业部文明规范服务档案管理系统

界面下部是标示档案系统内所存储的照片图像滚动显示状态。

常规项目分类导入界面（如图2-16所示）：

图2-16　常规项目分类导入界面

再继续点击所需要调阅的具体文件（如图2-17所示）。

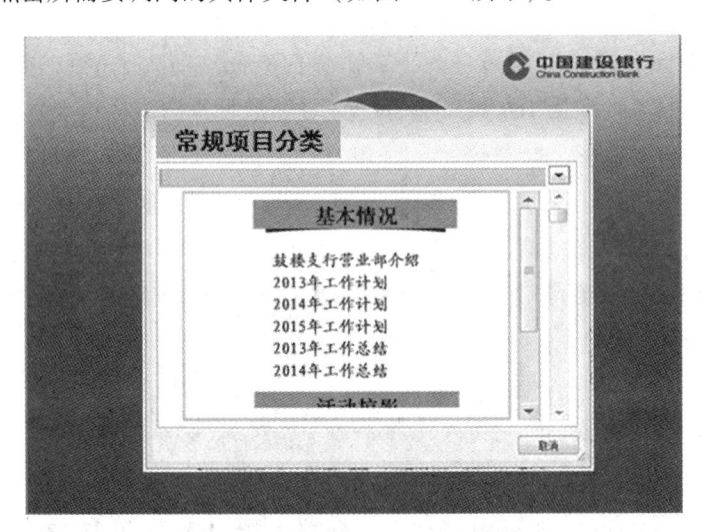

图2-17　具体文件界面

评价标准分类导入界面（如图2-18所示）：

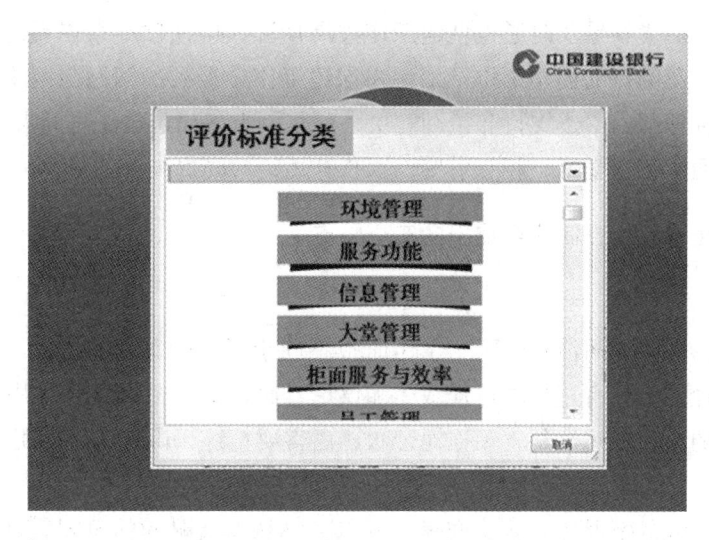

图 2-18　评价标准分类导入界面

再继续点击所需要调阅的具体文件（如图 2-19 所示）。

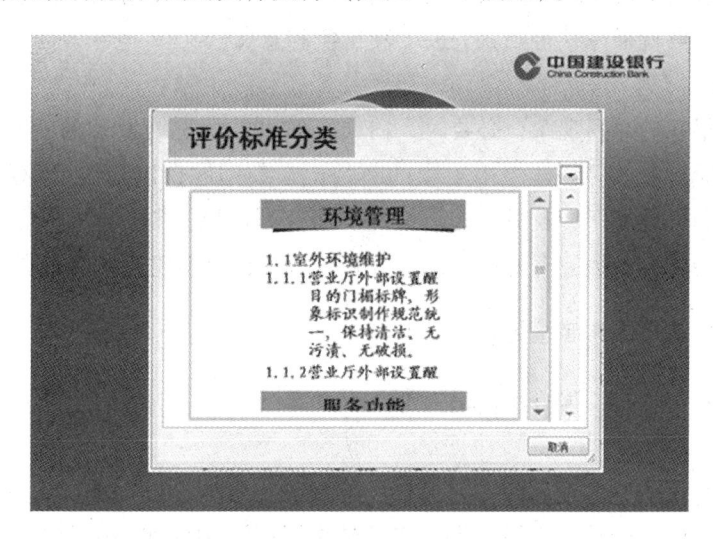

图 2-19　具体文件界面

各银行网点可根据本行的实际情况，请专业人员设计符合本网点特点的档案管理软件系统，其目的是为了便于归类存档、查阅、及时更新、规范管理。

第十节　工作简报

创建工作是一个多部门（有的还会涉及外聘培训机构、培训老师）共同合作的项目工程，在创建活动开展期间，需要专门编发专题工作简报。其目的和作用为：

一是要定期向上级领导及时通报创建工作进展情况，以便领导掌握动态，及时作出指示，指导帮助网点的创建工作；二是在创建工作中遇到的问题与困难，需要提请上级行相关管理部门给予支持和帮助解决；三是网点各岗位员工之间需要沟通信息、交流经验，便于相互学习、相互借鉴，取长补短，共同提高。

一、创建专题工作简报要突出的三个特点

1. 简明

简明是指内容的简洁和明了。工作简报不同于正式的工作报告，不需要长篇大论地展开说理，不要有过多的过程叙述和议论，而是要在充分归纳和提炼的基础上，以简短明了的语言叙述清楚，不拖泥带水，语言要精练，讲究语短话明、言简意赅。

2. 真实

简报所反映的情况要真实、准确、可靠。对基本情况的估价要客观、全面、辩证，不能以偏概全，不能只报喜不报忧，不能随意拔高夸大，更不能弄虚作假。应以叙述创建活动中存在的问题和提出落实整改措施为主，切忌表扬为主或指出问题时遮遮掩掩、隔靴搔痒，否则就失去了其价值和意义。

3. 及时

要树立很强的时间观念，必要时，白天了解到的情况或发现的问题，晚上就梳理归纳，写成材料。对创建工中出现的新情况、新问题，以最快的速度上传下达，使上级领导和管理部门能及时掌握新情况、研究新问题、制订新措施。如果错过了时机，不仅会失去简报应有的作用，也会直接影响整个创建工作的进度。

二、创建专题工作简报的写作要点

工作简报由报头、报身、报尾三部分组成。

1. 报头

正中是醒目的"创建工作专题简报"标题，如由培训机构撰写简报，则以"某某支行创建百佳（千佳、五星）网点专项辅导简报"为标题。标题下由括号标明编期号。另外，还要标明编制单位、编发日期。

2. 报身

报身是专题工作简报的主体部分，应采用专题综述的写法。

3. 报尾

在报身下方间隔横线下方，写明主送、抄送单位（此类专题简报通常使用电子文档传递，故不必像纸质文件那样还要注明印刷份数）。

三、正文的主要内容

创建专题工作简报或创建专题辅导简报，通常在创建项目实施的过程中，每次

现场辅导和专项辅导后必须进行的一道程序，简报的主要内容也是如实反映现场辅导和专项辅导中发现当前创建工作存在的问题和创建项目进展情况。因此，简报正文的主要内容应包括以下几个方面：

1. 引言

简要介绍此次现场辅导和专项辅导进行的时间，参与人员的姓名、单位（部门）、职务，辅导的具体项目等。如：

本次现场专项辅导于6月24日13时50分至18时40分进行，培训机构刘老师、曹经理、范经理同支行管理部门李总经理和网点王主任、张主管、档案专管员徐某等对网点前一阶段创建工作进度进行了疏理核对。此次现场专项辅导的重点内容包括营业厅现场重点内容检查、员工活动区域检查、理财经理的礼仪礼节和营销技巧现场指导、档案管理情况检查、监控录像检查和创建工作进度核对等六个方面，最后双方还审议了宣传片剧本和商议拍摄宣传片的相关准备工作。现将有关情况报告如下：

……

2. 正文

按照"引言"所述的主要项目分别详细叙述。正文主要内容可包括：现场重点内容检查；员工活动区域检查；柜面员工服务行为现场跟踪检查；VIP区理财经理礼仪礼节和营销技巧现场指导；档案管理情况检查；创建工作项目落实情况核对；监控录像查阅情况；小结；现场图片（通常不少于五张照片）等。每期简报字数通常不少于五六千字，内容的主要条款可根据每次辅导情况的不同，可不限于上述范围。

第十一节　成果包装

我们反对不切实际的过度包装和虚假包装，但客观真实地做好应有的网点形象和创建成果包装，有利于形成具有内在性、倾向性和相对稳定性的社会公众态度，也有助于创建评比取得预期的效果。成果包装主要有以下几个方面：

一、适时宣传网点开展的各类公益活动

组织开展公益活动，体现了组织助人为乐的高贵品质和关心公益事业、勇于承担社会责任、为社会无私奉献的精神风貌。银行网点员工积极开展公益活动的目的有两方面：一是显示爱心，为本行树立起关心社会公益事业、具有高度社会责任感的良好形象；二是一次比商业广告更具说服力的宣传机会，有利于提高本行的知名

度和美誉度。常见的公益活动方式有义务植树、义务大扫除、志愿者活动、献血、扶贫救助、向灾区人民捐款捐物和"金融知识万里行"等金融知识普及社区宣传活动。对于诸类的公益活动过程，要采取各种形式适时地在营业大厅内的文宣墙上进行宣传，并应完整地将原始资料收集积累和归档保管，包括文字资料和图片音像资料。

二、新闻宣传报道

做好宣传工作是银行网点创建活动必不可少的关键环节。一是可以通过金融业报纸杂志和本行行报、总分行网站等作为宣传的有效载体，及时通报网点创建活动动态；二是充分利用当地报刊媒介进行必要的宣传报道，宣传本网点优秀员工热心为客户服务的先进事迹和故事，宣传本网点团队精神面貌，大力提高网点在本地区的公众形象；三是通过银监局、人民银行等部门，加大银银合作、银企合作、银证合作力度，用好用活各种平台与资源，要把宣传工作同各种活动有机地结合起来，把本行的企业文化触角延伸到各个领域。

三、创建工作汇报材料

根据中银协创建活动的要求，认真整理撰写创建工作汇报材料。在上报网点的经验材料中应注意的事项包括：内容要涵盖金融服务的理念、管理、流程、产品等各个方面，内容丰富，角度殊异，突出亮点，既要有"面"的综述，也要有"线"的思路，还应有"点"深挖，要具有很好的交流价值。在撰写"明星大堂经理"或先进员工的事迹材料中，要使人读后能深切地感受到银行业员工深切的责任感、正确的价值观、人性化的服务意识、精湛的服务技能和应有的奉献精神。如果能让广大社会公众更多地了解到我们银行员工的故事，一定有助于消除部分消费者对于银行业的误解和偏见，大大地改善银行业的社会形象，对更好地改进公众金融服务起到促进作用。

四、网点员工形象宣传手册

围绕本行服务文化要素、示范网点的管理特色、员工文明规范服务的亮点、经营业绩、履行社会责任、公益活动等内容，编写简洁的文字，配以相对应的照片和图表，制作成精美的手册作为对外宣传的资料，在示范网点评比检查组来临之际亦可作为一种生动配套的汇报资料。

五、拍摄网点创建活动专题宣传片

将网点创建活动制作成精良的专题宣传片，将客户想要了解的信息在短时间内传递。这样的宣传效果比传统的纸质文宣资料显得更生动、更形象，而且对提升客户服务管理水平，维护示范网点的荣誉能起到不可忽视的作用。一是将拍摄好的专题宣传片在网点厅堂内滚动播放，可以让客户等待办理业务的同时去了解银行的发展历史以及业务方面的信息。二是可以有效地将银行的信息传递给广大市民、提升银行的整体形象，展示银行的产品，在短时间内抓住有金融消费需求的大客户的眼球，增加其对银行的信任。

（一）示范网点创建活动专题宣传片的模式

（1）形象片：充分展示网点员工的职业形象和为客户提供优质服务的场景，没有具体故事情节。

（2）创建专题片：侧重于叙述银行创建示范网点的工作思路、实施过程和取得的经验与成果。

（3）员工风采片：通过描写网点员工先进事迹，反映网点团队精神和本行网点服务文化内涵。

（4）微电影：以网点某一个员工人物的一个点，用叙述故事的形式来展示本网点的员工精神面貌、团队精神和创建成果等。

（二）编写剧本与脚本

专题宣传片的剧本是宣传片的情节梗概，需要银行领导审阅，并供导演和员工阅读的文本。脚本是正式拍摄时，导演和摄像师及后期编辑时编辑师等工作人员制作宣传片的蓝本。电影脚本一般会列出镜头的长度、景物、构图、配乐等详细的信息，拿到它之后你就会像看到真正剪辑好的电影一样。通俗地说，剧本是宣传片的解说词，脚本则好似宣传片的连环画。

（三）拍摄专题宣传片的准备工作

（1）剧本写作素材的整理与提炼。广泛征集剧本写作素材，内容要求围绕银行业文明规范服务的要求，反映本支行网点员工在客户服务工作过程中所遇到的典型案例。要发动全体员工积极参与，要求每位员工提供两篇文章，一篇是自己在本网点服务工作中所亲身经历的事例，另一篇是一位同事的感人事例。内容可涉及客户表扬或投诉、突发事件的应急处理过程，以及服务创新的成果等。要有事情经过和案例分析两个部分。要求事例真实，人物、时间、地点、事由、经过和处理结果等关键元素须交代清楚，文字通俗、流畅、准确，分析内容具有借鉴性，字数在800字左右。

（2）要根据银行网点客户服务的特色和创建活动的亮点，反映本网点的优秀典型和员工的真诚、周到服务，编写剧本要求情节简洁、叙事明白、细节生动，关键元素要交代清楚，文字要通俗、流畅、准确、有感染力。剧本定稿后应由分（支）行领导签字确认，然后再编写拍摄脚本。

（3）在正式拍摄前，要召开一次准备工作安排会议，仔细讨论拍摄过程中的相关注意事项。网点应事先预约安排好部分客户来扮演特殊角色，如需拍摄外景还要安排必要的交通工具。

（4）拍摄当天，员工应提前到网点做好各自的准备工作，为了确保拍摄效果，员工最好化淡妆，并注意保持良好的仪容。

第十二节　模拟测评

当创建工作实施方案所列的项目已基本落实后，要对创建网点的创建工作成果进行检验，对创建过程所有工作进行"回头看"，本着实事求是的原则和查漏补遗的目的，依据中银协当年颁发的考核评价标准对网点的创建工作进行模拟测评，并进行更为细致的检查，指出需要整改的环节。

一、模拟测评的主要形式

（1）模拟测评将采取现场检查、调阅录像、查阅档案、模拟场景测试及专业知识问答、客户调查等形式。

（2）采用现场观察、询问、查看等方式对网点的环境管理、服务功能、信息管理、柜面服务与效率、员工管理、服务基础管理、消费者权益保护与社会责任履行、服务文化培育等模块进行模拟测评。

（3）按照中银协当年颁发的考核评价标准版本所列的内容，逐条考核网点文明服务档案资料（纸质、电子文档均可），考核其服务制度、服务监测、投诉处理、应急处置、服务考核、服务档案和经营业绩等项目。

（4）模拟测试网点大堂经理、理财经理及柜员，考核其业务能力、英语口语、方言、手语、消费者权益保护相关知识、服务管理手语及少数民族语言的掌握情况、服务残障人士和突发事件处理等文明规范服务方面的专业知识等。

二、模拟测评的重点关注内容

在模拟测评中，应对中银协历年来检查验收过程时发现的主要扣分点着重检验测评。

（一）硬件设施方面的主要扣分点

（1）业务渠道不足。如自助设备配备不到位，有的智能服务设备只是摆设，未能保证客户正常体验使用；理财室理财经理只有一名，业务营销人员配备不足等。

（2）便民设施不便。如便民设施摆放的位置不合理，客户不方便使用；雨伞、轮椅摆放远离大门等。

（3）服务窗口不够。如网点工作人员配备严重不足，从平时的监控中查看到有时长时间内网点只有一个窗口在办理业务，客户等待时间过长等。

（4）功能分区不清。一是功能不全，二是没有悬挂功能显示牌，三是服务设备、便民措施、公众教育等各类功能设备设施没有进行严格的归类和定位管理。

（5）免责提示不够。如厅堂免责提示张贴不规范，有的网点只有在营业大厅的玻璃门上张贴，而相关的设施物品处没有免责提示，或提示牌不明显。

（二）软件设施方面的主要扣分点

（1）文档资料欠全。如服务档案管理工作基础薄弱、资料收集整理不够完整等。

（2）职业规范欠明。主要是网点的岗位职责制定过于简单，套用模板，与本网点的实际情况针对性不强；在现场员工测试过程中效果不理想，许多应知应会的内容，员工不能正常回答。

（3）大堂管理欠灵。如有的网点大堂经理管理能力较弱，处理特殊事情的应变能力不强。

（4）服务管理欠优。主要表现为应急预案不到位、缺少相应的服务考核激励机制等。

（5）服务文化欠佳。如员工的精神面貌不够振作、网点缺乏激情的氛围等。

上述内容在本书第三部分评选标准相关条款中有详细的解读，此处列举的现象更应作为模拟测评时重点关注的内容。

三、模拟测评时应注意的事项

（1）模拟测评的时间不少于 3 小时，调阅监控录像时间控制在 2 小时以内。调阅录像检查结果不符合考核标准要求的，要对相应的考核项目进行扣分，直至扣完该项分为止。

（2）要以模拟测评的当日为限，凡未满落实的整改事项一律扣分，对可能在测评日后就能落实到位的也不例外。要一丝不苟，不打预判分，即使细微的不足也应引以重视，不到最后时刻任何细节都不放松要求，自加压力，尽快落实所有的整改措施。既不能人为地抬高分值，也不宜故意压低分值。过高容易造成员工飘飘然、麻痹大意，过低会造成过度的压力，两者对调动网点员工迎检前精神状态都不利。

（3）凡涉及监控录像和网点大堂经理、柜员、保安、保洁员等服务行为的检查项目，打分依据不仅包括当天的表现，还应以检查当天前一个月的时间段作为检查测评范围，可参考上一次现场辅导和专项辅导时发现的问题进行评分。

（4）通常在此阶段，大部分硬件设施已能基本到位，因此测评侧重点在网点人员的精神面貌上。对存在的不足之处实施扣分的办法，有利于激发全体人员的高度警觉，以便尽快地进入到迎接银协正式检查验收的"战备状态"，杜绝功亏一篑的事情发生，尤其是千佳、百佳的评选竞争相当激烈，可能就是因为某一个小疏忽给大家带来令人难以接受的遗憾。

（5）测评报告（当期的《专项辅导简报》）一定要详细列举网点存在的不足之处，提出整改要求。希望全体员工能在最后一个阶段抓紧整改、查漏补遗，齐心协力、共同确保本网点在创建评选活动中能取得所期望的成绩。

通过模拟测评，银行的领导和培训老师要共同鼓励网点全体员工在最后的阶段树立信心、振奋精神，查漏补缺、锦上添花，排除干扰、专心致志，坚持到底、争取胜利。

第十三节　迎检辅导

中银协组织的评选检查验收的工作方式有两种：一是现场检查，包括对网点营业大厅服务进行现场巡查、体验服务设备是否能正常使用、提问大堂经理和柜面员工等；二是非现场检查，包括召开座谈会听取银行领导汇报创建工作思路和成果、查验文明服务档案材料、调阅录像等。现场检查验收的顺序一般会有两种情况：一是检查组人员先进入支行会议室听取创建工作汇报，然后分组检查相关项目；二是检查组人员先进入营业大厅，全体人员各自做体验式巡检，然后分组对档案管理和监控录像的查阅验收，最后由支行领导向检查组汇报网点创建工作思路和成果。为了检查验收能取得良好的效果，应在银协检查组到来之前三至五天内，辅导老师应对网点进行一次迎检辅导。

一、应对检查验收的策略

（1）充分准备。一是要召开一个迎检工作会议，各部门明确分工，全员动员，进入"一级战备状态"，排除一切干扰，做好一切准备工作。二是仔细了解检查组所关注的重点，逐条自查整改。尤其是当年银监局、人民银行和中银协重点关注的内容，如2015年重点关注的消费者权益保护、银行大额存单业务的推行等。

（2）安排周到。检查人员所要检查的部门、场所、岗位、节点，支行要事先安排专人负责近身陪同，当检查人员有提问时要随时解答，不能冷落和疏忽任何一位检查人员。

（3）灵活应对。发生意想不到的事要反应灵敏、积极应对，要做到对答如流，切忌支支吾吾。

（4）突出亮点。要在有限的时间内主动亮出自己的闪光点，现场解答思路要避免被动地跟着检查人员的提问走，要尽量让检查人员的巡察思路跟着介绍走。

二、迎接检查的预案

当银协来网点现场检查验收时，分（支）行的领导应该亲自主持应检工作，并亲自向检查组汇报创建工作的思路和成果。尤其是支行"一把手"应出面接待，更能显示本行对创建工作的重视程度。

（1）在临检查的前一天应获得检查组每位检查人员的手机号码，并在当天傍晚时，由分（支）行"一把手"以短信的形式，给检查组每位成员发上一段欢迎词，其内容可包括网点简介、对检查组即将光临表示由衷的欢迎等，并注明被检查网点的地址。

（2）迎检当天检查组来临前，支行所有领导应提前站立在门前等候，其他接待人员站在预定的位置迎宾。当检查组到达网点门前时，要由一个气质、口才俱佳的员工做引导介绍（佩戴便携扬声器），主要介绍一下本网点的周边环境情况和堂外的安全、便民、停车等措施。可以说详细一点，以便给厅内所有员工一个稳定心理的缓冲时间，避免个别员工因过于紧张而不在状态。

（3）检查组进入大厅时，支行领导要全程陪同检查组主要负责人，并主动引导其参观营业网点的各个服务功能区域，主动介绍网点创建工作的情况和亮点。在网点的几个主要部位和通向支行会议室的通道要处，应安排礼仪接待人员，配合领导迎宾。

（4）中银协验收检查组通常由三至四人组成，并分为三组，因此分（支）行应事先安排好三组相应的人员，以备检查当日能各负其责，分别接待陪同三个小组检查人员，做好提问解答工作。陪同检查组的人员不宜过多，最多四人陪同检查即可，由一名领导把控全局，每名检查组成员由一名人员陪同，陪同人员应由网点负责人、业务主管等、业务骨干员工（如网点服务档案专管员）等担任。他们熟悉情况，便于解答提问。

（5）检查人员完成检查项目后要汇总和交流检查情况，商议评价结果，撰写检查报告。此时，银行全体人员应回避。随后，检查组领导向银行反馈本次检查评价情况，主要内容有：肯定创建工作的亮点，指出不足，提出希望。然后由分（支）行主要领导回复对检查结论的意见，并在签字确认检查报告。最后，双方致谢，检查结束。

（6）当检查结束检查组离开网点后，马上给检查组的每位成员发信息，对他们的光临再次表示感谢，并对各位领导提出的批评和建议表示一定会尽早落实整改，欢迎各位领导今后有机会再来本行指导工作之类的送别词。

三、验收辅助工作

（1）除在岗保安人员外，根据被验收单位营业场所的实际情况，还需增加临时性若干名保卫人员，分别维护营业厅内、外的环境安全；做好门前机动、非机动车辆的引导分流管理，尤其要确保检查组车辆停车方便；保持门前卫生；灵活机动地处理突发应急事情，确保检查组不受任何干扰。

（2）会议室的安排。面向大门的座位是来宾席，反之为本单位相关人员的座位。会议室桌面摆放席卡、鲜花、水果、茶水和本行创建工作汇报资料等。墙面张挂欢迎银协检查组莅临指导的标语，电视显示屏可播放网点创建成果宣传片。

（3）适度安排好午餐，午餐期间同检查组人员交流时，适宜地介绍本行的情况，展示特色亮点。但用词要注意，不要过度自夸，多介绍一些创建过程和体会，切忌用贬低同行来抬高自己。

四、详细了解检查流程和内容

（一）现场巡察内容

采用现场观察、询问、查看、感受等方式对候选单位网点环境、网点分区、窗口设置、大堂设置、自助区设置、信息公示、理财资讯、业务功能种类、处理效率、人员配备、人员风貌、日常服务、投诉处理、安全防范等项目进行考核。通常情况下，检查流程和内容如下：

（1）检查组至营业大厅门前停车场，开始检查停车位（包括残疾人停车位是否符合标准）；检查门前卫生状况；检查残疾人无障碍通道是否符合标准，试按求助呼叫器，要求大堂经理迅速赶到现场。

（2）进入自助区检查各项标准是否符合，试按呼叫器是否正常，试听投诉电话是否正常、电话是否接通、有无双语提示音。

（3）进入大厅，检查组人员分头随意检查。检查人员通常会要求自己看，但此时应灵活对应，对每个检查人员都有分行领导和网点相关人员全程陪伴，可与检查人员保持较近的距离，以便在检查人员巡察过程中，随时解答相关提问和演示相关服务设备操作流程及介绍本网点的服务特色等。

（4）现场询问大堂经理或引导员，包括：基本服务流程、有关消费者权益保护知识、有关厅堂应急预案的话题（如盲人客户进入大厅后，如何对待导盲犬等特殊服务内容）、网点最后组织的一次演练培训等情况。

（5）进入贵宾等候区，巡察区内的相关状况是否正常，各项服务设施是否符合标准等。

（6）进入理财室时通常会提问理财经理几个问题。一是本行系统内客户维护量和日常维护情况，回答要点是理财经理日常如何做客户维护工作的，一般包括电话回访、现场面谈和客户满意度测试和风险度测试等。二是客户业务的考核指标是如何确定和考核的。三是最近开展了哪些贵宾客户的联系活动。四是查看《理财经理工作日志》，了解每天客户联系数量的记录等。

（7）现场模拟测试。针对大堂经理、理财经理及柜员，考核其业务能力和英文水平，以及对文明规范服务相关要求掌握情况。参与英语水平测试的为三人，可以是大堂经理、理财经理或柜员等人员。应答内容可参阅中银协出版的《大堂经理专业能力测试题》《理财经理专业能力测试题》《柜员（管理柜员）英语水平测试题》《大堂经理英语水平测试题》。

（二）调阅档案资料

查阅候选单位档案资料，考核其服务管理、信息公示、理财资讯、处理效率、服务、投诉处理、档案管理、经营业绩和资产质量等项目进行考核，具体提供材料参见中银协提供的受查单位需提供文字材料清单。

1. 电子类档案重点抽查内容

（1）优质服务制度和纪实：服务文化建设工作的计划和总结；优质服务文化活动纪实（包括文字记录和现场图片）；绿色环保宣传服务方案；"金融知识万里行"活动；社会责任履行（如消保）如情况等。

（2）服务产品管理：服务产品月度、季度、年度分析报告；服务品质月度、季度、年度分析报告；服务品质管理总结；服务考评结果月度、季度、年度通报。

（3）服务考核机制：服务质量考核管理办法；争先创优评比表彰情况；各类自查、互查、检查的通报；网点神秘人暗访监测通报。

（4）网点业务经营状况：各类工作计划；业务产品和服务创新成果。

（5）员工人事管理：网点人员配备；窗口弹性排班制度；员工业务培训情况；员工的晋升制度等。

2. 纸质档案重点抽查内容

（1）客户满意度调查。不仅包括网点的调查原始资料（《客户满意度问卷调查表》《客户满意度问卷分析报告》），还应有上级行管理部门进行的客户满意度调查原始资料。

（2）各类测评原始资料。对员工日常服务质量考评不仅要有制度和考核结果通报，还应该有日常考核检查的原始纪实资料，如每位员工每次考评的记分表、员工服务行为监控录像截屏图片、员工考评会的现场图片。

（3）客户意见簿。客户意见簿调阅时限为当年1~6月。

（4）业绩指标考核。网点的各类业务指标完成情况统计表和系统内排名表。涉及财务指标的项目，资料时间为两个会计年度，可调阅档案资料中上级行年度考核计划、考核结果文件，或本单位工作总结、报表核实。如候选单位无相关指标，则考核上级管辖单位，上级管辖行的证明文件视同有效。

（5）保安、保洁员考评表，值班记录等。

（三）查阅录像

（1）调阅录像时间。抽查近一个月内、周一和周六（日）的以下三个时段各5~8分钟录像：上午营业前后、营业高峰时段、中午、营业终了。调阅录像的时间通常不会少于1小时20分钟。

（2）调阅录像方位：一是随机调阅候选单位不同营业时间段、多路监控录像；二是监控角度包括网点大厅、自助服务区、窗口等区域。通常会查看2个高柜区窗口、1个低柜区服务柜台、1个对公业务柜台。

（3）调阅录像内容：营业网点早晨开门迎宾的情况，是否准点开门营业和迎宾是否规范；查看大堂经理分流客户和引导台周围的服务状况；大堂经理指导客户使用自助设备情况；1~2个营业窗口办理业务效率、保安值岗、员工礼仪风貌等日常服务情况，以及供客户使用点验钞机的监控情况，看点钞机的数码和钞面是否清晰。还会当场询问陪同人员大堂保安值勤情况，如排班和职责等。

录像检查结果不符合考核标准要求的，要对相应的验收项目扣分，扣完该项分值为止。

五、其他注意事项

（1）每家候选单位执行检查工作通常为3小时左右，所有考核项目需在候选单位网点现场进行，对于离开候选单位后增补的档案材料、数据报表等，检查组是不予认可的。

（2）要尊重检查组人员，对他们的提问要耐心地解答，对他们指出的问题可作些灵活的解答，但不要过多地辩解，避免给人不谦虚的印象，更不能争辩甚至无谓地争执，要本着谦虚谨慎，有则改之、无则加勉的态度，要多说一些如"感谢领导的指导，我们一定会及时整改，做到精益求精，进一步提高我们的管理能力"之类的谦颂之词。最重要的是要把检查人员提出的意见作为今后努力改进和提升的动力，不断进取。

第十四节　创建总结

创建活动的最后一项工作就是撰写总结报告，即对当年网点进行示范网点创建工作情况进行一次全面、系统的检查、评价、分析、研究，分析成绩、不足、经验等。根据内容和性质的不同，可以分为专题总结和全面总结两类。前者是由创建单位用于向银协检查组和本行上级领导提交的创建活动汇报材料，重点在于概括性和主线化。后者由辅导老师或培训机构撰写的网点创建工作总结，侧重于实务性和细节化。

创建总结所撰写的内容要以创建初期制定的创建工作实施方案为依据，创建工作总结一般由标题、正文和尾部三部分组成。

一、标题

总结的标题大体上有两种形式：一种是公文式标题，公文式标题由单位名称、时间、事由、文种组成，如《某某银行某某支行 2015 年创建"五星级网点"工作总结报告》；另一种是非公文式标题，如《营造人性化服务的新境界》。通常都采用公文式标题。

二、正文

正文由前言、主体、结尾组成。

（1）前言，即正文的开头，一般简明扼要地概述创建单位的基本情况，点明主旨或说明主要成绩，为主体内容的展开做必要的铺垫。

（2）主体。这是总结的核心部分，其内容包括在创建项目实施过程中的具体做法和收获体会、成绩和问题、经验和教训等。这一部分要求在全面回顾工作情况的基础上，重点描述创建工作所取得的成绩和经验，概括地列出主要问题及原因。

三、撰写创建工作总结应注意的问题

（1）首先要有实事求是的态度。应客观评价创建工作的成效，对成绩，不要刻意夸大；对问题，不要轻描淡写。

（2）突出重点。无论谈成绩或谈存在的问题，都要面面俱到。谈成绩，要写清怎么做的、为什么这样做、效果如何、经验是什么；谈存在的问题，要写清是什么问题，并提出整改的建议。

总之，一次历时半年多的创建工作，总会有很多经验和个别遗憾。为便于今后的创建活动能进一步深入开展，应对此次创建工作的经验和教训进行分析、研究、概括、集中，对前一段的工作进行认真的反思，并由感性认识上升到理性认识，这也是一个银行网点服务文化培育的过程。

第十五节　创建感悟

　　示范网点创建活动是一个系统工程，它不应该是基层网点自娱自乐的活动，创建过程和成功与否所涉及的网点布局、功能分区、运营管理、产品设计、业务流程、营销渠道、客户服务、投诉处理等，都离不开银行内部相关管理部门的支持和配合，所有资源的整合更需要主要领导人的指挥。许多银行把示范网点创建活动纳入年度工作目标，由"一把手"亲自担任服务提质和创建活动推进小组组长，指导管理部门制定相应的工作计划和实施方案，全员动员，明确目标，要求创建活动不单纯为了追求荣誉，更重要的是为了提高网点客户服务的含金量，提升物理网点综合竞争力。中银协周永发副秘书长在《新常态下银行变革与发展》中指出：银行网点客户服务是系统工程，是一把手工程，并详细介绍了2011年度被评为"百佳"的中国建设银行贵阳河滨支行的创建过程。其中有一个很重要的经验："省行一把手挂帅，推进四个一（一天都不放松、一刻都不等、一人都不闲、一项都不短），四融入（品牌建设融入业务发展、风险防范、优质服务、员工成长）……"笔者在为多家银行网点辅导中也深有体会，只要领导重视尤其"一把手"亲自坐镇，创建活动都能获得预期的效果；反之则不然。

　　然而，也有部分银行对待创建活动缺乏正确的认识，本身网点的服务基础管理不够扎实，为了获得评选入围，临近评选时（有的时间更短）外聘培训机构进行强化辅导，往往带着很强的功利性，希望培训老师能传授一些秘密武器，使本行的参选网点能快速提升。许多培训老师对这样的创建动机和认知水平感到十分无奈。有的或许能侥幸过关，奖牌虽然高悬于营业大厅内，但网点的客户服务水平却未见提高和改善；有的未能蒙混过关，不是从自身查找原因，总结教训，蓄势待发，继续奋战，而是埋怨培训老师无能，信心全无，从此偃旗息鼓，永不言战。

　　笔者也常常听到许多培训机构的老师盘点自己的培训战果，可谓成绩斐然。他们为银行业文明规范服务的提升和创建活动确实作出了令人瞩目的成绩。然而，我们对培训老师的培训辅导成果应该有客观、理性的认识。有的培训老师受邀于地方协会为当地诸多银行创建管理人员进行培训，事后肯定会有当选入围的网点，往往出于对老师的尊重，它们会及时向老师通报喜讯，并出于礼貌向老师表示感谢，甚至有不少赞美之言。对于这样的战果，不能过于自我感觉良好。我们不妨拿高考来打个比喻。一个高中毕业班的老师要带四五十个学生，其中可能有人考上清华、北大，也可能有人连"三本"线都达不到。如果都以成败论英雄的话，那又如何评价这位老师的教学水平呢？同理，银行网点创建的成功与否，起关键作用的还是银行网点本身，培训老师的作用只是辅助性的，培训只是一个重要（非主要）的助推器，大家不要高估培训的功效。对于那些临阵磨刀、仓促上马，基本属于仅"为荣誉而战"的银行网点，培训老师也不必因责怪无能而气恼，因为任何一位培训老师都没有点石成金的秘籍和本领。要是有，那么中银协也就无开展示范网点创建活动的必要了，其道理不言自明。

很多银行为了提升本行示范网点创建工作的效果，聘请专业培训老师进行系统的课程辅导，或聘请专家进行现场指导，这确实是个行之有效的途径。毕竟许多培训老师具有多年的创建辅导实践经验，他们见多识广，可以及时地传播其他兄弟银行创建的经验、创建活动的动态等信息，可使本行的创建工作少走弯路，提高创建工作效率。但作为专业的培训老师，也应该谦虚地向银行基层网点的员工们学习。笔者在辅导中，从中学习到很多新知识，它们提供的很多颇有实战价值的建议多数被采纳为培训内容的素材，员工们的聪明才智常常使笔者在现场辅导时思路大开。作为一个培训老师应该多多向一线的员工们学习，才能不断提升自己的教学水平。

笔者还认为培训老师不单单是授课辅导，也是创建活动的参与者，需要同员工们一道根据网点的实际情况，共同研究创建过程中出现的具体问题，探索出行之有效的解决办法，打造出一个具有特色的示范网点。在工作期间，作为银行的一员，笔者工也曾多次参加各类不同课程、不同层次的培训班。有的培训老师授课的精湛技巧，有益的知识内容令人至今难忘，但也有的培训老师并不理想，由于他们未曾从事过银行的具体工作，尤其对基层网点的管理比较生疏，授课的理论可能过于高深，内容并不具有针对性，培训效果并不理想。甚至有的培训老师在PPT的最后一页居然还打出了"感谢大家的聆听"的字幕，"聆听"一词固然有"集中精力、认真地听"之意，但通常是下级对上级、晚辈对长辈的谦虚礼貌之词。因此，如果培训老师仅仅是误解该词的原意，那只是一个笑话而已，但如果我们的培训老师总是以居高临下的心态进行培训，就会大大影响创建工作的成效。

笔者非常敬佩许多银行网点为了获得创建活动的最高荣誉，从第一次加入创建评比活动起，不断摸索和实践。在此期间，它们经历了多次挫折和评选落败，有的当年仅差丝毫与荣誉失之交臂，但从不气馁，重整旗鼓，勇于挑战自我，自加压力，主动走出去，向已获得荣誉的兄弟行学习请教，一次次重新梳理本行的创建工作思路和细节，查找不足，苦战多年，勇于创新，最后终于获得了荣誉。它们这种孜孜不倦、咬定青山不放松的敬业精神真令人赞叹不已。细细想来，真正能经得起时间考验、经得起社会公众认可的示范网点，其创建历程都有相似的特点，那就是明确目标、端正动机、精心设计、升级改造、严格管理、强化培训、探索亮点、不断进取，在整个创建活动中一步一个脚印，精工出细活。这样的荣誉才能真正给我们的员工带来应有的荣誉感、自豪感和责任感。

第三章 示范网点评选标准版本解读

为使示范网点评选活动的顺利开展，让被评选的单位具有一定的公信力和行业品牌效应，中银协自2006年起，至今共颁布过6个版本的评选检查标准，每个版本的名称也有不同的变更，笔者详细查阅了历年来中银协的相关文件，现将每个版本作如下解读。

一、第一个版本（2006年）

2006年6月，银协发〔2006〕55号文颁发《关于开展"中国银行业文明规范服务竞赛活动"的通知》，文件提出创建活动的评比内容是："根据《中国银行业文明服务公约》及其实施细则中关于'文明服务基本规定'一章的主要内容，对参赛单位服务质量的评比，应以参赛单位自律和通过竞赛加强服务软环境建设为主。"主要评比内容包括："（一）对员工职业道德与操守的培养教育情况及采取的具体措施；（二）对员工的服务技能培训情况；（三）营业网点服务环境及设施；（四）营业网点自助设备配备及维护和对客户使用辅导情况；（五）服务基本规范执行情况；（六）大堂客服管理；（七）反假钞宣传工作情况；（八）服务监督及接待投诉情况等。"文件还要求"各省银行业协会和各会员单位可根据自身情况制定详细的评比内容及标准"。

二、第二个版本（2008年）

2007年4月，银协发〔2007〕40号文颁发《中国银行业文明规范服务示范单位检查考核标准》，于2007年4月19日经第四届常务理事会第一次会议审议通过。该版本共有五大模块，共45条，100分制。其中，第一模块为服务环境规范，共12条、20分；第二模块为服务礼仪规范，共7条、15分；第三模块为服务行为规范，共 10 条、25 分；第四模块为服务技能规范，共 6 条、15 分；第五模块为检查监督规范，共 10 条、25 分，并设有加分项 5 分。此版本用于 2008 年的示范网点评选活动。

三、第三个版本（2009—2012 年）

2009 年 5 月，银协发〔2009〕42 号文颁发的《关于对中国银行业文明规范服务示范单位管理办法及考核标准征求意见的通知》，其中包含了两个考核标准征求意见稿，一个是针对"千佳"的考核标准共 57 条，另一个是针对"百佳"的考核标准共 63 条。后由中银协第二届自律工作委员会常委会审议通过，在当年 7 月银协发〔2009〕73 号文正式颁布的《关于印发中国银行业文明规范服务示范单位管理办法的通知》中，附件二为"千佳"考核标准 58 条，附件三为"千佳"考核标准 65 条。

《中国银行业文明规范服务千佳示范单位考核标准》共有六大模块，共 58 条，100 分制。其中，第一模块为网点服务环境，共 15 条、20 分；第二模块为理财资讯及信息公示，共 6 条、10 分；第三模块为业务种类及处理效率，共 6 条、15 分；第四模块为人员配备与精神风貌，共 6 条、15 分；第五模块为服务制度与规范，共 20 条、25 分；第六模块为经营效益和资产质量，共 4 条、20 分。此版本分别用于 2010 年和 2012 年的千佳示范网点评选活动。

《中国银行业文明规范服务百佳示范单位考核标准》共有六大模块，共 65 条，100 分制。其中，第一模块为网点服务环境，共 22 条、15 分；第二模块为理财资讯及信息公示，共 6 条、10 分；第三模块为业务种类及处理效率，共 6 条、15 分；第四模块为人员配备与精神风貌，共 7 条、15 分；第五模块为服务制度与规范，共 20 条、25 分；第六模块为经营效益和资产质量，共 4 条、20 分。此版本用于 2011 年的百佳示范网点评选活动。

四、第四个版本（征求稿）

2011 年 11 月银协发〔2011〕84 号文颁发了《中国银行业营业网点文明规范服务星级管理办法（征求意见稿）》和《中国银行业营业网点文明规范服务星级评定标准（征求意见稿）》。该版本共有十大模块，共 221 条，1000 分制。其中，第一模块为环境管理，共 35 条、120 分；第二模块为服务功能，共 26 条、80 分；第三模块为信息管理，共 17 条、70 分；第四模块为大堂管理，共 35 条、170 分；第五模块为柜面服务，共 25 条、100 分；第六模块为员工管理，共 19 条、100 分；第七模块为服务基础管理，共 28 条、220 分；第八模块为经营业绩，共 8 条、50 分；第九模块为消费者权益保护及社会责任，共 18 条、60 分；第十模块为服务文化，共 10 条、30 分。第五模块分为"理财服务（仅限于评价城区营业网点）"和"信贷文化（仅限评价县城以下营业网点）"两个不同且平行的内容。

该版本在实际创建活动中并未使用过，中银协开展的网点星级评定工作于2014年试行，2015年全面推行，但评价标准分别依据2014年和2015年的版本。

五、第五个版本（2013—2014年）

2013年6月，银协发〔2013〕65号文颁发的《关于印发〈中国银行业文明规范服务百佳示范单位考核标准（修订版）〉的通知》。该版本共有十大模块，共190条，1000分制。其中，第一模块为环境管理，共31条、90分；第二模块为服务功能分区，共18条、120分；第三模块为信息管理，共10条、50分；第四模块为大堂管理，共23条、140分；第五模块为柜面服务与效率，共35条、140分；第六模块为员工管理，共21条、100分；第七模块为服务基础管理，共23条、160分；第八模块为经营业绩，共4条、60分；第九模块为公平对待消费者，共21条、100分；第十模块为服务文化培育，共4条、40分。

2014年6月，银协发〔2014〕88号文颁发的《关于印发〈中国银行业营业网点文明规范服务评价标准（CBSS1000）〉的通知》，经笔者仔细核对，内容与2013年的版本基本相同。

六、第六个版本（2015年）

2015年6月，银协发〔2015〕93号文《关于印发〈中国银行业营业网点文明规范服务评价标准（CBSS1000 2.0）〉的通知》，该版本共200条，1000分制。其中，第一模块为环境管理，共32条、90分；第二模块为服务功能分区，共21条、140分；第三模块为信息管理，共9条、45分；第四模块为大堂管理，共24条、140分；第五模块为柜面服务与效率，共39条、160分；第六模块为员工管理，共22条、100分；第七模块为服务基础管理，共23条、125分；第八模块为经营业绩，共5条、70分；第九模块为公平对待消费者，共21条、80分；第十模块为服务文化培育，共4条、40分。

除此之外，中银协于2011年还颁发过《2013年度中国银行业文明规范服务"明星大堂经理"检查考核标准》，共有六个模块，共46条，100分制。其中，第一模块为服务环境和服务设施，共9条、18分；第二模块为服务形象与精神风貌，共10条、22分；第三模块为服务规范与应急处理，共42条、46分；第四模块为服务管理，共3条、9分；第五模块为客户满意度，共1条、5分。

本部分将对《中国银行业营业网点文明规范服务考核评价体系（CBSS1000 2.0）》版本的具体条款进行逐条解读，供读者参考，如解读有误或有不同见解者，请以中银协颁发的相关文件内容为准。

第一节　环境管理

营业（网点）环境管理的规范化是有关银行形象的问题，此模块关注的重点是网点服务的物理条件的提升和改善，是为了解决如何更好地吸引客户的话题。共分4个项目，32个子项，90分制。

重点注意事项：整洁、便利、温馨、安全。

（1）整洁。营业环境必须整洁、明亮、美观，地面保持清洁光亮，各种服务设施必须保持，完整无缺、干净、清洁，严禁堆放任何与业务无关的物品。

（2）便利。营业厅内应在醒目之处悬挂日历和时钟，时间应保持准确。其他服务设施，如业服务区域导示牌、利率牌、产品价目表、服务公约牌、公告牌、填单台、意见簿、服务监督电话号码、宣传资料架等应设置齐全并摆放有序。

（3）温馨。做好营业大厅内、外的环境美化和绿化，营业大厅要有一定的高度，光线要明亮，空气要流通，色调要和谐。

（4）安全。银行是高风险型企业，安全服务显得尤为重要。如柜员识别假币的技能不高可能会使假币入账；存取单等业务凭证审核不严，会导致储户存款被冒领；存单挂失中操作失误，会导致客户资金在挂失生效期内被盗而导致财务损失事故。如果厅堂的保安工作不到位，没有相应的应变预案措施，如遇到犯罪分子抢劫银行，会严重威胁到客户和员工的人身安全。因此，网点必须健全完善相应的安全管理制度和措施，确保客户的财物安全和人身安全。

一、室外环境维护

银行网点的门面应该强调"门面庄严、标志醒目、外形美观"的原则。网点的门楣标志一定要完整无缺，包括行名的字体、LOGO标志的图案和颜色及排列的方式，一定要严格依照各家银行总行的统一规定加以规范，要给人以"天下某银行是一家"的视觉感受和认同感。

门楣不要影响周边环境的感受，有的网点门楣竖得太高会遮挡其他住宅楼的采光，容易引发客户的投诉，影响网点与周边客户的关系。有些商务楼的老板比较信风水，银行网点在装饰前最好事先相互沟通好，尽量考虑到客户的感受，避免引起一些不必要的麻烦。

门楣无积尘、无蛛网；门面应保持整洁，无垢、无污痕，不能出现错、乱、残、缺、坏等现象（如表3-1所示）。

表 3-1　　　　　　　　　　　室外环境维护表（1）

项目：1.1 室外环境维护（15 分）		分值	检查方式		
序号	考核内容		现场察看	录像抽检	档案查阅
1	营业厅外部设置醒目的门楣标牌（0.5 分），形象标识制作规范统一（0.5 分）；保持清洁、无污渍（0.5 分）、无破损（0.5 分）	2	√		

厅外必须悬挂"三牌一徽"，即"××银行名牌""网点名称牌""营业时间牌"和"××银行行徽"。网点门前各类标牌都要清晰可见，均不得出现错、乱、残、缺、坏、糊等现象。营业时间牌所示时间应与实际营业时间相一致（如表 3-2 所示）。

常见问题：部分标识牌有污垢或被石狮等物件遮挡。

表 3-2　　　　　　　　　　　室外环境维护表（2）

项目：1.1 室外环境维护（15 分）		分值	检查方式		
序号	考核内容		现场察看	录像抽检	档案查阅
2	营业厅外部设置醒目的机构名称牌（0.3 分）、营业时间牌（0.3 分）、外币兑换标识（0.3 分），制作规范统一（0.3 分），保持清洁（0.3 分），无污渍（0.3 分），无破损（0.3 分），中英文对照（0.3 分）；其中营业时间牌区分工作日和节假日（0.3 分）、对公业务和对私业务（0.3 分）	3	√		

过期的宣传内容应及时更换，所播放的滚动广告语不得过度，不得有隐晦性地贬抑同行等内容。2015 年新修订的《中华人民共和国广告法》第四条中规定："广告不得含有虚假或者引人误解的内容，不得欺骗、误导消费者。"在第二章第九条中明确禁止广告不得"使用'国家级''最高级''最佳'等用语"，诸如"同业第一""同业领先"之类的也属广告过度之词（如表 3-3 所示）。

常见问题：有的网点门外不设电子显示屏或宣传橱窗；有的对外电子显示屏出现黑屏或花屏现象，未能正常播放。

表 3-3　　　　　　　　　　　室外环境维护表（3）

项目：1.1 室外环境维护（15 分）		分值	检查方式		
序号	考核内容		现场察看	录像抽检	档案查阅
3	对外设置电子显示屏或宣传橱窗（0.5 分），营业时间正常显示（0.5 分），且播放时间、形式、内容符合法律法规及监管规定（0.5 分），无过期宣传内容（0.5 分）	2	√		

营业厅外管辖区域是指纵向为建（构）筑物沿街的总长，横向为建（构）筑物（包括围墙）的墙基至车行道。在这个区域内都是网点的"门前三包"的市容环境责任区（如表3-4所示）。"门前三包"是指包卫生、包绿化、包秩序。

一是门前不得乱贴广告、标语、通知；地上无纸屑、无烟蒂、无杂物、无垃圾、无污水、无污垢、无油渍或严重积尘。通常每天早晨会有许多客户在银行网点门口等候开门，此时门前地面上经常会遗留一些客户吃早点的包装纸和烟头，因此，网点开门后保洁员要注意及时清理打扫干净。

二是协助绿化管理部门管护好树木花草和绿化设施，及时清理门前花坛内的垃圾杂物，不得在树干、树枝上钉钉子和乱挂杂物等。

三是对营业厅门前行人的乱停、乱靠、乱摆摊设点、乱挖掘等影响市容秩序的行为有监督、劝说和举报的责任等。

表3-4　　　　　　　　　室外环境维护表（4）

项目：1.1 室外环境维护（15分）			分值	检查方式		
序号	考核内容				现场察看	录像抽检	档案查阅
4	营业厅外部管辖区域内环境整洁（0.4分），无安全隐患（0.4分）、无卫生死角（0.4分）、无杂物摆放（0.4分），网点外墙、门窗、台阶、地面无损毁（0.35分），无乱喷涂（0.35分），无乱张贴（0.35分），无污渍（0.35分）			3	√		

为客户提供的机动车停车位处应有"银行专用车位"的提示牌，是地下停车库的应有路标指引，每个无障碍停车位与相邻的车位之间要多留一段轮椅通道（停车位应在1.2米宽以上），方便客户上下车（如表3-5所示）。

常见问题：一是网点无机动、非机动停车位，车辆随意停放；二是停车位没有画线，停车位栏线存在安全隐患；三是没有摆放"禁止违停"之类的提示牌。

表3-5　　　　　　　　　室外环境维护表（5）

项目：1.1 室外环境维护（15分）			分值	检查方式		
序号	考核内容				现场察看	录像抽检	档案查阅
5	为客户提供机动车停车位（0.5分），结合当地实际情况设置非机动车专用停车区域或无障碍停车位（0.5分）；标识醒目（0.5分），门前车辆停放有序（0.5分）			2	√		

有的银行网点的建筑地基较高，不能满足"无障碍坡度小于30度"的要求，可安装小型电动升降平台，供特殊客户使用。求助铃响5次之前须有人接听；客户按了求助按钮以后应有网点员工及时出现（如表3-6所示）。

常见问题：有的网点外未设置无障碍通道，客户如有需求时再临时搭建；无障碍通道不顺畅；有的网点未公示求助电话，无呼叫按钮，或标识不醒目；有的网点无障碍通道坡度大于30度，且未设有扶手护栏。

表 3-6　　　　　　　　　室外环境维护表（6）

项目：1.1 室外环境维护（15分）			分值	检查方式		
序号	考核内容			现场察看	录像抽检	档案查阅
6	营业厅外设置无障碍通道等相关功能服务设施（1分），并公示求助电话或设置呼叫按钮（0.4分），标识醒目（0.3分），通行顺畅（0.3分），便于使用（0.3分）；无障碍通道坡度小于30度（0.3分）；求助电话或呼叫按钮响应及时（0.4分）		3	√		

二、室内环境维护

营业厅内客户视线范围内不能有乱张贴现象，所需要张贴的通知或宣传单不能直接张贴在墙上。营业厅内需要张挂的公示公告既不能用白纸张贴在墙上，也不宜用易拉宝张挂，最好设计统一的背景格式，标有本行的标志，将各类公示、公告印制成统一大小尺寸的纸张上，再用镜框装饰后张挂在墙上，这样既整齐又美观大方。营业厅内的各种服务设施不但布局要合理，而且要摆放有序（如表3-7所示）。

表 3-7　　　　　　　　　室内环境维护表（1）

项目：1.2 室内环境维护（20分）			分值	检查方式		
序号	考核内容			现场察看	录像抽检	档案查阅
7	营业厅内环境干净整洁（1分），客户视线范围内无乱张贴现象（1分），无杂物摆放（1分），无灰尘（0.5分）、污渍（0.5分）、损毁（1分）		5	√		

在挑选厅堂植物时，不能全部摆放人工植物，也不能摆放枝干带刺和针叶类的植物，比如玫瑰花之类的，虽然可以美化厅堂，但是对于信风水的客户而言，他们会感到不利于财运。最好是选择一些叶片形状较圆、叶子较大的品种，比如万年青、秋海棠、发财树等，都会有很好的旺财运的作用（如表3-8所示）。

需要特别注意的是，厅堂内的花卉一定要新鲜饱满，托盘不能有污渍。植物一定要注意浇水和修剪，切不可任其生长，否则凌乱的枝叶也不利于财运。当出现枯黄的枝叶时，要及时去除，更不能将已经枯死的植物继续摆在厅堂或理财室，这对信风水客户来说是一个大忌，不但无法提高运势，反而会导致财气衰败。我们信不信风水不重要，但应该考虑到许多相信风水客户的心理感受，以体现"客户至上"

的服务理念。

表 3-8　　　　　　　　室内环境维护表（2）

项目：1.2 室内环境维护（20分）		分值	检查方式		
序号	考核内容		现场察看	录像抽检	档案查阅
8	营业厅内各区域温度适宜（1分）、空气清新（0.5分）、光线明亮（0.5分），合理摆放绿色植物、花卉（1分），常绿常新（1分），无刺伤危险（1分）	5	√		

营业时间内各区域音量大小合适、无嘈杂。柜员与客户对话交流不要紧对着话筒，声音过大。一来嘈杂刺耳，使人不舒服；二来不利于客户隐私保密（如表3-9所示）。

表 3-9　　　　　　　　室内环境维护表（3）

项目：1.2 室内环境维护（20分）		分值	检查方式		
序号	考核内容		现场察看	录像抽检	档案查阅
9	营业时间内各区域呼叫系统（0.5分）及音、视频系统播放音量适中（0.5分），无嘈杂现象（1分）	2	√		

应有 5 种及以上免责提示标识或图标，如："现金清点、安全防盗、小心玻璃、小心台阶、小心地滑"等，不可以将三种以上标识放在一起（如表3-10所示）。

常见问题：营业厅内免责提示少于 5 种；各类提示标识的规格大小、颜色图案不统一，且褪色或脱落；提示语生硬，如"严禁吸烟"等。

表 3-10　　　　　　　　室内环境维护表（4）

项目：1.2 室内环境维护（20分）		分值	检查方式		
序号	考核内容		现场察看	录像抽检	档案查阅
10	营业厅内外设置必要的免责提示标识或图标（2.5分，现金、地滑、防盗、玻璃、台阶等每少一项扣 0.5 分），制作统一规范（1分），在恰当位置醒目提示（1分），且具人性化（0.5分）	5	√		

高柜区玻璃窗上不得张贴任何通知、产品介绍和其他宣传单。柜员使用的业务用具一律定位放置。所有柜台台面的物品摆放必须统一规定，且只允许放置电脑、计算器、印章、印泥、海绵缸、笔筒、现金箱、防伪鉴别器等常用必备用具。不得在工作台上放置书报、毛巾、茶杯等，椅背上也不能搁置衣服、领带等与工作无关的物品。个人物品应该统一放置在后台或柜子内。

机具布线不得暴露在客户视线范围内，可用套管封闭，或用绿色植物、其他器具遮挡，遮挡器具设计时可巧妙地将电脑混为一体，能做到既美观又能达到机具布线的遮蔽，效果会更好。营业厅内所有的电器插座要有遮挡盒，且应有节约用电、安全用电等提示标识。

后装潢的网点电器线路隐蔽是个难点，有的明线可以用遮挡物遮盖，有的很难处理。处理办法：可以在这些电器设备下面做一个垫盒，把垫盒设计得像一个台阶，颜色与地面装修材料相近，把所有的线路直接从底部插入垫盒内。另外，员工操作桌面下也有许多各类机具电线，虽然不在客户视线范围内，但最好也应遮挡隐蔽，保持员工工作区内的整洁和员工的视觉舒适感（如表3-11所示）。

常见问题：网点无物品定位管理相关制度；网点内布线有裸露，电源插孔未设防触电装置且无"节约用电"和"小心有电"提示；员工在办理业务时，经常会使用印泥盖章，柜台面会有污渍留存，可定期用专用清洁剂清洗，如少量污渍处可用棉球沾着风油精擦除。

表 3-11　　　　　　　　　室内环境维护表（5）

项目：1.2 室内环境维护（20分）		分值	检查方式		
序号	考核内容		现场察看	录像抽检	档案查阅
11	营业厅内各类物品定位管理（1分），营业厅内设备机具布线安全（0.5分）、隐蔽（0.25分）、整齐（0.25分），无安全隐患（1分）	3	√		√

三、便民服务

客户等候区内的座椅摆放朝向尽量不要面对柜台或墙壁，最好面对有电视视频的方向，可缓解客户等候时的焦急情绪。爱心专席最好不要过度集中安置（如表3-12所示）。

常见问题：未明示爱心座椅，爱心座椅椅套、靠垫可挪移，没有"请勿挪移"标识。

表 3-12　　　　　　　　　便于服务表（1）

项目：1.3 便民服务（20分）		分值	检查方式		
序号	考核内容		现场察看	录像抽检	档案查阅
12	配备数量充足（等候区座椅不少于20个，0.5分）、整齐干净（0.25分）、舒适宜用的客户等候休息椅（0.25分），进出通道畅通（0.5分），并明示爱心专席或区域（0.5分）	2	√	√	

大厅内放置客户使用的点验钞机必须确保在监控范围内，360度无死角，有近镜头，要使票面、数字都能看到。点验钞机与碎纸机不要放在一处，以防客户有时不慎会误将纸币放入。应张挂辨别人民币真伪的示意图，可让客户了解放心，既有利于防止伪钞的泛滥，又有利于撇清假币来源的责任，减少客户与银行之间的误解、纠纷（如表3-13所示）。

常见问题：客户用点钞机在监控范围内，但录像清晰度不够，钱钞数量无法看清。

表3-13　　　　　　　　　　便于服务表（2）

项目：1.3 便民服务（20分）		分值	检查方式		
序号	考核内容		现场察看	录像抽检	档案查阅
13	配备供客户使用的点验钞机（0.5分），正常使用（0.5分），且摆放在录像监控范围内（0.5分），点钞全过程清晰可查（0.5分）	2	√	√	

排队叫号机应实现普通和VIP客户的身份识别。有许多银行为当班的大堂经理配置平板电脑，当客户用卡在叫号机上刷卡时，大堂经理可即时得到客户的相关信息，可及时判别不同类型的客户，便于合理分流客户，减轻高柜区的业务压力，也有利于业务产品的营销（如表3-14所示）。

常见问题：叫号机对老年客户有不便之处，此时大堂经理或引导员应及时提供方便；有的网点排队叫号机未能识别普通客户和VIP客户。

表3-14　　　　　　　　　　便于服务表（3）

项目：1.3 便民服务（20分）		分值	检查方式		
序号	考核内容		现场察看	录像抽检	档案查阅
14	设置排队叫号机或相当设施（1分），运行正常（0.5分），实现身份识别（0.5分）	2	√		

所有的便民设施尽量摆放在靠近营业厅大门内处，要方便客户取用。便民措施要根据各网点所处当地的实际情况而选用，如西北地区天气干燥，长年很少下雨，因此，在西北地区的网点摆放雨伞就有点多余的。在南方多雨地区不少市民出行通常会骑电动车需要雨披，因此，大部分网点大厅里只提供雨伞是不够的。总之，我们网点的便民措施一定根据客户的需要而选配，而不是一种摆设。

填单台应当配有计算器和老花镜，方便客户填写业务单据凭证。在坐椅附近可摆放一些报刊，供客户休息等候时阅读。便民设施中尽量不要放口服药、剪刀、裁纸刀，如要放剪刀最好备用无尖头的平口剪刀（如表3-15所示）。

常见问题：轮椅车胎气不足；镜架上老花镜数量不足；消毒棉球和仁丹过期；有的网点便民用品柜上锁，客户使用时需要找工作人员开锁，不便于客户使用。

表3-15　　　　　　　　　　　便于服务表（4）

项目：1.3 便民服务（20分）			分值	检查方式		
序号	考核内容			现场察看	录像抽检	档案查阅
15	配备6种（含）以上常用便民服务设施（饮水机、老花镜、伞、药箱、婴儿车、轮椅等不限）（2分，缺一扣0.35），放置适当（0.25分），摆放有序（0.5分），方便使用（0.25分），保持整洁（0.5分，一项不整洁扣0.1分，扣完为止），无安全隐患（0.5分） ||	4	√		

许多网点的饮水机通常会摆放位置在大门口，这不是最好的地点，从饮水的角度来讲，正冲大门处往往是人来人往之处，灰尘较多，容易有病菌等侵入，不太卫生。比较稳妥的摆放位置，建议在大门进口的对角线处，这里一般是安静的地方，便于饮水、休息。还有此处是角落，需要饮水的客户倒水时不会影响其他客户。从风水学角度看，开门直朝饮水机易冲财运，而正门对角线处是财位，与水有关的物品摆放在此，可以提升运气（如表3-16所示）。

营业厅内提供一次性饮水用具，应加注饮用水有效期限，且标上"小心烫伤"的提示。饮水机侧面也可以贴上"饮用水更换记录表"，标有每次换水时间和责任人，可使客户放心饮用。"小心烫伤""放心饮用"最好不要分成两个提示牌贴在饮水机的不同处，否则显得不整洁不美观。

表3-16　　　　　　　　　　　便于服务表（5）

项目：1.3 便民服务（20分）			分值	检查方式		
序号	考核内容			现场察看	录像抽检	档案查阅
16	配备便于客户使用的饮水设施（0.5分）、一次性饮水用具（0.5分），干净卫生（0.25分），数量充足（0.25分）；加热饮水设施标注"小心烫伤"提示标识（0.5分） ||	2	√		

碎纸机与凭条回收箱有一即可。废弃凭条要及时回收不能乱扔，有时客户不经意将一些业务凭条乱扔在营业厅内，此时大堂经理、保洁员和保安都要及时拾起扔入凭条箱内，确保客户信息安全。垃圾筒最好有盖子，保洁员要及时清理垃圾桶，杂物不超过1/2（如表3-17所示）。

常见问题：网点内未设置碎纸机或废弃凭条回收箱；回收箱未有标识；碎纸机

摆放在报刊架旁，位置不合理。

表 3-17　　　　　　　　　便于服务表（6）

项目：1.3 便民服务（20分）		分值	检查方式		
序号	考核内容		现场察看	录像抽检	档案查阅
17	适当位置设置碎纸设备或废弃凭条回收箱（盒、筒）（1分），及时清理（0.25分），方便客户使用（0.25分），保护客户信息安全（0.5分）	2	√		

设置网上银行、手机银行体验区并提供 wifi 服务，标识要清楚，并有提醒客户注意隐私保密等提示。网银等自助设备之间应有私密隔挡措施，客户操作时相互不能轻易看到其他客户的操作信息。体验区要有风险提示，如"理财非存款，产品有风险、投资需谨慎"等风险提示语（如表3-18所示）。

常见问题：无 wifi 标识；无风险揭示；免责提示语较生硬。

表 3-18　　　　　　　　　便于服务表（7）

项目：1.3 便民服务（20分）		分值	检查方式		
序号	考核内容		现场察看	录像抽检	档案查阅
18	在营业厅内为客户提供无线上网（WiFi）服务（1分）；标识醒目（0.25分），操作便捷（0.25分），风险提示（0.25分）及客户私密保护措施到位（0.25分）	2	√		

应将网点相关负责人的姓名和联系电话张挂在厅堂的醒目之处，方便客户联系方便。周边区域内本行或他行其他营业网点的地址和联系电话，可用台历或地图等方式告之客户。为了方便客户出行办事，还可以在台历或地图上标出附近的派出所、医院、超市、加油站等主要公共场所（如表3-19所示）。

表 3-19　　　　　　　　　便于服务表（8）

项目：1.3 便民服务（20分）		分值	检查方式		
序号	考核内容		现场察看	录像抽检	档案查阅
19	适当位置公示本网点业务联系（消费者权益保护）电话号码（1分）；以公告栏或客户提示卡等方式，提示周边区域本行或他行其他营业网点的地址和联系电话（1分）	2	√		

厅内应摆放印制着相关业务办理内容的简介折页，也可在大厅内合适处张挂相关业务办理的提示内容，包括收费标准和各类业务风险提示等内容，便于客户自己阅读查询。在客户需要的情况下，大堂经理还应主动向客户讲解相关提示内容（如

表 3-20 所示)。

表 3-20　　　　　　　　便于服务表（9）

项目：1.3 便民服务（20分）		分值	检查方式		
序号	考核内容		现场察看	录像抽检	档案查阅
20	向客户提供常办业务简介（存、贷款，开、销户，挂失，大额取款，提前支取、开本票、存款证明、外币兑换等）（1分）、风险提示（1分）等，内容包括所需证件、办理渠道、流程和范围等必要手续提示（少一项扣0.3分）	2	√		

四、营业环境设置

网点内必须悬挂"两证一牌"，即：企业营业执照、金融许可证、存款利率牌。开办外币业务的网点要悬挂外币汇率牌，且要配备日历、时钟。各类证照由不同的政府管理部门颁发的，尺寸大小不一，张挂时要注意美观（如表 3-21 所示）。

表 3-21　　　　　　　　营业环境设置表（1）

项目：1.4 营业环境设置（35分）		分值	检查方式		
序号	考核内容		现场察看	录像抽检	档案查阅
21	在营业网点内公示营业执照（1分）及金融许可证（1分）	2	√		

网点必须建立弹性工作制度，长期不用窗口不能超过 3 个。暂不使用的窗口须有遮挡帘，且有暂停服务的温馨提示（如表 3-22 所示）。

表 3-22　　　　　　　　营业环境设置表（2）

项目：1.4 营业环境设置（35分）		分值	检查方式		
序号	考核内容		现场察看	录像抽检	档案查阅
22	现金、非现金服务区、贵宾服务区各设置满足业务需要的营业窗口，（2分，每个窗口排队不超8人，超1人扣1分），并设置弹性服务窗口［1分，每个窗口排队20分钟以上（即超过5人排队）应启动弹性窗口，有预案］；未使用的窗口设置遮挡帘（1分）	4	√	√	√

网点设有许多特殊窗口，尽量安排在一个服务窗口，如分散在不同窗口，标识过多太零乱。各类特殊窗口最好统一安排在弹性服务窗口，在照顾特殊客户时就不会影响其他客户办理业务的顺序（如表 3-23 所示）。

表 3-23　　　　　　　　　　　营业环境设置表（3）

序号	项目：1.4 营业环境设置（35 分）	分值	检查方式		
	考核内容		现场察看	录像抽检	档案查阅
23	设置快速业务办理营业窗口（通道）(0.8 分)、爱心窗口（0.8 分）及涉外服务窗口（0.8 分），标识醒目（0.3 分）、便于引导（0.3 分）	3	√		

窗口之间设置遮挡板，需达到坐下后看不到临柜客户办理业务。一米线以地砖或画线区分均可，一米线必须清晰，大堂经理应及时告劝尚未办理业务的客户在一米线外等待，确保正在办理业务的客户真正地感受到保密与安全（如表 3-24 所示）。北京银行的高柜区设置得更为私密，客户基本上在半封闭的区间办理业务。

表 3-24　　　　　　　　　　　营业环境设置表（4）

序号	项目：1.4 营业环境设置（35 分）	分值	检查方式		
	考核内容		现场察看	录像抽检	档案查阅
24	营业窗口、柜台之间设置遮挡板（1.5 分）、一米线等相当功能设施，形成相对独立的客户办理业务区域（1.5 分）	3	√		

许多网点员工习惯将临时性的通知文书直接张贴在柜台窗口的防弹玻璃上，显得很随意，也不整洁美观，此类文书应该统一张贴在营业厅的其他合适的地方。相关的提示牌和常用可公示、发布信息资讯均可整合在桌面电子相册里滚动播放（如表 3-25 所示）。

常见问题：网点营业窗口前宣传折页摆放重叠、存在遮挡现象。

表 3-25　　　　　　　　　　　营业环境设置表（5）

序号	项目：1.4 营业环境设置（35 分）	分值	检查方式		
	考核内容		现场察看	录像抽检	档案查阅
25	营业窗口玻璃干净整洁（0.25 分），通透明亮（0.25 分），无污渍（0.25 分）、无乱张贴（0.25 分）；整合相关提示牌摆放（0.5 分），可公示、发布信息资讯（0.5 分）	2	√		

定位管理要有制度。这条标准与前 11 条款的区别是：前者针对的是营业大厅公共区域，此处为员工的工作操作区域。员工工作台面上的所有机具和业务用具必须达到"横看成岭侧成峰"效果，各种业务凭证在九宫柜里的具体位置必须有相应的管理制度加以统一固定，要求每个柜台的柜员不得随意乱放，养成这样的好习惯将有利于提高柜员的业务操作效率（如表 3-26 所示）。

常见问题：员工工作台面上摆放手机、水杯等其他私人物品。

表 3-26　　　　　　　　　营业环境设置表（6）

项目：1.4 营业环境设置（35 分）		分值	检查方式		
序号	考核内容		现场察看	录像抽检	档案查阅
26	营业窗口、柜员工作台面机具布线安全（0.8 分）、隐蔽（0.6 分）、整齐（0.6 分）；各类物品定位管理（1 分），客户视线范围内无私人物品（1 分）	4	√		

营业窗口的客户座椅色彩和谐，不能有坏损。如发现损坏的座椅要及时更换，以免撕破客户的服饰，甚至于伤害。有的网点窗口摆放高脚座椅，客户体验不舒适，更不便于老年人使用。座椅的高度应与柜面的高度相匹配，座椅脚应有防滑垫，消除安全隐患（如表 3-27 所示）。

表 3-27　　　　　　　　　营业环境设置表（7）

项目：1.4 营业环境设置（35 分）		分值	检查方式		
序号	考核内容		现场察看	录像抽检	档案查阅
27	营业窗口配备客户座椅（1 分），客户使用体验舒适（1 分）	2	√		

营业窗口语音对讲装置音量适中，不能过低过高，员工与客户交流时不要太近话筒，音量保持适宜。柜员在清点现钞时应提醒客户注意点钞机上的数字显示（如表 3-28 所示）。

表 3-28　　　　　　　　　营业环境设置表（8）

项目：1.4 营业环境设置（35 分）		分值	检查方式		
序号	考核内容		现场察看	录像抽检	档案查阅
28	营业窗口语音对讲装置工作正常（1 分），通话音量适中（1 分），柜员点钞机显示清晰（1 分）、无遮挡（1 分）	4	√		

业务填单模板的位置要方便客户看到对照和取用，空白凭条要齐全，凭条数量达到储存单格的 1/3 以上，可用警示线方式标注，便于发现后及时补充（如表 3-29 所示）。

常见问题：填单台旁未配有移动座椅，年龄大的客户站立填单不方便。

表 3-29　　　　　　　　营业环境设置表（9）

项目：1.4 营业环境设置（35 分）			分值	检查方式		
序号	考核内容			现场察看	录像抽检	档案查阅
29	设置填单台（0.5 分）及电子填单设备（0.5 分），客户使用体验舒适（0.2 分），并设置常用业务填单模板（0.5 分），空白凭条齐全（0.5 分），业务用途明确（0.4 分），摆放有序（0.2 分），数量达到储存单格的 1/3 以上，便于使用（0.2 分）			3	√		

常见问题（如表 3-30 所示）：

（1）有的银行没有制作统一的意见簿，网点在普通硬抄面笔记本的封面贴上"客户意见簿"的字样，就作为客户意见簿，给人感觉没有诚心听取客户意见。

（2）虽有意见簿，但未能及时回复客户意见。

（3）客户意见簿号码不连续。

（4）客户意见簿没有中英文对照。

（5）有的网点为了应对评比检查，把平时真实的客户意见簿里的内容进行"漂白"处理，整个意见内容全部是雷同的赞美之词，很不真实。意见簿中也没有相应的处理回复内容。这些都是易被扣分的点，应引起注意。

表 3-30　　　　　　　　营业环境设置表（10）

项目：1.4 营业环境设置（35 分）			分值	检查方式		
序号	考核内容			现场察看	录像抽检	档案查阅
30	营业厅内明显位置（0.5 分）摆放中英文对照（0.5 分）的客户意见簿（1 分），格式规范（0.5 分），页码连续（0.5 分），少数民族地区的客户意见簿实现少数民族文字对照。			3	√		

营业厅内应配置免拨直通客服电话，拿起后应在 5 秒之内可接通，且操作流程与公示的流程要完全一致（如表 3-31 所示）。

常见问题：免拨电话没有英文，实际操作不方便，使用效率不高。

表 3-31　　　　　　　　营业环境设置表（11）

项目：1.4 营业环境设置（35 分）			分值	检查方式		
序号	考核内容			现场察看	录像抽检	档案查阅
31	营业厅明显位置（0.5 分）设置便于客户使用（0.5 分）的免拨直通客服电话（0.5 分），标识醒目（0.5 分），中英双语服务（0.5 分），明示操作流程图（0.5 分）。			3	√		

一定要认真建立预案制度,提前发现并堵塞各种事故的隐患与漏洞。网点负责人或大堂经理每天都要认真检查应急报警设施,备齐、备好各种安全防护工具和防火、防水、防风器材,并且要求全体员工能够做到熟练使用。一定要落实好保卫值班制度与安全检查制度。事事要有专人负责、专人检查,处处不可粗心大意。保安人员要随时关注营业场所的安全状况,边门必须上锁,检查报警器、灭火器是否保持完好,检查网点工作人员的自卫武器是否放置在随手可取的位置;严禁非本单位工作人员进入柜员业务操作区内(如表3-32所示)。

常见问题:网点内灭火瓶未保持在有效期内;灭火器被其他物品遮挡或摆放位置不符合消防要求。

表3-32 营业环境设置表(12)

序号	项目:1.4 营业环境设置(35分)	分值	检查方式		
	考核内容		现场察看	录像抽检	档案查阅
32	营业厅水、电、气、火等方面无安全隐患(1分,存在一项扣0.25分),配备灭火器等消防设施(0.5分),符合消防要求(0.5分)	2	√		

第二节 服务功能

完善网点服务功能的目的是为客户提供优质满意的服务,此模块关注的是如何解决提升客户满意度的问题。共分4个项目,21个子项,140分制。

重点注意事项:多元化、人性化、差异化、智能化。

(1)多元化。服务功能要齐全,便民措施要到位。

(2)人性化。服务功能区域的布局一定要合理,自助服务机具操作要易学易懂易操作。

(3)差异化。合理设置贵宾室、大户室或理财室等,VIP服务窗口一定要与普通客户业务的窗口分开,VIP客户的大部分业务尽量安排在理财室内的现金柜台办理,避免两者因排队顺序而产生不愉快甚至矛盾冲突。

(4)智能化。近几年来,很多银行在新一轮网点转型过程中,逐渐兴起了新概念银行网点建设的潮流。而新概念网点革命的核心就是采用新的自助服务技术代替柜员的服务,将日常交易移出柜面,大量的基本业务用自助化的方式去完成,从而提升单一网点的人均产能。许多网点虽然不能全部做到智能化,但这是银行为之努力发展的方向。而对网点现有的服务设施的基本要求不但必须做到,而且必须努力做好。

一、服务功能分区

规范化的网点必须做到厅堂服务功能区域布局分明和合理。一是厅堂的一切机具设备和服务设施都不能随意安置，同类的服务用具应同置一处，避免客户进了网点到处寻找所需用的服务用具。二是网点厅堂布局设计要从客户体验的角度出发，使客户在迈入营业厅后跟着大厅营销服务的氛围感觉走，乐此不疲地、一步步走完厅内的各项功能区，使客户关注到网点营销服务的触点信息，从而达到增加营销的机会（如表3-33所示）。

高柜区服务窗口和客户等待区座椅不可正对营业大厅的大门，其理由有四：一是大门为网点的进出口，气场的对流最旺盛，除前台外，如果座位正好对着大门，就会受到气场的影响，厅外的风沙会影响等候区的客户。二是客户进出频繁常会转移柜员的注意力，思绪会变得紊乱，情绪也容易不稳定，影响员工业务操作的效率，也易出差错。三是从风水角度来看，是漏财，不吉利。四是从安全角度来说，客户的隐私得不到有效保护，不安全，曾有这样的案例，有不良分子在银行网点大门外蹲点，可从大门直接观望到客户在高柜区办理取现业务，如发现哪位客户取款金额大，就很容易被犯罪嫌疑人盯上。化解方法：对已装潢的网点在不能调整座位的情况下，最好是在靠近大门处摆放杆高宽叶的植物遮挡，同时与会使得厅堂温馨，还可以用奖牌、功能区域导引牌一起加以遮挡。

常见问题：营业厅虽实现分区服务，但功能分区不合理，不明确，不易识别，比较乱，没有秩序，客户体验的感觉不好；有的功能区不全（如无自助填单设备）；无区域提示牌、或区域提示牌部分不全。

表3-33　　　　　　　　　　服务功能分区表（1）

项目：2.1 服务功能分区（25分）			分值	检查方式		
序号	考核内容			现场察看	录像抽检	档案查阅
33	营业厅实现分区服务，包括咨询引导（1.7分）、客户等候（1.7分）、现金（1.7分）、非现金（个人、对公、理财或信贷业务服务）（1.6分，缺一项扣0.4分，无标识扣0.4分）、电子银行服务（1.7分）、自助服务（1.7分）、贵宾服务（理财区或理财室）（1.7分）、公众教育（1.7分）等相当功能的服务区，且分区合理（1.5分）		15	√		

营业厅实现分区服务，各分区显示牌悬挂醒目，总分区牌与实际分区名称等一致（如表3-34所示）。

常见问题：平面图及方位指示不易识别；有的网点平时没有合理设计布局，临检查前几天调整服务功能区域,却忘了把引导牌更正过来。

表3-34 服务功能分区表(2)

项目:2.1 服务功能分区(25分)		分值	检查方式		
序号	考核内容		现场察看	录像抽检	档案查阅
34	设置功能分区引导牌或平面分布图(1.5分),制作规范统一(1.5分),标识明显(1.5分),指示方位、名称、功能与各区域相对应(1.5分,有一处不对应扣0.5分,扣完为止),且各区域位置明确(1分),易于识别(1分),少数民族地区设置少数民族语言标识指引	8	√		

设置非对外营业区域的标识主要是为了避免客户误入银行后台管理办公区(如表3-35所示)。

常见问题:办公楼与营业区共享大厅,无明显标识;从一楼营业厅上二楼办公区的楼梯口处无明显提示。

表3-35 服务功能分区表(3)

项目:2.1 服务功能分区(25分)		分值	检查方式		
序号	考核内容		现场察看	录像抽检	档案查阅
35	非对外营业区域有明显标识(1分),办公楼与营业区共享大厅的,与办公区互通处有明显提示(1分)	2	√		

二、业务功能

存取款、汇款和贷款是网点的常规性业务。在示范网点创建活动刚开始的几年,有很多参评单位是储蓄所,而储蓄所通常是没有贷款业务,甚至其他常规业务也不一定齐全(如表3-36所示)。

对一个柜员来说,办理个人汇款看似普通的业务,但对很多客户来说还不是常办的业务,因此具体办理程序不太熟悉,在实际办理的过程中,常会遇到部分客户会向我们提出一些疑问,柜员应该耐心、详细地为他们解释其中的每一个要素。银行的汇款方式有好几种,柜员应该根据不同的情况,仔细地向客户介绍各种方式的特点,给客户做好参谋,让客户省钱又方便安全地达到汇款的目的。这就是主动服务、优质服务。

表 3-36　　　　　　　　　业务功能表（1）

项目：2.2 业务功能（35 分）		分值	检查方式		
序号	考核内容		现场察看	录像抽检	档案查阅
36	可受理人民币存款（1.75 分）、取款（1.75 分）、汇款（1.75 分）、贷款（1.75 分）等业务	7	√		

货币兑换的提示牌必须使用统一规范的式样（如表 3-37 所示）。

常见问题：有的网点不能受理外币存款和汇划等业务。

表 3-37　　　　　　　　　业务功能表（2）

项目：2.2 业务功能（35 分）		分值	检查方式		
序号	考核内容		现场察看	录像抽检	档案查阅
37	可受理外币存款（1.4 分）、取款（1.4 分），以及结售汇（1.4 分）、货币兑换（1.4 分）、外币汇划（1.4 分）等业务	7	√		

IC 卡（芯片卡）指的是本行自己发行的卡，代发其他行的均不在内。在为客户办理开折开卡业务时，一定要提醒客户在设置折卡密码时切勿使用生日日期、家庭电话号码和其他的简单数字，还应提醒客户所有的存单、存折和银行卡都不要和密码单放在一起，以防密码被人窃取造成不必要的财务损失（如表 3-38 所示）。

要主动提醒申请办理信用卡代扣业务的客户"账户要保持一定的金额，以便扣款成功"，"平时磁卡不能和手机之类的物品摆放在一起"等。

每当客户来办理存单（存折）挂失时，客户会表现得比较着急，此时我们柜面员工要注意加快办理业务的节奏，要使客户感到我们在尽力为他分忧，如果员工表情和语言显得漠不关心、操作动作慢慢腾腾，肯定会引起客户的不满。

表 3-38　　　　　　　　　业务功能表（3）

项目：2.2 业务功能（35 分）		分值	检查方式		
序号	考核内容		现场察看	录像抽检	档案查阅
38	可受理存单（1.4 分）、存折（1.4 分）、信用卡（1.4 分）、借记卡（1.4 分）、IC 卡（芯片卡）（1.4 分）等业务	7	√		

普通理财业务通常在大厅内的低柜区受理，而 VIP 客户可在贵宾理财室受理。国债业务通常为老年客户所钟爱的产品。在销售保险、基金等产品时，应以书面或口头的形式向客户告示"理财非存款，产品有风险，投资需谨慎"（如表 3-39 所示）。

常见问题：非现金区无个人业务。

表 3-39　　　　　　　　　业务功能表（4）

项目：2.2 业务功能（35分）			分值	检查方式		
序号	考核内容			现场察看	录像抽检	档案查阅
39	可受理理财（1分）、贵金属（1分）、保险（1分）、国债（1分）、基金（1分）、证券（1分）、代收代付（1分）等业务		7	√		

网上银行又称网络银行、在线银行。客户只要有一台可以上网的电脑。就可以使用浏览器或专有客户端软件来使用银行提供的各种金融服务。客户可以足不出户就能够安全便捷地管理活期和定期存款、支票、信用卡及个人投资等。与传统渠道（如柜台）相比，网上银行最大的特点是方便快捷、不必排队。账户数据查询可以通过一些软件导入。如 Quicken 或 Microsoft Money。还可为电子账单付费、转账、股票买卖、贷款申请、账户集成功能（如表 3-40 所示）。

需要提醒开通手机银行的客户，在操作使用时要注意账户安全，因为手机本身有很多的安全漏洞，因此建议客户自己的手机不要轻易 ROOT 和下载来历不明的软件和游戏。应指导客户进入银行手机银行软件首页时，可点击："安全中心"，除了修改手机银行登录密码，我们可以设置预留信息，以便登录的时候提醒环境是不是有异常，也可以将客户自己的手机设置时进行绑定。只有绑定授权了的手机设置才能使用你的手机银行，其他手机上就无法使用了。

表 3-40　　　　　　　　　业务功能表（5）

项目：2.2 业务功能（35分）			分值	检查方式		
序号	考核内容			现场察看	录像抽检	档案查阅
40	可受理网上银行（2.4分）、电话银行（2.3分）、手机银行（2.3分）等电子银行业务		7	√		

三、智能银行服务

无论是电子银行服务区还是贵宾服务区，每台自助机具之间应有合适的隔离板，客户在自助操作时不能轻易看到其他客户操作的数据信息，否则不利于客户私密性保护。要在每台自助机具上的明显处张贴"理财非存款，产品有风险，投资需谨慎"等相关风险提示标志（如表 3-41 所示）。

常见问题：电子银行区设置不合理，网银及手机银行演示设备不在同一区域；有的网点贵宾服务区虽有手机银行，但私密保护未到位，网银电脑与手机置于同一台席。

表 3-41　　　　　　　　　　智能银行服务表（1）

项目：2.3 智能银行服务（25分）		分值	检查方式		
序号	考核内容		现场察看	录像抽检	档案查阅
41	在电子银行服务区（1.6分，网银、手机银行各0.8分）及贵宾服务区（1.6分，网银、手机银行各0.8分）为客户提供网上银行、手机银行等服务设施，相关风险提示（0.9分，电子银行区、贵宾服务区少一处扣0.45分）及客户私密性保护措施到位（0.9分，电子银行区、贵宾服务区少一处扣0.45分）	5	√		

网点可根据本行的实际情况，逐步提升自助设备的功效，不仅要能完成基本的存取款交易，还需要能胜任更为复杂的职能。如"为客户提供多渠道预约预处理"，是指通过手机预约理财业务等服务功能。如果有类似的服务项目，在迎检时应作一些操作流程的介绍。另外，自助设备的体验与指令体验要人性化，必须易用、好懂，能帮助客户建立起足够的信心，并最终选择在办理基本业务时尽可能地远离柜面，提高业务办理时效（如表3-42所示）。

表 3-42　　　　　　　　　　智能银行服务表（2）

项目：2.3 智能银行服务（25分）		分值	检查方式		
序号	考核内容		现场察看	录像抽检	档案查阅
42	为客户提供多渠道预约预处理、自助开销户、远程银行（VIM/ITM）、智能互动桌面，人脸识别，自助理财、自助结售汇、自助外币兑换等至少一种智能化服务功能（10分）	10	√		

移动终端泛指以智能手机为代表的各类移动设备，其中智能手机、平板电脑和无线POS机目前应用范围较广。电商平台是指开通网上交易权限。社交营销就是通过社交软件等社交手段进行的产品营销。它与传统营销的不同就是它运用了社交这种方式来作为营销的手段。如银行员工利用QQ短信或微信等形式，适时向老客户介绍本行最新推出的理财产品等相关信息。不论通过什么媒介或介质进行的传播，只要是通过社交手段进行的营销就叫社交营销（如表3-43所示）。

表 3-43　　　　　　　智能银行服务表（3）

项目：2.3 智能银行服务（25分）		分值	检查方式		
序号	考核内容		现场察看	录像抽检	档案查阅
43	为客户提供移动金融、微信银行、电商平台、社交营销等至少一种互联网金融服务（10分）	10	√		

四、自助服务

自助区要有防撞提示、转账免费提示。正常营业时要注意及时清理自助区纸篓里的垃圾，保持地面清洁（如表3-44所示）。

常见问题：自助区没有常用的收费标准，或收费标准不全。有的网点自助区到了夜间成了流浪者栖身之处，有的乱扔杂物，甚至有的还随地大小便。网点要确保自助区在夜间能正常使用，第二天要及时清理打扫。有的网点自助区会被流浪者借宿，因此，早晨上班时要及时打扫自助服务区内的卫生。

表 3-44　　　　　　　自助服务表（1）

项目：2.4 自助服务（55分）		分值	检查方式		
序号	考核内容		现场察看	录像抽检	档案查阅
44	自助服务区与营业厅内部连通（2分），实现24小时服务（1分），外部标识醒目（0.5分）、规范（0.5分）、清洁（0.5分），中英文对照（0.5分）	5	√		

【要点解读】

自助区的自助设备不仅要按行业常规配备齐全，还要确保自助机使用方法易学易懂，操作便捷。自助设备配有详细的操作说明，在不同功能的自助设备旁边应配有一张操作流程图，要方便客户在使用该自助设备时能了解该设备的各项功能以及使用步骤。银行网点自助发卡业务目前还存在一个制度障碍，按业务操作流程要求，银行在向客户正式发卡前必须查验本人身份证，因此完全自助发卡在短期内还难以实施（如表3-45所示）。

表 3-45　　　　　　　　　自助服务表（2）

项目：2.4 自助服务（55分）			分值	检查方式		
序号	考核内容				现场察看	录像抽检	档案查阅
45	自助服务区配备 3 台（含）以上具备存取款功能的自助机具（其中至少有一台为存取款一体机，无扣 2 分。）（6 分，缺一扣 2 分），1 台（含）以上具有缴费、补登折、打印发票、自助发卡等功能的自助机具（2 分，缺一项扣 0.5 分），摆放合理（2 分） |||| 10	√		

部分客户不熟悉在自助机具上使用信用卡和外行卡，大堂经理要经常进行现场指导客户如何正确使用，并且提示与之相关的安全常识（如表 3-46 所示）。

表 3-46　　　　　　　　　自助服务表（3）

项目：2.4 自助服务（55分）			分值	检查方式		
序号	考核内容				现场察看	录像抽检	档案查阅
46	具有存取款功能的自助机具可受理信用卡（1.5 分）、外卡业务（1.5 分），显示屏或机具上规范明示受理外卡的标识（1 分），并有中英文显示界面或双语操作提示（1 分） |||| 5	√		

自助区应配置免拨直通客服电话，拿起后 5 秒之内接通，且操作流程与公示的流程要完全一致（如表 3-47 所示）。

表 3-47　　　　　　　　　自助服务表（4）

项目：2.4 自助服务（55分）			分值	检查方式		
序号	考核内容				现场察看	录像抽检	档案查阅
47	自助服务区设置便于客户使用的免拨直通客服电话（2 分），标识醒目（1 分），中英双语服务（1 分），明示操作流程图（1 分） |||| 5	√		

自助区内必须摆放公安机关配备的"警方提示"牌。目前，网点自助区内安全常识的提示不到位是个普遍现象（如表 3-48 所示）。

建议银行网点采取相应的形式，将以下几种常识提醒前来办理自助业务的客户：一是遇到 ATM 机吞卡情况，不要急于离开，如果 ATM 机正常吞卡，机器会吐出吞卡凭条，屏幕也会有吞卡提示，持卡人可持凭条与银行联系解决；如果遇到卡上钱已扣但未吐钞或者被吞卡但没有打印客户通知单等情况时，马上与网点或通过银行服务电话取得联系。二是在使用自动存取款机时，退卡后 30 秒不及时取出银行卡会出现吞卡现象，所以退卡后请及时取卡；如果在退卡后还要办理自助业务，应先把卡取出，再按正常步骤进行操作，若直接把卡推入，则会被吞卡。三是取款后，对于 ATM 机吐出的取款凭条，不要随手扔掉。凭条上有取款卡号、金额等信息，随意乱扔会影响存款安全。四是有异常时，不管机器是否真的发生故障，都不要拨打任何所谓"紧急通知"上的"银行值班电话"，而应拨打银行客服电话或直接报警，以防被骗。

表 3-48　　　　　　　　　　自助服务表（5）

项目：2.4 自助服务（55 分）			分值	检查方式		
序号	考核内容			现场察看	录像抽检	档案查阅
48	客户进入自助服务区或使用自助机具时，通过屏显（1分）、语音适时（1分）进行安全（1分）、免责（1分）及风险（1分）等提示。		5	√		

一米线的标志最好在网点装修时用适宜的装修材料固化在地面上，以免后期经常更换。用粘胶带粘贴地面的一米线应定时更换，应注意保持一米线条的整洁无破损。自助设备安置在安全仓内，可不需设一米线（如表 3-49 所示）。

常见问题：很多的营业厅回单打印机等自助机具未设置一米线。

表 3-49　　　　　　　　　　自助服务表（6）

项目：2.4 自助服务（55 分）			分值	检查方式		
序号	考核内容			现场察看	录像抽检	档案查阅
49	自助服务区设置一米线，各机具之间设置遮挡板，或设置封闭、客户独立使用的安全仓及安全区域（5分）		5	√		

监控录像效果必须定期检查，确保其正常的工作状态（如表 3-50 所示）。

常见问题：有的监控设备坏损未能及时修理，导致现场监控信息不完整，甚至曾有候选单位监控录像达一个月未能正常运转。

表 3-50　　　　　　　　　　自助服务表（7）

项目：2.4 自助服务（55 分）			分值	检查方式		
序号	考核内容			现场察看	录像抽检	档案查阅
50	自助服务区设置在录像监控范围内（2分），且客户进入自助服务区（1.5分）、使用自助机具（1.5分）等均在监控范围内。		5	√		

应急呼叫装置（按钮）按了以后银行员工应及时出现，并做好相应的处理工作（如表 3-51 所示）。

表 3-51　　　　　　　　　　自助服务表（8）

项目：2.4 自助服务（55分）		分值	检查方式		
序号	考核内容		现场察看	录像抽检	档案查阅
51	自助服务区内每台具备存款、取款、转账功能的自助机具都设置业务应急呼叫装置（按钮）（3分，缺一扣1分，扣完为止），位置合理（0.5分）、标识醒目（0.5分），响应及时（1分）	5	√		

自助区的存取款设备要及时保养，尽可能地降低故障率。如设备出现故障后，一是要及时报修，二是要在设备上挂上"对不起，设备故障暂停使用"等类似的提示牌（如表3-52所示）。

表 3-52　　　　　　　　　　自助服务表（9）

项目：2.4 自助服务（55分）		分值	检查方式		
序号	考核内容		现场察看	录像抽检	档案查阅
52	自助机具完好率达到100%；不能供客户使用时设置暂停服务或相应提示标识并及时排除故障（5分）没有设置提示牌每台扣1.5分，查看记录，有故障未及时报修、超过48小时未修复的每次/台扣1分，检查时间范围内5分扣完为止	5	√		

每个银行对吞卡、吞钞都有相应的处理办法，但在笔者曾辅导过的很多网点，很多员工回答不清，这说明银行在这方面的培训不到位。更不应该的现象包括：出现吞卡或吞钞时，客户电话求助后，员工反应迟缓，常会以所谓的"规定"为由，让客户慢慢等待；而当客户说银行的取款机多吐了现金时，就立即回应马上就到现场处理。这种冰火两重天的服务态度有损于银行的形象，不可取（如表3-53所示）。

表 3-53　　　　　　　　　　自助服务表（10）

项目：2.4 自助服务（55分）		分值	检查方式		
序号	考核内容		现场察看	录像抽检	档案查阅
53	有必要的监测设施（1.5分）与手段（1.5分），确保加装钞及时（有无监测设施和书面管理办法）、响应客户应急需求（吞卡、钞）及时（2分，查看、档案、意见簿和有关记录，2小时内到场）	5	√		√

第三节　信息管理

银行网点信息管理的内容涉及很多方面，此模块所列的信息管理相关要求，仅指厅堂内服务价格的公示和服务资讯发布与产品营销宣传方面的内容，关注的是银行与客户能否建立信任关系的问题。共分2个项目，9个子项，45分制。

重点注意事项：价格公示以诚相待、信息对称透明、宣传到位、无虚价广告。

（1）价格公示以诚相待。银行应该按照规定程序和要求定价，规范服务价格行为，履行明码标价和报告义务，重视维护客户的合法权益，保护客户对银行服务的知情权、自主选择权、公平交易权和监督权。

（2）信息对称透明。加强对银行网点服务价格的监督管理。

（3）宣传到位、无虚假广告。严格遵守行业规则和职业道德，不诋毁、贬低同业，不欺骗、不误导客户，树立正面的行业形象。

一、服务价格公示

服务价格及免费服务项目表可以用电子显示屏、板报、手册等各种形式公示，通过电子渠道公示的，十分钟内翻完（如表3-54所示）。

常见问题：

（1）各银行电子屏中设计的服务价格表普遍存在字体偏小，翻页过快，客户无法仔细查阅，形同虚设。最好网点再增加一本《服务价格手册》，这样电子屏显示作为提示性，如有客户对某个产品服务价格需要详细了解，可查阅纸质价格手册。

（2）许多网点内无常用服务价格表，也无中英文对照。

（3）贵宾区无服务价格公示。

（4）有收费项目公示而无免费项目公示。

表3-54　　　　　　　　服务价格公示表（1）

项目：3.1 服务价格公示（25分）		分值	检查方式		
序号	考核内容		现场察看	录像抽检	档案查阅
54	在营业厅、贵宾（理财）服务区及自助服务区显著位置通过各种方式，向客户公示本区域常用服务价格（1.2分，每一处缺扣0.4分）及免费服务项目表（1.2分，每一处缺扣0.4分），标识醒目（1分）、中英文对照（1分）；字体清晰（0.3分），便于查阅（0.3分）；通过电子屏显渠道公示的，滚动播放，翻页及时（1分）	6	√		

国家发展改革委、中国银监会联合下发了《关于印发商业银行服务政府指导价政府定价目录的通知》，公布了商业银行服务实行政府指导价、政府定价的目录，降低和调整了部分收费标准，规定了部分免费服务项目。通知明确要求，商业银行为银行客户提供的基础金融服务实行政府指导价、政府定价管理，包括部分转账汇款、现金汇款、取现和票据等服务项目，具体收费项目和标准应按 268 号文执行。网点应该组织员工认真学习，为了便于记忆，可将若干重要的条款进行简约整理在一张 A4 纸上，让员工熟记，如果被检查组现场提问，有柜员不知道发改委 268 号文的主要精神，此项分将会被扣完（如表 3-55 所示）。

表 3-55　　　　　　　　服务价格公示表（2）

项目：3.1 服务价格公示（25 分）		分值	检查方式		
序号	考核内容		现场察看	录像抽检	档案查阅
55	在营业厅内显著位置摆放本系统全部服务价格目录册，包括对私服务（1 分）、对公服务（1 分）、收费项目（1 分）、免费项目（1 分），及时更新（1 分），客户查阅方便（1 分）	6	√		

常见问题：许多银行在网点营业大厅内的电子屏中设计的服务价格表字体普遍偏小，翻页过快，客户无法仔细查阅，形同虚设（如表 3-56 所示）。

表 3-56　　　　　　　　服务价格公示表（3）

项目：3.1 服务价格公示（25 分）		分值	检查方式		
序号	考核内容		现场察看	录像抽检	档案查阅
56	及时在营业厅显著位置公告服务价格变动信息（2 分），明确生效日期（2 分）	4	√		

柜员在每办理一次收费业务时，都要主动告知客户应收取的费用，如"刘先生，现在为您办理我行的这张借记卡，需要收取 10 元工本费，您看可以吗？"（如表 3-57 所示）

表 3-57　　　　　　　　服务价格公示表（4）

项目：3.1 服务价格公示（25 分）		分值	检查方式		
序号	考核内容		现场察看	录像抽检	档案查阅
57	在办理收费业务时，工作人员提前告知客户服务项目和收费标准，充分尊重客户知情权；实际收取的服务价格与公告情况相符。（查看学习、制度、意见簿，没学习扣 2 分，没制度扣 2 分，现场检查收费业务和意见簿，有一次乱收费或相关投诉有一次扣 5 分）	5	√		√

客户如对收费标准有疑问应作耐心的解释。检查组要进行现场查看合同，检查是否有捆绑销售等现象（如表 3-58 所示）。

表 3-58　　　　　　　　　　服务价格公示表（5）

项目：3.1 服务价格公示（25 分）			分值	检查方式		
序号	考核内容			现场察看	录像抽检	档案查阅
58	客户明确表示不接受相关服务价格的，不得强制客户接受服务，充分尊重客户选择权（查看学习、制度、意见簿，没学习扣 2 分、没制度扣 2 分、查看投诉记录，有一次相关投诉扣完）		4	√		√

二、服务资讯发布与产品营销宣传

如果条件允许，最好在营业大厅内和理财室都应分别配备两个电子屏显，一个屏显滚动播放与银行业务有关的信息资讯，另一个屏显播放社会时事、财经新闻。但不能播放与银行业务无关的商业广告内容和其他娱乐影视剧等（如表 3-59 所示）。

常见问题：网点电子屏未公示基金净值、贵金属价格、本外币贷款利率。

表 3-59　　　　　　　服务资讯发布与产品营销宣传（1）

项目：3.2 服务资讯发布与产品营销宣传（20 分）			分值	检查方式		
序号	考核内容			现场察看	录像抽检	档案查阅
59	以电子屏显公示或电子自助查询系统、行情分析系统查询等形式，向客户提供本外币存贷款利率（1 分）、外汇牌价（1 分）、基金净值（1 分）、贵金属价格（1 分）等信息，电子屏显播放与银行业务有关的信息资讯或时事、财经新闻，设备运行正常（1 分）、滚动翻页及时（1 分）		6	√		

公告栏里必须要有风险提示的内容。柜员告知是指柜员包括理财经理在为客户办理投资产品业务时，不能缺少向客户当面口头提示风险的流程。网点内所有的自助设备都要张贴风险提示标志，最好在电子屏显中也要有相关的风险提示语的出现（如表 3-60 所示）。

常见问题：部分网点未设置公众教育区，或内容简单、过时。

表 3-60　　　　　　　　服务资讯发布与产品营销宣传（2）

项目：3.2 服务资讯发布与产品营销宣传（20分）		分值	检查方式		
序号	考核内容		现场察看	录像抽检	档案查阅
60	在公众教育（1.5分）、贵宾服务（理财区、室）（1.5分）等服务区域，利用公告栏、柜员告知、电子自助查询系统等方式进行明显的投资、理财业务风险提示（1分），标识醒目（1分）	5	√		

营业厅内各类宣传资料摆放不仅要充足、整齐，摆放的位置也应考虑方便客户，不能离客户的等候区过远。有的宣传折页被客户阅读时弄皱了应及时更换（如表3-61所示）。

表 3-61　　　　　　　　服务资讯发布与产品营销宣传（3）

项目：3.2 服务资讯发布与产品营销宣传（20分）		分值	检查方式		
序号	考核内容		现场察看	录像抽检	档案查阅
61	营业厅内各类宣传资料摆放充足（0.5分）、整齐（0.5分），无卷角翘边现象（1分），依次摆放（0.5分），展示有序（0.5分）	3	√		

营业大厅内不得摆放礼品柜。在产品介绍栏中有关产品营销的宣传用语不得有诋毁、贬低同业和误导客户的内容（如表3-62所示）。

表 3-62　　　　　　　　服务资讯发布与产品营销宣传（4）

项目：3.2 服务资讯发布与产品营销宣传（20分）		分值	检查方式		
序号	考核内容		现场察看	录像抽检	档案查阅
62	营业厅内产品宣传内容符合有关规定（2分），无摆放赠送物品（1分），无诋毁、贬低同业、误导客户现象（1.5分，发现1处扣0.5分），更新及时（0.75分），明示清晰（0.75分）	6	√		

第四节　大堂管理

大堂管理是银行业改善客户服务、提高服务质量的一个重要环节，此模块关注的是客户体验与客户满意度的提升。共分3个项目，24个子项，140分制。

重点注意事项：分流业务、疏导情绪；维护秩序、保障安全。

大堂经理的第一个职责是引导客户、分流业务。大堂经理对银行来说，体现了从业务管理转向客户管理，从以产品为中心转向以客户为中心，从提供一般优质服务转向个性化、差异化服务，是应对激烈竞争的手段之一。

大堂经理的第二个职责是关心客户、疏导情绪。对于客户来说，大堂经理实现了零距离面对面的沟通，带来的是实实在在的优质服务。当客户有疑问、出现不满时，大堂经理及时疏导排解。同时还应管理和指导保安和保洁人员的日常工作，有效地维护网点厅堂的正常秩序。

一、大堂服务

大堂经理咨询引导台代表着银行的形象，宜将其设置成简洁大方，桌面不能摆置过多的资料物品，使人看了零乱，且千万不可用三角形的物品，否则会使客户感到不爽，信风水的客户会特别忌讳。咨询引导台面应摆放"大堂经理"席牌，席牌背面应有"大堂经理现场巡视中"，当客户经理离开时应将"大堂经理"的席牌反置（如表3-63所示）。

常见问题：大堂经理分流引导不及时，兼理财经理业务，在引导台处理理财业务。

表3-63　　　　　　　　　　大堂服务表（1）

项目：4.1 大堂服务（60分）			检查方式		
序号	考核内容	分值	现场察看	录像抽检	档案查阅
63	规范设置大堂经理（咨询引导）台（1分），台面整洁（1分）、提示牌等相关物品摆放有序（1分）、有专人负责（1分），便于引导、分流、观察与识别客户（1分）	5	√		

正式营业前，把排队号牌分发给门前等候的客户，要避免开门后因客户多发生哄抢叫号牌导致拥挤。当客户进门后走近3米以内时，大堂服务人员应主动迎接客户，询问客户需求，对客户进行相应的业务引导。大堂经理必须业务熟练、口齿清晰、责任心强，负责解答客户所提出的各类疑难问题，并引导客户办理各项银行业务。大堂经理因故请假或暂时离岗，网点应安排其他称职人员顶替，不得空岗（如表3-64所示）。

常见问题：有的网点厅堂较大，大堂桌离门较远，客户进入大厅，大堂经理无法及时关注、示意问候，存在客户自行取号的现象；大堂经理接待客户不够主动热情；大堂经理不能正常进行移动式服务及做现场巡视。

表 3-64　　　　　　　　　　大堂服务表（2）

项目：4.1 大堂服务（60分）		分值	检查方式		
序号	考核内容		现场察看	录像抽检	档案查阅
64	大堂服务人员热情主动接待客户（2分），微笑示意并问候（2分），询问需求（2分），引导取号（2分）、有效分流（2分）	10	√	√	

现场巡视的目的是通过现场管理提高网点的服务质量。一是管理和维护营业大厅内的秩序，如检查大厅内客户是否拥堵，及时进行客户分流，适时调整流动人员的岗位作用，根据客户的需求，为客户提供必要的帮助。二是及时发现网点内的服务问题并予以改正，如网点厅内外环境是否整洁，功能摆放的物品是否完整；本网点员工和保安、保洁人员仪容仪表是否符合标准，柜员们服务行为是否规范（如表3-65所示）。

表 3-65　　　　　　　　　　大堂服务表（3）

项目：4.1 大堂服务（60分）		分值	检查方式		
序号	考核内容		现场察看	录像抽检	档案查阅
65	大堂服务人员实行移动式服务（3分），进行营业厅（2分）及自助服务区（2分）现场巡视，当客户需要帮助时主动提供帮助（3分）	10	√	√	

大堂服务人员要主动、热情、诚恳、耐心、准确地解答客户的业务咨询，及时识别高、低端客户，合理地转介业务，与其他岗位的员工们做好联动营销工作，为普通客户提供基础服务，为优质客户提供贵宾服务（如表3-66所示）。

表 3-66　　　　　　　　　　大堂服务表（4）

项目：4.1 大堂服务（60分）		分值	检查方式		
序号	考核内容		现场察看	录像抽检	档案查阅
66	大堂服务人员熟知业务种类、产品特性、办理流程等（3.6分，缺1处扣1.2分），准确熟练向客户介绍产品或营销推介至相关工作人员（1.4分）。（现场测试）	5	√		

帮助客户复印身份证时，应在复印件上标注适用范围，身份证复印件正确签注写法如下：

　　　　仅提供××银行————
　　　　申请办理××业务————
　　　　他用无效————

签注写法分三行，用蓝色原子笔（也可用专用章加盖），部分笔画与身份证的字交叉或接触，每一行后面一定要划上横线，以免被偷加其他文字。另外，填写业务申请书尚未填写的空格，如：附卡申请、加买保险、加买第二只基金等。这些空下的字段都必须画叉，以免被不法者补填（如表3-67所示）。

表3-67　　　　　　　　大堂服务表（5）

项目：4.1 大堂服务（60分）			分值	检查方式		
序号		考核内容			现场察看	录像抽检	档案查阅
67		大堂服务人员主动指导客户填写业务单据（3分），必要时帮助客户复印相关证件（1分），注意保护客户隐私（1分）		5	√	√	

大堂经理必须站立接待客户，如需同客户详细交谈业务时可坐下（如表3-68所示）。

表3-68　　　　　　　　大堂服务表（6）

项目：4.1 大堂服务（60分）			分值	检查方式		
序号		考核内容			现场察看	录像抽检	档案查阅
68		大堂服务人员主动与客户进行交流（1分），目视对方（1分），态度诚恳（1分）、耐心回复咨询（1分），语言通俗易懂（1分）		5	√	√	

要快速妥善地处理客户提出的批评性意见，避免客户与柜员发生直接争执，化解矛盾，减少客户投诉。对客户意见和有效投诉的处理结果应在规定时间内及时回复（如表3-69所示）。

常见问题：大堂经理不能主动询问客户业务需求，二次分流不到位。

表3-69　　　　　　　　大堂服务表（7）

项目：4.1 大堂服务（60分）			分值	检查方式		
序号		考核内容			现场察看	录像抽检	档案查阅
69		大堂服务人员主动进行二次分流（5分，对等候区客户进行二次分流），及时响应并解决客户诉求（2分），提供必要的安抚服务（1.5分）、预防投诉发生（1.5分）		10	√	√	√

要主动为残疾人或行动不便的客户提供轮椅，为盲人提供盲文版的业务指导手册，将孕妇引导至爱心座椅等候等（如表3-70所示）。

表 3-70　　　　　　　　　大堂服务表（8）

项目：4.1 大堂服务（60分）			检查方式		
序号	考核内容	分值	现场察看	录像抽检	档案查阅
70	大堂服务人员主动为特殊群体客户提供便利服务（4分，有预案或流程），积极协助特殊群体客户办理业务（4分，现场测试）。	8	√	√	√

当客户离开你的这个岗位时，不管客户有无消费，不管客户对方态度如何，都要主动向客户道别："请慢走""欢迎再来"。如大堂经理无法做到每位客户出门送别服务，应配备大堂副理或引导员，专司迎送客户（如表 3-71 所示）。

常见问题：大堂经理配备不足，无法做到对客迎送。有些网点服务人员没有很好地做到"来有迎声，问有答声，去有送声"，尤其是当客户离开网点时，甚至连目送都做不到，更没有送别声。

表 3-71　　　　　　　　　大堂服务表（9）

项目：4.1 大堂服务（60分）			检查方式		
序号	考核内容	分值	现场察看	录像抽检	档案查阅
71	客户离开时大堂服务人员主动向客户道别或示意（2分，现场和录像观察，一次没有道别扣0.5分，扣完为止）	2	√	√	

二、大堂管理

网点所有员工在每个工作日里，应该在上班时间提前到岗，并按照本单位有关的员工个人形象规范和岗前业务准备的具体要求，做好营业前的各项准备工作，对外营业时间一到，必须做到分秒不差准点开门营业。确保在营业时间之内接待每一位来网点办理业务的客户；有时不能因为临下班前多时没有客户前来办理业务就擅自提前关门停业；有时可能已到下班时间，但因厅堂内还有在下班前已来网点等候办理业务的客户，此时必须办理完每一笔业务才能进行扎账等业务工作。检查组人员会通过看录像，检查是否按照公示的营业时间，保证满时满点服务（如表 3-72 所示）。

常见问题：网点无开门迎客礼仪程序。

表3-72　　　　　　　　　　　大堂管理表（1）

项目：4.2 大堂管理（60分）		分值	检查方式		
序号	考核内容		现场察看	录像抽检	档案查阅
72	按照公示的时间营业，保证满时点服务。（10分，录像查看营业开始和结束时间，统一调阅录像日期五天每天2分）	10	√	√	

　　大堂经理每天都要记载好工作日志（履行基本职责情况）和客户资源信息簿（重点客户情况），利用大堂服务阵地，广泛收集市场信息和客户信息，充分挖掘重点客户资源，记录重点客户服务信息，用适当的方式与重点客户建立长期稳定的关系。检查组人员会通过问询大堂服务人员、查看录像、调研制度、预案等方式进行查验（如表3-73所示）。

表3-73　　　　　　　　　　　大堂管理表（2）

项目：4.2 大堂管理（60分）		分值	检查方式		
序号	考核内容		现场察看	录像抽检	档案查阅
73	大堂服务人员有较强的现场管理能力（5分），有效协调服务资源（5分）。（现场、录像观察，看大堂经理日志，了解大堂秩序是否井井有条）	10	√	√	√

　　大堂经理在现场巡视过程中，应协助网点负责人对本网点的优质服务情况进行管理和督导，及时纠正违反规范化服务标准的现象（如表3-74所示）。

　　常见问题：大堂经理日志记录不完整。

表3-74　　　　　　　　　　　大堂管理表（3）

项目：4.2 大堂管理（60分）		分值	检查方式		
序号	考核内容		现场察看	录像抽检	档案查阅
74	大堂服务人员对各营业岗位服务人员的不规范服务行为进行监督（2.5分），主动提示（2.5分）。（看巡查表或日志，无记录扣2分、现场、录像观察）	5	√	√	√

　　检查网点的各类设施设备是否运行正常，应包括自助服务终端、复印机、点钞机、叫号机和便民服务用具等；还应包括检查各类资料是否充足，包括宣传资料、业务凭证等（如表3-75所示）。

　　常见问题：大堂经理班前准备工作由保安替代，保安开启电器设备设施。

表 3-75　　　　　　　　　　　大堂管理表（4）

项目：4.2 大堂管理（60分）			分值	检查方式		
序号	考核内容				现场察看	录像抽检	档案查阅
75	大堂服务人员主动巡查机具设备，确保正常使用（4分）；熟练掌握自助机具吞卡、钞等故障应急解决方法（3分），知晓相应的工作流程及预案（3分，现场、录像观察、询问，调阅巡查记录、设备维护记录）			10	√	√	√

营业厅外的环境卫生往往是维护的盲区，需要大堂经理经常提醒保洁人员（如表 3-76 所示）。

常见问题：大厅内地面污渍、垃圾筒垃圾处理不及时。

表 3-76　　　　　　　　　　　大堂管理表（5）

项目：4.2 大堂管理（60分）			分值	检查方式		
序号	考核内容				现场察看	录像抽检	档案查阅
76	大堂服务人员主动指导保洁人员及时清理服务区域内纸屑等废弃物品，维护服务环境（5分，其中：有无制度2分，观察现场、录像1分、巡查表有无定时检查室内外环境内容和记录2分）			5	√	√	√

大堂服务人员在劝导时应注意说话的方式方法，避免生硬的语言引起客户的不满。如以询问客户有什么需要帮助的、介绍本行的产品等内容，在交谈的过程中有意无意地将客户引出一米线以外（如表 3-77 所示）。

表 3-77　　　　　　　　　　　大堂管理表（6）

项目：4.2 大堂管理（60分）			分值	检查方式		
序号	考核内容				现场察看	录像抽检	档案查阅
77	客户在办理业务时，大堂服务人员及时劝导，避免其他客户进入一米以内距离区域的围观、等候行为（同行人员需征得客户同意），有效保护客户隐私，维护营业秩序（现场、录像查看，发现一次扣2分）			10	√	√	

营业结束后大堂经理应提醒每位员工及时关闭工作台上的电脑等电器设备的电源。检查组人员会查看录像，检查营业终了是否关闭了非 24 小时值机电源（如表 3-78 所示）。

表 3-78　　　　　　　大堂管理表（7）

项目：4.2 大堂管理（60分）			检查方式		
序号	考核内容	分值	现场察看	录像抽检	档案查阅
78	营业结束后，大堂服务人员及时关闭非24小时值机设备电源（有无巡查记录、责任制，没有扣2分、录像查看，一次扣2分，扣完为止）	5	√	√	√

《大堂经理日志》可以是手写或电子版，所记录的内容可以包括记录推介、营销情况，不能过于简单，更不能简单地从早到晚只打"√"，而无文字记实内容，填写纸质《大堂经理日志》时，字迹切勿潦草，纸面保持整洁（如表3-79所示）。

表 3-79　　　　　　　大堂管理表（8）

项目：4.2 大堂管理（60分）			检查方式		
序号	考核内容	分值	现场察看	录像抽检	档案查阅
79	大堂服务人员做好《大堂经理日志》（电子或纸质）等记录工作（2分），真实、详细记载当天服务情况（2分），整理并及时响应客户对服务工作的意见和建议（1分）	5	√	√	√

三、人员管理

安保、保洁人员、第三方驻点人员的工作服要注意经常清洗，保持干净整洁（如表3-80所示）。

表 3-80　　　　　　　人员管理表（1）

项目：4.3 安保、保洁与第三方驻点人员管理（20分）			检查方式		
序号	考核内容	分值	现场察看	录像抽检	档案查阅
80	安保、保洁人员、第三方驻点人员规范着装（2.4分，发现1人扣0.8分），仪容仪表符合上岗规范（0.6分）	3	√	√	

网点保安人员和网点的全体员工一样，都要经过系统的安全教育培训，以便能够灵活应对各种突发事件的发生，不能让网点的安全防范设施如同虚设（如表3-81所示）。

常见问题：个别保安人员仪态不佳，着装不整洁，上岗时会有保安人员聚拢在一起闲聊。因此，大堂经理必须要求每位保安人员站在自己的责任区域内，做好各自的安全保卫工作。

表 3-81　　　　　　　　　　　　人员管理表（2）

项目：4.3 安保、保洁与第三方驻点人员管理（20分）		分值	检查方式		
序号	考核内容		现场察看	录像抽检	档案查阅
81	安保人员站姿挺拔（0.3分），行姿稳健（0.3分）、手势自然（0.3分），连续在岗（0.3分），履行职责（0.6分），值班记录完整（0.6分），规范携带安保器械设备（0.6分）（现场、录像）	3	√	√	√

尤其要避开营业大门前有客户进时清扫地面卫生，否则给人有"扫地出门，不受欢迎"的误感，也是客户所忌讳的行为。保洁用具不能摆放在客户视线范围内（如表3-82所示）。

表 3-82　　　　　　　　　　　　人员管理表（3）

项目：4.3 安保、保洁与第三方驻点人员管理（20分）		分值	检查方式		
序号	考核内容		现场察看	录像抽检	档案查阅
82	保洁人员在不影响客户的情况下，及时维护营业厅各区域环境卫生，及时清理纸屑杂物、水渍污痕（1分）；各种清洁工具隐蔽保管（1分）（现场、录像一次不符扣1分）	2	√	√	

安保、保洁人员与第三方驻点人员都不是银行的正式工作人员，没有资质帮客户办理任何有关银行的业务，包括咨询、解答。尤其是涉及银行卡密码等隐私问题时，绝对不可以插手代劳（如表3-83所示）。

表 3-83　　　　　　　　　　　　人员管理表（4）

项目：4.3 安保、保洁与第三方驻点人员管理（20分）		分值	检查方式		
序号	考核内容		现场察看	录像抽检	档案查阅
83	安保、保洁人员与第三方驻点人员不得履行大堂经理职责（2分），如遇客户咨询，主动友好示意，引导至大堂服务人员（1分）	3	√	√	√

在实际工作中，有些网点大堂经理不尽职，诸如引导小额存取款客户去ATM机操作，规劝客户执行一米线外等候等事务由银行保安代劳，而媒体上关于保安帮助客户办理业务而将客户的钱转到自己的账户上或者是利用给客户办理业务的时候秘密记住客户账号盗取储户的钱的事时有发生（如表3-84所示）。

表 3-84　　　　　　　　人员管理表（5）

项目：4.3 安保、保洁与第三方驻点人员管理（20分)		分值	检查方式		
序号	考核内容		现场察看	录像抽检	档案查阅
84	安保、保洁人员与第三方驻点人员无代填单、代取号、提供业务咨询等现象（现场、录像观察，出现一项扣3分）	3	√	√	

要明确网点第三方进驻人员的服务范围，规范其销售行为，不能误导客户消费需求，保证整个营业秩序正常运行。现在许多银行基本不允许第三方驻点人员在网点进行业务营销（如表 3-85 所示）。

表 3-85　　　　　　　　人员管理表（6）

项目：4.3 安保、保洁与第三方驻点人员管理（20分)		分值	检查方式		
序号	考核内容		现场察看	录像抽检	档案查阅
85	第三方驻点人员若使用营业网点内机具及台面的，需明示所属单位（1分），不得冒用银行名义进行产品宣传和营销行为（2分)	3	√	√	

如有第三方人员着装和佩带的工号牌与本网点员工相同的，此项分全扣（如表 3-86 所示）。

表 3-86　　　　　　　　人员管理表（7）

项目：4.3 安保、保洁与第三方驻点人员管理（20分)		分值	检查方式		
序号	考核内容		现场察看	录像抽检	档案查阅
86	第三方驻点人员着装与银行员工有明显区别，规范佩戴明显胸牌（2分），便于客户识别，言行符合银行礼仪基本要求（1分）（现场检查、查看意见簿、调阅录像，发现一次投诉此项不得分）	3	√	√	√

第五节　柜面服务与效率

网点柜面服务的规范性和柜面员工业务操作熟练程度，是最能体现一家银行客户服务质量和竞争实力的一个重要标志，此模块重点关注的是网点各岗位员工服务行为规范化、职业化的问题。共分 4 个项目，39 个子项，160 分制。

重点注意事项：优质、规范、温馨、高效。

（1）优质。员工一定要严格执行本行已经明文规定的文明用语与服务忌语。对待所有的客户，都要一视同仁，都要诚恳而热情。具体而言：存、取款一样周到，业务大小要一样热情，定期、活期要一样接待，零钱、整钱要一样欢迎，新老客户要一样亲切，大人、小孩要一样主动，工作忙闲要一样耐心，表扬与批评要一样真诚。

（2）规范。员工在工作岗位上，要按照相关的规定规范自己的服务行为，主要包括员工的服务行为、服务用语和业务程序等内容。

（3）温馨。要尊重客户，要想客户所想，对于客户所提出来的各种疑问，要认真倾听、耐心解释、有问必答；使客户进入银行网点时有"宾至如归"的感觉。

（4）高效。要理解客户，急客户所急，提高办理业务的工作效率，减少客户等候时间。

一、柜面服务

网点员工必须做到仪容清爽整洁、着装端庄得体，化妆自然大方，行、站、坐、蹲等姿势都端庄稳重、落落大方，必须佩戴工号上岗，保持应有的职业形象，做到自尊自爱。工作时应保持良好的姿态，做到精神饱满，面容和气，表情自然，略带微笑，目光亲切，不要东张西望，或与邻柜的员工聊天。站立时挺胸收腹，双脚与肩同宽，双手自然下垂或向前交叉，双脚不要颤抖，也不能身靠桌、椅、台、墙、柱等歪斜站立。两手不要叉腰，不要插在衣裤口袋里，也不要捧茶杯或其他与业务无关的东西（如表3-87所示）。

表3-87　　　　　　　　　柜面服务表（1）

项目：5.1 柜面服务（40分）		分值	检查方式		
序号	考核内容		现场察看	录像抽检	档案查阅
87	客户走近柜台时柜员行举手礼或站立迎接（1.25分），微笑示意（1.25分），热情接待（1.25分），主动问候（1.25分）（现场、录像查看，发现一次扣1次，扣完为止）	5	√	√	

在服务过程中，员工要多说十字礼貌用语："您好""请""谢谢""对不起""再见"。笔者暗访过许多银行的网点，发现有一个普遍的现象：网点员工"请"字很难说出来。这可能是一个习惯问题，但必须强迫自己使用，时间长了就会养成良好的习惯（如表3-88所示）。

表 3-88　　　　　　　　　柜面服务表（2）

项目：5.1 柜面服务（40分）		分值	检查方式		
序号	考核内容		现场察看	录像抽检	档案查阅
88	柜员态度亲切自然，友善真诚，大方得体，用语规范（3分，使用十字礼貌用语，一次不合格扣1.5分），了解到客户姓氏后，使用尊称（2分，现场、录像查看，一次不合格扣1分，观察柜员接待2名客户的过程）	5	√	√	

在提示客户核对单据上的交易信息时，既要有语言提示，又要有正确手势指向，以免客户自己查找核对不方便，如遇老年客户，应提示客户可使用柜台上摆放的老花镜（如表3-89所示）。

表 3-89　　　　　　　　　柜面服务表（3）

项目：5.1 柜面服务（40分）		分值	检查方式		
序号	考核内容		现场察看	录像抽检	档案查阅
89	需要客户签字时柜员主动提示客户核对单据上的交易信息（3分，一次不合格扣1.5分），并对签字位置予以必要提示（2分，现场、录像查看，一次不合格扣1分，观察柜员接待2名客户的过程）	5	√	√	

有必要确认客户存款或取款的具体数据时，不宜高声喊叫，搞得众人皆知，令客户战战兢兢（如表3-90）。

表 3-90　　　　　　　　　柜面服务表（4）

项目：5.1 柜面服务（40分）		分值	检查方式		
序号	考核内容		现场察看	录像抽检	档案查阅
90	办理现金业务时柜员及时提醒客户清点核对，提示客户注意人身财产安全，注重语言私密性（现场、录像查看，一次不符扣2分，观察柜员接待2名客户的过程）	5	√	√	

如遇到突发性通讯线路（电脑）故障时，应使用"对不起，通讯线路（电脑）出现故障，请稍等""对不起，让您久等了"等致歉语和告示牌（如表3-91所示）。

表 3-91　　　　　　　　　　　柜面服务表（5）

项目：5.1 柜面服务（40分）			分值	检查方式		
序号	考核内容				现场察看	录像抽检	档案查阅
91	办理业务过程中如需复核、授权、现金调拨等内部操作行为，相关人员应知会客户（现场测试、询问）			5	√		

柜员必须遵守劳动纪律，不迟到早退。上岗时要精力集中，不得擅自离岗、串岗，因事需要离岗时，应在窗口摆放"暂停营业"的牌子，以提示客户。办理业务过程中不准中断业务去接打电话。工作时不大声喧哗，要保持环境安静（如表 3-92 所示）。

表 3-92　　　　　　　　　　　柜面服务表（6）

项目：5.1 柜面服务（40分）			分值	检查方式		
序号	考核内容				现场察看	录像抽检	档案查阅
92	办理业务过程中如需客户等候，柜员主动知会客户并说明原因，回到工作岗位后，向客户的耐心等待致谢			5	√	√	

"暂停服务"不够温馨，最好使用"服务暂停，敬请谅解"等类似的提示语，且附有相应的英文（如表 3-93 所示）。

表 3-93　　　　　　　　　　　柜面服务表（7）

项目：5.1 柜面服务（40分）			分值	检查方式		
序号	考核内容				现场察看	录像抽检	档案查阅
93	柜员临时离柜明示暂停服务温馨提示（现场、录像查看，一次不符扣2分）			5	√	√	

当客户正在整理随身物品还未离柜时，不可急着办理下一笔业务。送别客户时的规范用语有："请拿好您的回单和随身物品！""注意安全！请慢走！"且用微笑目送客户（如表 3-94 所示）。

表 3-94　　　　　　　　　　　柜面服务表（8）

项目：5.1 柜面服务（40分）			分值	检查方式		
序号	考核内容				现场察看	录像抽检	档案查阅
94	业务办理完毕后，柜员主动询问客户是否还有其他业务需要办理（2分），并提示客户带齐各类物品（1分），向客户礼貌告别（2分）（现场、录像查看分）			5	√	√	

二、个人理财与贵宾服务

理财室的设计装饰原则应以温馨为主基调。座椅要舒适，可在窗台上摆上一排常青的绿色小盆栽，不仅美化环境，还能起到接气作用，如果窗外有光煞，还能起到遮挡的功效，对财运和健康都非常有利。如果要摆放大型的插花，花瓶的选择也非常关键，越高的花瓶对财运越有利，装上水养花之后，都会带来源源不断的财运，信风水客户最喜爱这种吉祥之兆。由于每个人的文化背景不同、生活习惯不同、职业特性不同、从业经历不同等，因此，我们必须因人而异，尊重客户的风俗习惯，了解并尊重客户的禁忌；否则，就会在交际中引起障碍和麻烦（如表3-95所示）。

常见问题：有的理财室布置过于简陋，体现不出"贵宾"应有的感受，工作人员的物品摆放杂乱无章，没有温馨的氛围。

表3-95　　　　　　　　　个人理财与贵宾服务表（1）

项目：5.2 个人理财与贵宾服务（60分）			分值	检查方式		
序号	考核内容			现场察看	录像抽检	档案查阅
95	贵宾（理财）服务区温馨舒适（1分），格调优雅（1分），客户体验良好（1分），设有贵宾客户专属通道（1分），专人接待、引导（1分）		5	√	√	

当理财室无客户在时，应将门打开，如有客户在洽谈业务时，应将门关上，尽可能地减少和避免室外因素的干扰，注意对客户私密的尊重和保护（如表3-96所示）。

表3-96　　　　　　　　　个人理财与贵宾服务表（2）

项目：5.2 个人理财与贵宾服务（60分）			分值	检查方式		
序号	考核内容			现场察看	录像抽检	档案查阅
96	贵宾（理财）服务区分区合理、功能齐全（2分），服务区域内实现一对一专属服务（1分），客户私密保护措施到位（2分）		5	√		

理财区VIP现金专柜也应有遮挡设施，可在客户座椅背后装挂门帘（或用木门），做到窗口之间相对独立封闭，贵宾在办理现金业务时，应将门帘拉上或关上门（如表3-97所示）。

表 3-97　　　　　　　　个人理财与贵宾服务表（3）

项目：5.2 个人理财与贵宾服务（60分)		分值	检查方式		
序号	考核内容		现场察看	录像抽检	档案查阅
97	贵宾（理财）区设置现金服务窗口（2分），且实现独立（0.5分）、封闭（0.5分）、遮挡操作（0.5分），有效保护客户隐私（0.5分)	4	√		

【要点解读】

理财室配备的饮品通常是咖啡、茶和其他饮料，不含清水。理财室一般摆放在进门处的视线平移方向，在这里放置饮水机最大的优点是接待来客比较方便，可迅捷地沏茶招待，有的网点理财室还专门为大客户定制了饮水杯，并在饮水杯上刻上客户的姓名和职务，给客户以宾至如归的感觉，能够增加与客户间的亲和力。在给客户沏茶的同时还应与客户主动寒暄，要善于赞美客户，向有利于营销的深度展开（如表3-98所示）。

表 3-98　　　　　　　　个人理财与贵宾服务表（4）

项目：5.2 个人理财与贵宾服务（60分)		分值	检查方式		
序号	考核内容		现场察看	录像抽检	档案查阅
98	贵宾（理财）服务区配备至少2种饮品（2分)，工作人员主动询问客户饮品需求（1分)（现场、录像查看，看制度，一人/次服务不到位扣0.5分，没有责任制扣0.5分，扣完为止)	3	√	√	√

当客户走进理财室时，理财经理应该起身迎客，主动打招呼，或与客户握手问好。若是老客户应主动使用尊称，如初次见面的新客户，应说："请问您贵姓？"并主动向客户作自我介绍，递送名片（如表3-99所示）。

表 3-99　　　　　　　　个人理财与贵宾服务表（5）

项目：5.2 个人理财与贵宾服务（60分)		分值	检查方式		
序号	考核内容		现场察看	录像抽检	档案查阅
99	客户（理财）经理及时迎接客户（2分)，主动问候（1分)、明示身份（1分)，使用尊称（1分)	5	√	√	

上岗资格证书如不用原件，复印件或照片版也可以，最好平整地放在镜框里（如表3-100所示）。

表 3-100　　　　　　　　　个人理财与贵宾服务表（6）

项目：5.2 个人理财与贵宾服务（60分）		分值	检查方式		
序号	考核内容		现场察看	录像抽检	档案查阅
100	客户（理财）经理上岗，持有行业或系统内认证的个人理财上岗资格证书（3分），并在显著位置公示（1分）（本行系统内、中银协、CFP、AFP 证书有一即可）	4	√		

每当本行推出新的理财产品时，客户（理财）经理必须事先仔细研究产品性能和风险度，并与其他产品进行性价比的分析，在给客户作产品推介时应全面介绍相关的信息内容（如表 3-101 所示）。

常见问题：客户（理财）经理的办公桌上的电脑内装有与业务工作无关的软件，有的客户已进入理财室，还不能及时退出，这是失礼的行为。

表 3-101　　　　　　　　　个人理财与贵宾服务表（7）

项目：5.2 个人理财与贵宾服务（60分）		分值	检查方式		
序号	考核内容		现场察看	录像抽检	档案查阅
101	客户（理财）经理业务熟练（1分），熟悉本行理财产品（1分），并可通过电子屏显设备等辅助手段，准确熟练向客户介绍（1分）（询问、看操作）	3	√		

在向客户介绍本行理财产品时既要分析产品收益信息，也要向客户进行相应的风险提示分析。介绍过程中不要过多地运用专业术语，要让客户明明白白地消费（如表 3-102 所示）。

表 3-102　　　　　　　　　个人理财与贵宾服务表（8）

项目：5.2 个人理财与贵宾服务（60分）		分值	检查方式		
序号	考核内容		现场察看	录像抽检	档案查阅
102	客户（理财）经理主动问询客户需求（2分），耐心了解客户理财经历、风险偏好等（2分），对客户的疑问，能用浅显易懂的语言给出专业的回答（1分）（看制度、操作流程、询问）	5	√		√

要劝说老年客户不要购买收益和风险度都较高的理财产品。在实际营销过程中，有的老年客户购买了风险度较高的理财产品，但事后其子女投诉银行客户（理财）经理的事屡见不鲜，应引以为戒。理财室最好配备相应的录音录像设备，以备今后如有客户质疑我们营销过程中是否存在夸大宣传或发生纠纷时，可作为凭证以证清白（如表 3-103 所示）。

表 3-103　　　　　　　　个人理财与贵宾服务表（9）

项目：5.2 个人理财与贵宾服务（60 分)			分值	检查方式		
序号	考核内容				现场察看	录像抽检	档案查阅
103	按照客户风险承受能力推荐相应的产品，充分告知客户权益，无诋毁、贬低同业现象，无误导、诱导客户现象，严禁私售产品（看制度、看风险测试记录、询问，查看意见簿，有一次投诉此项不得分）			6	√		√

要根据客户风险偏好度和承受度等相关情况，向其推介相适宜的理财产品，切不可单纯为了完成领导下达的任务指标，向客户强行推销产品。在向不同类型的客户推荐理财产品时，尽量不要推荐单一的理财产品，最好能让客户在同类理财产品中自己作出选择（如表 3-104 所示）。

表 3-104　　　　　　　　个人理财与贵宾服务表（10）

项目：5.2 个人理财与贵宾服务（60 分)			分值	检查方式		
序号	考核内容				现场察看	录像抽检	档案查阅
104	合规诚信销售产品、符合监管要求，将风险提示放在首位，进行必要的风险揭示，语言通俗易懂（看制度流程、查看意见簿，有一次投诉此项不得分）			5	√		√

检查组会进行现场检查风险测评资料，会询问理财师如何充分尊重客户的知情权、选择权。即要求在客户本人书面确认前，客户（理财）经理必须向客户详细讲清风险测评的结果，如客户表达购买意愿后，进行必要的、客观真实的风险测评，得到客户书面确认等工作流程（如表 3-105 所示）。

常见问题：客户风险测评流于形式。

表 3-105　　　　　　　　个人理财与贵宾服务表（11）

项目：5.2 个人理财与贵宾服务（60 分)			分值	检查方式		
序号	考核内容				现场察看	录像抽检	档案查阅
105	客户表达购买意向时，客户（理财）经理按规定对客户进行必要、客观、真实的风险评估测试（3 分），并得到客户本人书面确认（2 分），充分尊重客户的知情权、选择权（要求被查单位提供相应的评估测试资料）			5	√		√

客户（理财）经理把理财产品销售给客户后，还要注意售后服务，如利用短信、微信或电话等通讯工具，及时告知市场走势，推介新的理财产品信息。除此之外，尽可能在节假日发送问候语，在季节变化期提醒客户注意保重身体等，与客户

保持长期紧密的联系（如表 3-106 所示）。

表 3-106　　　　　　　　个人理财与贵宾服务表（12）

项目：5.2 个人理财与贵宾服务（60 分）		分值	检查方式		
序号	考核内容		现场察看	录像抽检	档案查阅
106	客户（理财）经理熟悉所负责客户群体的基本情况，定期联系客户，提供专属服务，推荐本行金融产品（现场测试、询问）	5	√		

如举办"贵宾客户亲子活动""贵宾客户健康养生讲座""股市行情分析"等主题活动，并将专题活动的策划方案和实施情况等原始资料存档保管，包括当时的照片和摄像等现场资料（如表 3-107 所示）。

表 3-107　　　　　　　　个人理财与贵宾服务表（13）

项目：5.2 个人理财与贵宾服务（60 分）		分值	检查方式		
序号	考核内容		现场察看	录像抽检	档案查阅
107	不定期组织举办针对贵宾客户的专题活动（查看档案）	5			√

三、对公服务

柜员对待新老客户都应尊称其姓氏或职务，以示尊重对方（如表 3-108 所示）。

常见问题：对公业务人员遇到不是很熟悉的客户鲜有微笑与客户交流，而遇到很熟悉的老客户过于随意。

表 3-108　　　　　　　　对公服务表（1）

项目：5.3 对公服务（30 分）		分值	检查方式		
序号	考核内容		现场察看	录像抽检	档案查阅
108	客户到达时，对公业务人员微笑示意、主动问候，使用尊称，对经常光顾的客户主动尊称其姓氏或职务（现场、询问、录像查看，一次一人不符扣 0.2 分）	2	√	√	

对公业务人员要由核算交易主导型的工作思维方式向营销服务主导型新思路转变，增强柜面销售能力，提升客户满意度，提升市场竞争能力（如表 3-109 所示）。

表 3-109　　　　　　　　　　对公服务表（2）

项目：5.3 对公服务（30分）			检查方式		
序号	考核内容	分值	现场察看	录像抽检	档案查阅
109	对公业务人员主动问询客户需求，了解客户基本情况，受理客户业务申请，根据客户需求推荐相应的产品和服务（现场、询问、录像查看，一次一人不符扣0.2分）	2	√	√	

对于客户提出的某些要求表面上看可能不能满足，对公业务人员不能简单地以"有相关制度规定，我办不了"为由一推了之。应该向客户耐心地解释有关制度规定，并对不能满足客户的要求表示歉意。有时候客户提出的要求即使不能得到满足，但对公业务人员应该全面了解本行的业务产品种类，完全可以向客户建议用另一种结算方式或产品替代，归结点是能够帮助客户的需求，使客户满意（如表3-110所示）。

表 3-110　　　　　　　　　　对公服务表（3）

项目：5.3 对公服务（30分）			检查方式		
序号	考核内容	分值	现场察看	录像抽检	档案查阅
110	对公业务人员熟悉本行产品和服务，对客户的疑问、咨询，能用浅显易懂的语言，给出专业的回答（现场询问、录像查看，一次一人不符扣0.2分）	2	√	√	

营业大厅内应将有关的投诉电话和服务设施故障报警电话公告张挂在醒目之处，不能有名无实（如表3-111所示）。

表 3-111　　　　　　　　　　对公服务表（4）

项目：5.3 对公服务（30分）			检查方式		
序号	考核内容	分值	现场察看	录像抽检	档案查阅
111	对公客户服务区在显著位置向客户公示业务联系（1分）及服务监督电话（1分）	2	√		

以折页、公告栏等形式公示常办业务流程及路径，方便客户掌握业务流程，提高柜面与客户沟通效率（如表3-112所示）。

表 3-112　　　　　　　　　　对公服务表（5）

项目：5.3 对公服务（30 分）		分值	检查方式		
序号	考核内容		现场察看	录像抽检	档案查阅
112	业务处理流程公开透明（1 分），使客户详尽知晓具体路径和方法，诚信践诺（0.5 分）、高效履约（0.5 分）	2	√		

为规范人民币银行结算账户的开立和使用，维护经济金融秩序稳定，中国人民银行制定了《人民币银行结算账户管理办法》，经 2002 年 8 月 21 日第 34 次行长办公会议通过，自 2003 年 9 月 1 日起正式施行，网点柜员都应严格比照执行（如表 3-113 所示）。

表 3-113　　　　　　　　　　对公服务表（6）

项目：5.3 对公服务（30 分）		分值	检查方式		
序号	考核内容		现场察看	录像抽检	档案查阅
113	严格执行开销户管理制度，不得擅自违反规定为客户办理（查看制度和开销户登记簿）	2	√		√

对公业务人员不能为了完成相关业务营销任务指标，而故意违反规定，更不可为此刁难客户（如表 3-114 所示）。

表 3-114　　　　　　　　　　对公服务表（7）

项目：5.3 对公服务（30 分）		分值	检查方式		
序号	考核内容		现场察看	录像抽检	档案查阅
114	严格执行结算管理制度，提高结算业务办理效率，不得出现故意压票、退票	2	√		√

营业大厅内应张贴"七不准、四公开"的内容（如表 3-115 所示）。

"七不准"：

（1）不准以贷转存（在贷款合同中强制设定条款或协商约定将部分贷款转为存款）。

（2）不准存贷挂钩（以存款作为审批和发放贷款的前提条件）。

（3）不准以贷收费（要求客户接受不合理中间业务或其他金融服务而收取费用）。

（4）不准浮利分费（将利息分解为费用收取，变相提高利率）。

（5）不准借贷搭售（强制捆绑搭售理财、保险、基金等产品）。

（6）不准一浮到顶（笼统地将贷款利率上浮至最高限额）。

（7）不准转嫁成本（将经营成本以费用形式转嫁给客户）。

"四公开"：收费项目公开、服务质价公开、优惠政策公开、效用功能公开。

表 3-115　　　　　　　　　　对公服务表（8）

项目：5.3 对公服务（30分）		分值	检查方式		
序号	考核内容		现场察看	录像抽检	档案查阅
115	加强中间业务收费管理，严格遵守不准以贷转存、以贷收费、借贷搭售等相关规定（现场、询问、查看学习、制度、意见簿，有一次有效投诉此项不得分，监管部门处罚不得分，抽查5笔中间业务收费，一笔不符扣2.5分，扣完为止）	5	√		√

柜面对公业务人员应该主动营销，这与强制要求贷款客户捆绑搭售无关（如表 3-116 所示）。

表 3-116　　　　　　　　　　对公服务表（9）

项目：5.3 对公服务（30分）		分值	检查方式		
序号	考核内容		现场察看	录像抽检	档案查阅
116	在发放贷款或其他方式提供融资服务时，不得强制捆绑、搭售理财、保险、基金等金融产品（现场、询问、查看学习、制度、意见簿，有一次有效投诉此项不得分，监管部门处罚不得分）	5	√		√

办理业务时要做到快捷、准确、高效，给客户提供及时、准时、定时、随时的服务（如表 3-117 所示）。

表 3-117　　　　　　　　　　对公服务表（10）

项目：5.3 对公服务（30分）		分值	检查方式		
序号	考核内容		现场察看	录像抽检	档案查阅
117	对公业务人员按规定时限处理业务，在答复期限内，及时给予明确的答复（查看学习、制度、意见簿，有一次有效投诉此项不得分）	2	√		√

随着科技的发展，银行智能化服务设备的不断更新，现在银行网点使用的对公业务电子回单柜将会逐步淘汰（如表 3-118 所示）。

表 3-118　　　　　　　　　对公服务表（11）

项目：5.3 对公服务（30分）			分值	检查方式		
序号	考核内容			现场察看	录像抽检	档案查阅
118	设置对公业务电子回单柜或回单打印机等机具（1分）；妥善保管客户交易信息，不得擅自对外泄露或者披露客户信息资料，保护客户隐私权（1分）（查看现场、学习、制度、意见簿，有一次有效投诉此项不得分）		2	√		√

对账是银行一项基本且重要的工作，是客户与银行相互了解认知信任的链接纽带。企事业单位有一些款项是由银行代收代扣的，银行在第一时间已经入账，但由于客户没有即时收到单据作为记账凭证，所以企业的银行存款日记账中会与银行日记账的金额不一致。为了确保账目的准确性，就需要按时进行对账工作。

有的银行按月对账，有的银行按季对账。对公业务人员应按期打印出客户的对账单，第一时间向客户发送对账单。并提前把对账时间、对账要求、对账制度与客户进行良好有效的沟通。客户核对如有不符，应与对账单送达规定的时间内查明并向银行退回对账单，银行应立即仔细查明原因。在网点实际日常管理过程中，此项工作难度较大，主要表现为少数个体经营者因种种原因"短期失联"或"跑路"，不能按时配合网点对公业务人员进行对账。因此，对少数客户要尽早跟踪保持联系，避免到期因联系不上而影响对账率（如表 3-119 所示）。

表 3-119　　　　　　　　　对公服务表（12）

项目：5.3 对公服务（30分）			分值	检查方式		
序号	考核内容			现场察看	录像抽检	档案查阅
119	对公业务人员定期向客户进行对账，发放率（1分）及对账率（1分）符合监管部门和上级行的要求		2	√		√

四、服务效率

虽然现在多数银行已经实行弹性排班制度，有的网点实施效果并不理想，究其原因主要在于：弹性排班要同时考虑客户能容忍的排队等待时间，劳动法规规定的员工必要的休息时间，银行的内控管理要求等繁多的限制条件，在此前提下还希望尽可能减少员工上班的总时间或人力资本。在实际排班的过程中，许多网点是根据经验估计所需柜员数，而不是进行科学计算，因而很难实现资源优化配置。尽管如此，我们在作弹性排班计划时，还是要尽可能地进行周密的科学测量，按客户流量变化配置柜员和排班，合理配置各岗位员工，灵活排班，以缩短客户等待时间，在业务繁忙的时候，增开营业窗口，缓解了柜面的压力（如表 3-120 所示）。

常见问题：缺弹性排班表，无弹性服务预案。

表 3-120　　　　　　　　　　　服务效率表（1）

项目：5.4 服务效率（30 分）		分值	检查方式		
序号	考核内容		现场察看	录像抽检	档案查阅
120	优化整合操作流程，提高业务办理效率（2.5 分）；建立弹性服务制度，实行弹性排班（2.5 分）（看档案、总结、制度）	5			√

网点所有的员工都必须按规定程序作业，准确到位。客户对网点柜员的工作效率有投诉，通常是员工的工作态度出了问题，而不是技能方面的问题。鉴别柜员办理业务是否熟练、准确、快捷、高效，可以查看员工在本行系统内三项基本技能（点钞、汉字录入、小键盘数据录入）的考试成绩情况及整个网点的合格率（如表 3-121 所示）。

表 3-121　　　　　　　　　　　服务效率表（2）

项目：5.4 服务效率（30 分）		分值	检查方式		
序号	考核内容		现场察看	录像抽检	档案查阅
121	柜员办理业务熟练、准确、快捷、高效（现场观察、现场随机咨询 2 个客户，一项不符合扣 1 分，扣完为止，看有无投诉、看业务培训）	5	√		√

"营业时间峰值提示"可以用卡通表情符号的多少表示每日各个时段、每月各工作日客户流量的大小，提醒客户朋友尽量避开高峰时段办理业务，从而避免长时间排队等候，可有效缓解排队拥挤压力，提高银行服务效率（如表 3-122 所示）。

表 3-122　　　　　　　　　　　服务效率表（3）

项目：5.4 服务效率（30 分）		分值	检查方式		
序号	考核内容		现场察看	录像抽检	档案查阅
122	以公告栏公示或客户提示卡等方式，提示本网点业务办理高低峰时段信息（5 分）	5	√		

高柜区单个窗口客户排队人数不能超过 5 人，否则必须启用弹性窗口，同时尽可能地引导部分客户尽量使用自助设备办理简单业务，提高厅堂服务效率（如表 3-123 所示）。

表 3-123　　　　　　　　服务效率表（4）

项目：5.4 服务效率（30分）		分值	检查方式		
序号	考核内容		现场察看	录像抽检	档案查阅
123	无因客户排长队而投诉的现象（看投诉记录）	5			√

因携带不便，买菜、购物中大多数消费者都不喜欢收硬币，不时也有"客户拿着一麻袋硬币到银行兑换纸币遭拒"的新闻见诸报端，这类简单业务也常会增加窗口服务压力。因此，有条件的网点，最好在大厅内增设一台"硬币兑换机"，兑换机能自动将硬币兑换成纸币，并能自动存入银行卡中，也能将纸币兑换成硬币卷，非常方便，省去客户为存零钞在银行排队的麻烦，也为银行节省人力物力，有效降低银行的服务成本，大大提高银行的服务效率（如表124所示）。

表 3-124　　　　　　　　服务效率表（5）

项目：5.4 服务效率（30分）		分值	检查方式		
序号	考核内容		现场察看	录像抽检	档案查阅
124	加强快速业务办理窗口的管理，保持快速窗口的畅通（查看现场、录像）	5	√	√	

银行网点传统的呼叫响应服务方式，通常是服务窗口柜员通过扩音器呼叫大堂经理，建议可以改用移动接收呼叫器，即通过一个移动接收主机把呼叫器的发射信号转发到大堂经理所戴的腕表接收机上，大堂经理可以实现随时随地移动接收，及时处理相关事务。网点还应有适合自己的厅堂管理手语，运用管理手语，员工之间可以进行无声的交流。这两种呼叫方式都有利于保持厅堂的安静。检查组要对员工进行管理手语现场测试（如表3-125所示）。

表 3-125　　　　　　　　服务效率表（6）

项目：5.4 服务效率（30分）		分值	检查方式		
序号	考核内容		现场察看	录像抽检	档案查阅
125	营业厅各岗位建立联动响应服务机制（2分），通过配置呼叫设备、使用管理手语等方式（2分），实现各服务环节的互动交流、联动协作服务（1分）（查看现场、录像）	5	√	√	

第六节　员工管理

员工的工作积极性是确保网点优质服务的决定因素,此模块关注的是员工生产力激发的制度落实情况。共分4个项目,22个子项,110分制。

重点注意事项:人员配备、员工形象、服务行为、关爱员工。

(1) 人员配备。应该根据标准化、规范化的职位设置,合理配备网点不同岗位的人员,确保网点各类服务功能的实现,提升营业网点贡献率。

(2) 员工形象。应将员工的仪容仪表这些方面的具体细节问题提升到个人与银行的整体形象的高度来认真地加以对待,也应将此与自己爱岗敬业的工作态度联系在一起,预以重视。

(3) 服务行为。服务是一个过程,通常是"一次性"消费,具有不可逆性。服务行为规范化是银行员工高标准、严要求的具体体现,每位员工都要严格遵守,如果某一位员工的面部表情冷若冰霜,将会使其他员工辛勤的服务都化为乌有。

(4) 关爱员工。通过强化行务公开、注重员工的职业培训、职业发展和权益保护、建设员工之家、开展各类文娱活动和劳动竞赛、加强困难职工帮扶等措施,提升员工满意度和归属感,真正将关心关爱员工落到了实处。

一、人员配备

检查人员要检查网点各岗位人员配备是否符合要求。创建网点往往有许多实习的新员工,由技能全面的老员工传帮带,老员工在岗位业务操作时会手把手地培训新员工,这是每家银行最常见的业务培训方式,但在评选检查前一个多月最好暂时不要让新员工在参评网点进行实习。另外,有的网点可能平时业务量不大,有空闲时间,有的员工为了内部技能考试,在岗位上进行了三项技能练习,这都是不规范的,如果检查人员查阅监控是要被扣分的(如表3-126所示)。

常见问题:许多银行网点员工配备不足是常态,尤其是大堂经理和理财经理岗位的人员配备不到位。

表3-126　　　　　　　　　　人员配备表(1)

项目:6.1 人员配备(20分)		分值	检查方式		
序号	考核内容		现场察看	录像抽检	档案查阅
126	按功能区域与岗位分工(2.5分),人员配备充足(2.5分)	5	√	√	

有的银行不仅配备有经验有能力的员工担任大堂经理，还配有若干名引导员，一起分担大堂经理的客户服务工作。而有的银行网点正式的大堂经理未能按编制配备，常安排新进行的大学生员工承担大堂经理的角色，而他们根本就处理不了厅堂内的相关服务事务。大学生刚进行，业务不熟悉，无法处理厅堂的管理工作，只能做一些客户引导工作（如表3-127所示）。

常见问题：网点仅配备一名大堂经理，中午无人换岗，造成中午期间大堂经理不在岗。

表3-127　　　　　　　　人员配备表（2）

项目：6.1 人员配备（20分）			检查方式		
序号	考核内容	分值	现场察看	录像抽检	档案查阅
127	配备至少两名大堂经理等服务引导人员，并能保证营业时间始终在岗；定编超过25人的网点有相当于网点副职级别的大堂经理从事现场服务管理（2名大堂经理未始终在岗的扣3分，25人以上的网点，未配备网点副职级别大堂经理的扣2分）	5	√	√	

检查组会进行现场测试员工是否能提供手语服务、是否主动服务。柜员都应学习和掌握最基本的手语服务用语，网点最好有两位以上的员工具有可同聋哑人进行较为复杂交谈的能力（如表3-128所示）。

表3-128　　　　　　　　人员配备表（3）

项目：6.1 人员配备（20分）			检查方式		
序号	考核内容	分值	现场察看	录像抽检	档案查阅
128	配备具有手语交流能力的服务人员，满足特殊群体客户的基本需要（现场测试大堂2分和柜员2分）	4	√		

随着我国经济的发展，越来越多的外商和外资进入我国，银行不仅要服务于国人，而且还要服务好外宾。网点应在大堂经理咨询引导台或特殊服务窗口处标明"本网点提供英语交流服务"，如有其他外语交流服务也可标明（如表3-129所示）。

表3-129　　　　　　　　人员配备表（4）

项目：6.1 人员配备（20分）			检查方式		
序号	考核内容	分值	现场察看	录像抽检	档案查阅
129	配备具有英语口语交流能力的服务人员，满足涉外服务的基本需要（现场测试大堂2分和柜员2分）	4	√		

此条与少数民族地区的网点有关。出生北方的员工在南方银行工作，可能比较困难同当地只会说方言的客户交流，应由出生当地的员工做好相应的服务（如表3-130 所示）。

表 3-130　　　　　　　　　人员配备表（5）

项目：6.1 人员配备（20 分）			检查方式		
序号	考核内容	分值	现场察看	录像抽检	档案查阅
130	配备具有当地方言交流能力的服务人员，使用少数民族语言、文字的地区，配备具有少数民族语言交流能力的服务人员（现场测试大堂 1 分和柜员 1 分）	2	√		

二、员工仪容仪表

工号牌应标有本行的标志，最好要有中英文对照。佩戴要统一位置，不能歪歪斜斜，正确的佩戴要求：男员工戴在西服左胸或者衬衫口袋上沿，左右对称即可。女员工应戴在西服左胸，工号牌的上边沿应与左腋并齐的位置，左右对称即可。大堂经理的工号牌应该标明"大堂经理"的字样，客户有事需要帮助时便于辨认（如表 3-131 所示）。

常见问题：大堂经理、理财经理胸牌无工号姓名。

表 3-131　　　　　　　　　仪容仪表（1）

项目：6.2 员工仪容仪表（15 分）			检查方式		
序号	考核内容	分值	现场察看	录像抽检	档案查阅
131	员工统一佩戴工作胸牌或摆放中英文服务公示牌（或电子显示屏）（2 分），并明示本行标识（2 分），以及员工工号或姓名（1 分）	5	√	√	

网点员工应进行必要的形体训练，养成良好的行、站、坐、蹲等基本习惯。男员工不可以光头、佩戴耳饰，女员工禁止带吊坠形耳环及夸张形耳环；女员工的头发不能过肩，不能佩戴珠光宝气及颜色艳丽的发卡，留长发的女员工应戴统一配发的发套。在每天的晨会中应有相互检查修正的程序（如表 3-132 所示）。

常见问题：有的网点员工服饰不统一，发型差异太大，有的染发颜色过重，过于奇异。

表 3-132　　　　　　　　　　　仪容仪表（2）

项目：6.2 员工仪容仪表（15 分）			分值	检查方式		
序号	考核内容				现场察看	录像抽检	档案查阅
132	员工形象大方（1 分），着装规范（0.5 分）、统一（0.5 分）、整洁（0.5 分），妆容（0.5 分）、发式（0.5 分）、饰物（0.5 分）、鞋袜（0.5 分）等不夸张，符合上岗规范（0.5 分）			5	√	√	

大堂服务人员不能在厅堂里奔跑，柜员在等候客户办理业务时不能有上身靠椅背、跷二郎腿、颤抖双脚等不良姿势（如表 3-133 所示）。

表 3-133　　　　　　　　　　　仪容仪表（3）

项目：6.2 员工仪容仪表（15 分）			分值	检查方式		
序号	考核内容				现场察看	录像抽检	档案查阅
133	员工精神饱满（1 分），站姿挺拔（1 分）、坐姿端庄（1 分）、行姿稳健（1 分），体现良好的修养（0.5 分）和职业形象（0.5 分）			5	√	√	

三、员工服务行为

自然的微笑表情非常重要，因为服务是人与人的相悦、心与心的交流，微笑是员工发自内心的真情流露，不是仅仅靠"应该露几颗牙"的训练就能有成效的，而是要重视对员工不断地进行树立正确的职业观的教育，提高员工的服务意识（如表 3-134 所示）。

表 3-134　　　　　　　　　　　服务行为表（1）

项目：6.3 员工服务行为（40 分）			分值	检查方式		
序号	考核内容				现场察看	录像抽检	档案查阅
134	员工微笑服务（1.25 分），热情周到（1.25 分），表情自然（1.25 分），有亲和力和良好的沟通能力（1.25 分）			5	√	√	

在过去的标准版本里有规定，员工与客户交流只能说普通话，现在的检查标准作了修改。提倡临柜服务说普通话，如遇到讲本地方言的客户，可用本地话对答，客户会有亲切感（如表 3-135 所示）。

表3-135　　　　　　　　　服务行为表（2）

项目：6.3 员工服务行为（40分）		分值	检查方式		
序号	考核内容		现场察看	录像抽检	档案查阅
135	员工语言规范（1.25分），语速平稳（1.25分），使用文明服务用语（1.25分），首问使用普通话（1.25分）	5	√	√	

服务行业的服务文明不仅表现在硬件上，更体现在服务人员的外在仪表、精神气度、文雅的语言、真诚的微笑以及耐心、细心、真心的服务态度和服务质量上。接递客户手中的身份证、现金、单据、卡证时，应使用右手或双手，不允许抛掷或不用手接递，抛掷客户的身份证等物品不仅是失礼更是一种侮辱，必须严令禁止（如表3-136所示）。

常见问题：抛扔物品给客户现象比较普遍。

表3-136　　　　　　　　　服务行为表（3）

项目：6.3 员工服务行为（40分）		分值	检查方式		
序号	考核内容		现场察看	录像抽检	档案查阅
136	员工服务行为专业得体（1.25分），举止文雅大方（1.25分），手势自然（1.25分），动作规范（1.25分）	5	√	√	

临柜接待客户必须使用标准的服务用语，语言文明礼貌，语气和蔼谦逊，体现语言美。办理业务时一定要注意同客户有目光交流，但网点很多员工没有这个工作习惯，究其原因可能有三，一是因害羞不敢正面对视客户的目光；二是工作态度不投入，心不在焉；三是服务意识不强，不够尊重客户（如表3-137所示）。

表3-137　　　　　　　　　服务行为表（4）

项目：6.3 员工服务行为（40分）		分值	检查方式		
序号	考核内容		现场察看	录像抽检	档案查阅
137	员工适时与客户进行目光交流，保持对客户的自然关注（现场、录像，不符合1次扣2分）	5	√	√	

要求做到：接待客户，热情周到；第一受理，责任不推；本职范围，当场解决；复杂问题，呼叫转介。要让客户少等、少跑、少问，问题能及时得到回复或解决（如表3-138所示）。

表 3-138　　　　　　　　　　服务行为表（5）

项目：6.3 员工服务行为（40 分）		分值	检查方式		
序号	考核内容		现场察看	录像抽检	档案查阅
138	实行首问负责制，认真对待客户提问，不搪塞、不推诿，需同事协助时及时呼叫联动服务，并将客户推介至相关区域或岗位人员（现场、询问和查看录像，不符合 1 次扣 2 分；查看有制度措施 2 分）	5	√	√	√

银行本部的员工需要办理个人的业务时，应该避开网点营业高峰时段。不能单独设立内部员工服务专柜（如表 3-139 所示）。

常见问题：本网点内部员工不取号，不按排队顺序办理业务。

表 3-139　　　　　　　　　　服务行为表（6）

项目：6.3 员工服务行为（40 分）		分值	检查方式		
序号	考核内容		现场察看	录像抽检	档案查阅
139	坚持"先外后内"的服务原则，在客户办理业务过程中，始终关注客户业务办理的情况和进程（现场、询问和查看录像，发现 1 次扣 2 分；查看有制度措施 2 分）	5	√	√	√

常见问题：员工中断服务时未告知客户，回来时也无致歉或致谢之语（如表 3-140 所示）。

表 3-140　　　　　　　　　　服务行为表（7）

项目：6.3 员工服务行为（40 分）		分值	检查方式		
序号	考核内容		现场察看	录像抽检	档案查阅
140	员工服务客户时若遇其他客户咨询业务或打招呼，应适时给予回应或示意，待与其直接交流时，向客户的耐心等待致谢（现场、询问、录像，不符合 1 次扣 2 分）	5	√	√	

笔者曾在多次暗访过程中，经常发现银行内部后台管理人员坐在柜台外面客户座椅上（有时甚至会有两三名员工），与柜台里正在上班的柜员闲聊，影响了正常的客户服务工作。工作期间，所有员工的手机都不能放在前台工作区域内（如表 3-141 所示）。

表 3-141　　　　　　　　　　　服务行为表（8）

项目：6.3 员工服务行为（40分）			分值	检查方式		
序号	考核内容			现场察看	录像抽检	档案查阅
141	认真值守岗位，工作期间无聊天、大声喧哗、接打私人电话现象，不做与业务无关的事（现场、询问和查看录像，发现1次扣2分）		5	√	√	

四、员工权益保护与培训

查看服务培训计划、员工奖励与晋升措施及制度。即在网点服务文化的档案库里，要有上级行表彰员工的文件、事迹介绍等资料；网点员工晋升或调任重要业务岗位，要有相应规范的竞聘程序等有关文件资料。网点对员工的奖励不能仅与业务营销业绩挂钩，在制定的网点员工奖励办法中应该有对应服务质量的考核内容（如表3-142所示）。

表 3-142　　　　　　　　　员工权益保护与培训（1）

项目：6.4 员工权益保护与培训（35分）			分值	检查方式		
序号	考核内容			现场察看	录像抽检	档案查阅
142	以人为本，注重人才队伍培养，有优秀员工奖励与晋升通道，职业环境良好（制度2分，措施3分）		5			√

在网点服务文化档案库里，要有此类的原始记录凭证（如表3-143所示）。

表 3-143　　　　　　　　　员工权益保护与培训（2）

项目：6.4 员工权益保护与培训（35分）			分值	检查方式		
序号	考核内容			现场察看	录像抽检	档案查阅
143	遵守劳动法规，不随意延长员工工作时间，确需延长劳动时间的，须按规定支付加班工薪（询问2名员工，有抱怨的一次扣2分，查看加班费及发放情况3分）		5	√		√

检查组要查看相应的制度规定和员工休假计划、原始记录等资料，现场询问员工了解带薪休假制度落实的真实情况（如表3-144所示）。

表 3-144　　　　　　　　员工权益保护与培训（3）

项目：6.4 员工权益保护与培训（35 分）			分值	检查方式		
序号	考核内容			现场察看	录像抽检	档案查阅
144	实施员工轮休及带薪休假制度，保护员工休息、休假权利（一项 2.5 分）		5	√		√

7 种功能区域各占 1 分。检查组查看减压室并现场询问员工的感受（如表 3-145 所示）。

常见问题：员工休息室面积狭窄，配备的活动器具不便使用成为摆设。

表 3-145　　　　　　　　员工权益保护与培训（4）

项目：6.4 员工权益保护与培训（35 分）			分值	检查方式		
序号	考核内容			现场察看	录像抽检	档案查阅
145	员工桌椅、柜台等工作设施及环境突出人性化（3 分），并配置更衣（1 分）、化妆（1 分）、休息（1 分）、就餐（1 分）、活动（1 分）、文化展示（1 分）、情绪缓冲（1 分）等功能区域		10	√		

网点员工平时业务技能培训的情况，一方面要看业务培训的计划和实施情况，另一方面还可以查看员工在本行系统内三项基本技能的考试成绩情况及整个网点的合格率（如表 3-146 所示）。

表 3-146　　　　　　　　员工权益保护与培训（5）

项目：6.4 员工权益保护与培训（35 分）			分值	检查方式		
序号	考核内容			现场察看	录像抽检	档案查阅
146	组织开展文明规范服务、业务技能等培训，记录完善文明规范服务会议记录、活动、图片（3 分）、业务技能培训信息、图片（2 分）		5			√

检查组查看资料，要有文字说明和图片。大多数银行只偏重业务知识和新产品、业务操作流程等纯专业的培训，而对员工的人文素质等方面的培训较少，或者是以会代训，培训效果不佳。对于参加示范网点创建活动的单位可以根据实际情况的需要，适当地聘请一部分专业培训机构或培训老师帮助员工进行职业化的培训，增强培训效果（如表 3-147 所示）。

常见问题：很多银行网点没有进行过员工情绪管理和减压训练的培训。

表 3-147　　员工权益保护与培训（6）

项目：6.4 员工权益保护与培训（35 分）		分值	检查方式		
序号	考核内容		现场察看	录像抽检	档案查阅
147	注重员工关爱（1 分），开展情绪管理（1 分）、减压训练（1 分）、沟通技巧等辅导（1 分），保护员工身心健康（1 分）	5			√

第七节　服务基础管理

服务文化档案资料的收集、归类、存档和管理是示范网点创建活动中一项不可或缺的基础性管理工作，此模块关注的是如何解决制度化与网点机构正常运行的问题。共分 6 个项目，23 个子项，125 分制。

重点注意事项：制度健全、预案必备、监测纠错、档案完整。

（1）制度健全。要严格遵守行规行约，健全完善网点的各项管理规章制度和员工激励、职业发展机制。

（2）预案必备。为减少和避免负面影响及意外损失，网点要有相应的应急预案措施，并要求所有员工不定期地进行实战演练，提高员工应对突发事件的能力。

（3）监测纠错。对行内外的各种明察暗访发现的问题要及时整改，当发生客户投诉时应按照相关的流程妥善处理，及时纠正不规范的服务行为，要真诚地接受公众的批评和建议，不断提高网点的服务管理水平。

（4）档案完整。网点日常管理活动中具有保存价值的各种文字、图表、声像等不同形式的历史记录应规范存档保管。收集的档案资料要真实和完整，档案的整理和保管等工作要有专人负责，尽可能地实行电子化管理。

一、服务制度

网点文明规范服务工作制度主要包括：营业环境、内控制度、人员管理、安全管理、应急预案、行为管理、投诉管理、服务考核、奖励处罚等内容（如表 3-148 所示）。

常见问题：服务监测制度不够详细；档案分类不够合理、不够完整。

表 3-148　　　　　　　　　服务制度表（1）

项目：7.1 服务制度（25分）		分值	检查方式		
序号	考核内容		现场察看	录像抽检	档案查阅
148	建立文明规范服务工作制度，包括服务监测（2分）、投诉处理（2分）、应急预案（2分）、服务考核（2分）、服务档案（2分）等内容	10			√

网点各岗位的职责必须明确，任何一个岗位职责都是一个责任、权力与义务的综合体，有多大的权力就应该承担多大的责任，有多大的权力和责任应该尽多大的义务，任何割裂开来的做法都会发生问题。不明确自己的岗位职责，就不知道自己的定位，就不知道应该干什么、怎么干、干到什么程度（如表3-149所示）。

常见问题：各岗位职责过于笼统不够明细。

表 3-149　　　　　　　　　服务制度表（2）

项目：7.1 服务制度（25分）		分值	检查方式		
序号	考核内容		现场察看	录像抽检	档案查阅
149	明确营业网点主要负责人和分管负责人服务管理职责要求（2分），并明确大堂经理、柜员、客户经理等不同岗位服务内容及职责范围（3分）	5			√

营业网点年度工作计划要有两年以上的资料，资料中应有详细的服务管理目标设计和落实措施等内容（如表3-150所示）。

常见问题：服务质量考核内容在每个年度工作计划中占比过小，而且没有做到量化设计，属于软性考核指标。

表 3-150　　　　　　　　　服务制度表（3）

项目：7.1 服务制度（25分）		分值	检查方式		
序号	考核内容		现场察看	录像抽检	档案查阅
150	营业网点年度工作计划中明确服务质量和水平提升的具体目标（2分）和措施（3分）（计划中无目标和措施不得分）	5			√

银行业相关的行约行规详见本书附录中所列的目录（如表3-151所示）。

常见问题：对行约行规的学习计划不能完全落实，学习培训记录存在后补情况，无员工签到记录单。

表 3-151　　　　　　　　　　服务制度表（4）

项目：7.1 服务制度（25分）		分值	检查方式		
序号	考核内容		现场察看	录像抽检	档案查阅
151	及时传达、学习、执行行规行约和系统内服务规范，相关记录完整（主要行规行约少一扣2分，扣完为止记录不完整一次扣1分）	5			√

二、服务监测

检查组要查看网点自查制度、一个年度服务自查记录，一项不规范此项分扣完（如表 3-152 所示）。

常见问题：服务自查内容过于简单，无整改落实情况记录。

表 3-152　　　　　　　　　　服务监测表（1）

项目：7.2 服务监测（25分）		分值	检查方式		
序号	考核内容		现场察看	录像抽检	档案查阅
152	按照文明规范服务监测制度（2分），按月自查（1分）、按季评价（1分），按年总结（1分），及时整改（1分），记录完整（1分）	7			√

最好使用本行特制的《巡查记录本》，记录的内容要详细，不能只打"√"应付了事（如表 3-153 所示）。

表 3-153　　　　　　　　　　服务监测表（2）

项目：7.2 服务监测（25分）		分值	检查方式		
序号	考核内容		现场察看	录像抽检	档案查阅
153	指定人员每天对各区域进行1次服务巡检（1.5分），记录完整（1.5分）（巡查、记录不连续一次扣0.5分，扣完为止）	3	√	√	√

客户满意度调查问卷全年不低于100份。对意见簿上的客户建议或意见须在24小时内响应。检查组要查看两个年度的意见簿，一项不符扣完（如表 3-154 所示）。

《客户满意度调查表》中的"满意度"测试指标不能太简单，许多银行在此类调查表中，对客户满意度测评指标设计时只有"非常满意、满意、一般、不满意"四类，还应该细化，要真实反映客户满意与不满意的程度究竟分别达到什么程度，应该用 1~10 的分值由低至高来评分测试。

常见问题：满意度调查表客户信息要素不全、不完整；客户满意度调查问卷在做完调查报告后即时销毁未能保存。

表 3-154　　　　　　　　　服务监测表（3）

项目：7.2 服务监测（25分）		分值	检查方式		
序号	考核内容		现场察看	录像抽检	档案查阅
154	定期开展客户评价、客户满意度调查（2分，无制度扣2分），征求客户意见（1分）、建议（1分）和需求（1分），相关信息记录真实（1分）、完整（1分）、分析（1分）、反馈（1分）、报告及时（1分）	10			√

网点文明规范服务监测包括网点自查、本行上级部门内查、神秘人外查等形式。每次无论何种检查结果，都要及时整改并记录在案存档（如表 3-155 所示）。

表 3-155　　　　　　　　　服务监测表（4）

项目：7.2 服务监测（25分）		分值	检查方式		
序号	考核内容		现场察看	录像抽检	档案查阅
155	网点完整保存上级行对其服务监测记录（1分），及时落实整改上级行监测发现的问题（2分），过程跟踪与落实结果记录完整（1分）、效果可鉴（1分）	5			√

三、投诉处理

客户投诉分有效投诉和无效投诉两种，都要按投诉处理流程给当事人回复，通常情况下，时间过久客户得不到回应会更加不满，甚至导致矛盾升级（如表 3-156 所示）。

表 3-156　　　　　　　　　投诉处理表（1）

项目：7.3 投诉处理（30分）		分值	检查方式		
序号	考核内容		现场察看	录像抽检	档案查阅
156	按照客户投诉处理制度（2.4分），畅通客户投诉渠道（1.2分）；明确投诉处理流程（1.2分）及处理时限（1.2分）	6			√

对客户所提的意见和建议，应有针对性的回复（如表 3-157 所示）。

常见问题：有些网点《客户意见簿》中对客户所提的意见和建议回复内容几乎雷同，诸如"感谢您的宝贵意见，我们一定尽快整改。"这是对客户缺乏真诚和不虚心的表现。

表 3-157　　　　　　　　　　投诉处理表（2）

项目：7.3 投诉处理（30分）		分值	检查方式		
序号	考核内容		现场察看	录像抽检	档案查阅
157	对客户意见簿上的客户意见和建议24小时内响应（4分），并对留有电话信息的客户在规定时间内予以回复（2分）、回访（2分）	8	√		√

《客户意见簿》所有的文字都应有英文对照翻译。意见簿应统一印制连续页码，不能人工打码排序，要确保连页不少和内容真实，客户反馈日期应完备（如表3-158所示）。

表 3-158　　　　　　　　　　投诉处理表（3）

项目：7.3 投诉处理（30分）		分值	检查方式		
序号	考核内容		现场察看	录像抽检	档案查阅
158	客户意见簿真实完整记录客户投诉（1.5分）及回复信息（1.5分），页码连续（1.5分）、内容完整（1.5分）；按年归档保管（1分），一年以内的意见簿可随时调阅（1分）	8	√		√

各银行管理部门都会制定相应的客户投诉管理办法，有相应的投诉处理流程，网点应该依据上级行的管理办法，再根据本网点的实际情况制定出相应的实施细则，对处理过程中的一些细节要作详细的规定（如表3-159所示）。

表 3-159　　　　　　　　　　投诉处理表（4）

项目：7.3 投诉处理（30分）		分值	检查方式		
序号	考核内容		现场察看	录像抽检	档案查阅
159	有明晰的现场投诉处理流程（3分）；发生客户投诉时，大堂经理及时安抚并引导客户至相对独立的空间，有效处理现场投诉（2分）[档案、现场询问：发生客户投诉时，大堂经理及时安抚（1.5分），并引导客户至相对独立的空间（1.5分），有效处理现场投诉2分]	5	√		√

相关信息包括：一是客户投诉的原因、事实简述、客户的意见诉求和客户的电话号码、工作单位或住址；二是给客户承诺处理的时限等。在处理方案确定后，要及时回复客户，采取必要的整改或补救措施。有必要的话还应登门道歉（见表3-160所示）。

表 3-160　　　　　　　　　　投诉处理表（5）

项目：7.3 投诉处理（30 分）			检查方式		
序号	考核内容	分值	现场察看	录像抽检	档案查阅
160	现场处理有困难的，给客户承诺明确的处理时限，如有需要及时向上级报告，并详细记录相关信息（流程、制度中有此内容 2 分，现场询问：现场处理有困难的，给客户承诺明确的处理时限 1 分，如有需要及时向上级报告 1 分，并详细记录相关信息 1 分）	3	√		√

四、应急处置

检查组要重点查看营业网点突发事件应急预案和报告制度。银行的舆情有一些是涉及银行的主营业务，更有相当数量则涉及更加广义的服务范畴。商业银行的舆情已逐渐多元化（如表 3-161 所示）。

常见问题：应急预案不够完整，如缺"不合理占用银行服务资源""挤兑""群体事件"等方面的应急预案。

表 3-161　　　　　　　　　　应急处置表（1）

项目：7.4 应急处置（10 分）			检查方式		
序号	考核内容	分值	现场察看	录像抽检	档案查阅
161	按照营业网点服务突发事件应急预案（1 分），保障信息报告机制通畅高效（1 分）（抢、消防、群体、投诉、舆情、客户病、伤等）	2			√

通常情况下，网点每年应该进行 4 次以上的应急演练。检查组要查看网点一年内举行的防抢、消防、群体事件、客户投诉、舆情、客户病、伤等方面的应急预案演练资料（如表 3-162 所示）。

常见问题：演练记录有文字性活动总结，但缺少现场拍摄的照片。

表 3-162　　　　　　　　　　应急处置表（2）

项目：7.4 应急处置（10 分）			检查方式		
序号	考核内容	分值	现场察看	录像抽检	档案查阅
162	定期开展应急演练，有相关文字（1.5 分）、图片或影像记录（1.5 分）	3			√

银行工作人员一定要有舆情处置理念，应站在法律、道德和民意的高度，具有

解决问题的务实态度，本着诚信和善意的原则建立必要补救机制，防止事态扩大，有效地维护银行的声誉。银行有关管理部门要有当地媒体沟通的通道，一旦出现舆情，要得到媒体的理解和帮助，尽可能地避免负面影响的扩展（如表 3-163 所示）。

表 3-163　　　　　　　　　应急处置表（3）

项目：7.4 应急处置（10 分）			检查方式		
序号	考核内容	分值	现场察看	录像抽检	档案查阅
163	如遇突发事件，按照相应应急预案及时进行处置，有记录（2 分）	2			√

网点除了正常安排的各类应急预案演练训练外，凡参加当年创建活动的网点都应对员工再进行一次综合应急预案的演练，在演练过程中让每位员工都清楚地了解自己的角色和职责，熟练地掌握处理方法（如表 3-164 所示）。

表 3-164　　　　　　　　　应急处置表（4）

项目：7.4 应急处置（10 分）			检查方式		
序号	考核内容	分值	现场察看	录像抽检	档案查阅
164	员工熟知在突发事件应急预案中的角色定位和处理流程（现场询问 2 名员工，答不出扣 1.5 分/人）	3	√		

五、服务考核

创建评选工作须纳入系统绩效考核体系及激励机制，对在创建活动中作出贡献的员工应有相应的奖励措施（如表 3-165 所示）。示范网点在系统内或地区服务考评分应位居前列（前 1/3）。

表 3-165　　　　　　　　　服务考核表（1）

项目：7.5 服务考核（20 分）			检查方式		
序号	考核内容	分值	现场察看	录像抽检	档案查阅
165	百佳、千佳示范单位创建评选及星级网点评定等文明规范服务工作纳入系统绩效考核体系（3 分）及激励机制（3 分），且本网点在系统内服务考评位居前列（4 分）	10			√

既包括总、分行和本支行的也包括本行以外的政府部门和行业协会颁发的表彰文件、名单附件和表彰大会的照片或影像带等（如表 3-166 所示）。

常见问题：有的银行无定期评比、表彰、总结等相关文件；无服务管理考核指标和权重。

表 3-166　　　　　　　　服务考核表（2）

项目：7.5 服务考核（20分）			分值	检查方式		
序号	考核内容			现场察看	录像抽检	档案查阅
166	定期组织开展服务评比（1分）、表彰（1分）、总结（1分），有相关文字（1分）、图片或影像记录（1分）		5			√

在网点员工考核管理办法中，不能只有营销业绩的内容，还应涵盖员工的业务技能和服务质量等综合要素，要体现全面、合理、公正、公平的原则（如表3-167所示）。

表 3-167　　　　　　　　服务考核表（3）

项目：7.5 服务考核（20分）			分值	检查方式		
序号	考核内容			现场察看	录像抽检	档案查阅
167	网点年度综合考核办法中明确服务管理考核指标（1.5分）和权重（1.5分），并实现目标（2分）		5			√

六、服务档案

监控录像至少保存一个月，要始终保持所有监控探头处于正常的工作状态，网点主管平时要定期调阅监控录像，发现问题及时通报全体员工，并督促整改（如表3-168所示）。

常见问题：网点的监控设备使用年限过久未能及时更换，如无法调阅录像的此项分扣完。

表 3-168　　　　　　　　服务档案表（1）

项目：7.6 服务档案（15分）			分值	检查方式		
序号	考核内容			现场察看	录像抽检	档案查阅
168	监控设备影像资料保存完整（1.5分），声像清晰（1.5分），保存期内随时可调阅（1分）、查看（1分）		5		√	

除了表内所列的16类科目一个多不能少，还可以根据本网点的实际情况增添一些科目（如表3-169所示）。为了查阅方便，文明规范服务档案的可按以下分类：

第一，按物理材料可分为纸质档案和电子档案。纸质档案应该装订整齐美观，封面标题清晰；电子档案包括电脑内存、外接硬盘和光盘等。

第二，按档案内容可分为原始凭证类档案和文件资料类档案。

（1）原始凭证类档案包括《客户意见簿》《大堂经理日志》《员工晨会记录》《业务学习记录》《员工会议记录》等。

（2）文件资料类档案包括银监会（局）、人民银行等政府有关管理部门和中银协、地方银行业协会、系统内上级行所颁发的文件资料，如行约行规等；本行所制定的规章制度、管理办法、岗位职责、应急预案和活动掠影、荣誉展示、经验交流等文字、数据和图像资料。

（3）按科目的隶属关系可分为一级科目、二级科目和三级科目。如"基本情况"为一级科目时，将不同年份分列为二级科目；还可将二级科目中的同类资料再细分成三级科目。例如在"应急预案"这一级科目里按年度分成二级科目后，再分"消防预案""舆情演练""服务情景演练"等为三级科目。

常见问题：

（1）服务档案分类不够规范完整，调阅不够顺畅。

（2）档案内容不完整，如档案资料中"五个一工程"缺少工作计划、总结等内容，缺少与当年银协或银监局、人民银行重点关注的课题，主题宣传活动内容只有工作计划，而无举行活动的纪实内容。

（3）多次活动图片有重复套用现象。

（4）创建档案很多后补痕迹严重。

（5）纸质档案不能装订成册或装订不规范。

（6）档案管理基础工作不扎实。

表 3-169　　　　　　　　　服务档案表（2）

项目：7.6 服务档案（15分）			分值	检查方式		
序号	考核内容			现场察看	录像抽检	档案查阅
169	文明规范服务档案材料完整，包括中银协、地方银行业协会、系统内上级行的文明规范服务相关规范以及2年内本单位服务工作材料，主要包括：基本情况、活动掠影、荣誉展示、行规行约、内控制度、岗位职责、服务践行、服务考核、检查监督、投诉处理、应急预案、学习培训、创建活动、创优评先、服务宣传、经验交流等（16类，少一项扣0.3分）			5			√

网点服务档案不是应景之物，它既是示范网点创建经历的事实记录，更是网点服务文化培育历史痕迹的积累。众多事实表明，凡有大量事实记载的服务档案，该网点的客户服务管理水平和各类考核结果大都在优秀之列；凡仅仅依据标准临时编制的档案，往往与该网点综合管理的实际情况不相吻合，仅从每位员工的精神面貌中可见端倪。

网点服务档案材料应由资料专管员负责收集、整理、分类、存档和保管。服务档案材料除了原始凭证类档案需要作为纸质档案保管，其他资料尽可能地运用电子软件实施存档保管（如表3-170所示）。具体方式可详见第三章第八节内容。

表3-170　　　　　　　　　　服务档案表（3）

项目：7.6 服务档案（15分）		分值	检查方式		
序号	考核内容		现场察看	录像抽检	档案查阅
170	服务档案材料提倡电子化管理，规范分类（1.5分），统一保存（1分），能随时（1分）、完整调阅（1.5分）；未实行电子化管理的单位，档案规范装订（2分）	5			√

第八节　经营业绩

网点是银行参与市场竞争的重要阵地，提升银行网点服务力和营销力成为网点建设的重中之重，此模块关注的是网点的营销业绩情况。共5个子项，70分制。

重点注意事项：齐全、真实。

网点提供的所有经营业绩报表必须做到齐全和真实，并加盖上级行相关业务管理部门的公章以示证明，出示的证明必须是表格的形式，不能笼统地评价示范网点连续两年任务完成情况。

要提供本网点连续两年的经营业绩报表，重点考察9项经营指标，各类报表所列的数据必须齐全、真实，并应有上级行有关管理部门的盖章以证明表内数据的有效性（如表3-171所示）。

表3-171　　　　　　　　　　经营业绩表（1）

项目：经营业绩（70分）		分值	检查方式		
序号	考核内容		现场察看	录像抽检	档案查阅
171	连续两年网点业务规模［对公及对私存款日均余额（2分），客户数量（2分）］、重要产品营销能力［基金（1分）、贵金属（1分）、保险（1分）、理财产品（1分）的销售收入］、VIP客户保有率（1分）及增长率（1分）在一级分行系统内排名前列	10			√

同171条。在报表的下方最好附上一段文字说明，即对当年各项业务指标完成情况的简要文字分析评价（如表3-172所示）。

常见问题：某些经营指标未达到上级行下达的计划指标。

表 3-172　　　　　　　　　　经营业绩表（2）

项目：经营业绩（70分）		分值	检查方式		
序号	考核内容		现场察看	录像抽检	档案查阅
172	连续两年完成上级行下达的年度资产［包括对公（5分）、对私（5分）］、负债［包括对公（5分）、对私（5分）］、中间业务（5分）、利润（5分）等主要业务经营指标	30			√

同171条。在报表的下方最好附上一段文字说明，即对当年此项业务发展变动情况的简要文字分析评价（如表3-173所示）。

常见问题：无电子银行分流率指标。

表 3-173　　　　　　　　　　经营业绩表（3）

项目：经营业绩（70分）		分值	检查方式		
序号	考核内容		现场察看	录像抽检	档案查阅
173	连续两年电子银行总体业务分流率达到70%以上（每少5%扣2分）	10			√

同171条。一年完不成此项分扣完（如表3-174所示）。

表 3-174　　　　　　　　　　经营业绩表（4）

项目：经营业绩（70分）		分值	检查方式		
序号	考核内容		现场察看	录像抽检	档案查阅
174	连续两年年人均综合经营税后利润达到50万以上（每少5万/年扣5分）	10			√

同171条。在报表的下方最好附上一段文字说明，即对当年对资产质量管理情况的简要分析（如表3-175所示）。

表 3-175　　　　　　　　　　经营业绩表（5）

项目：经营业绩（70分）		分值	检查方式		
序号	考核内容		现场察看	录像抽检	档案查阅
175	连续两年年度不良贷款率及不良贷款余额控制在上级行要求的指标内（提供报表一项一次不达表扣5分）	10			√

第九节 消费者权益保护与社会责任履行

保护消费者权益和社会责任履行已成为商业银行可持续发展的必然选择，此模块关注的是银行网点在保护消费者权益与履行社会责任的具体措施实施情况。共分4个项目，21个子项，80分制。

重点注意事项：学习宣传、措施到位、努力践行。

（1）学习宣传。银行基层行可以通过消费者权益保护专题知识在线考试、网上知识竞赛、晨训等方式，认真组织员工学习消费者权益保护相关知识，提高员工的服务意识和社会责任感。同时还要广泛开展公众金融教育工作，向全社会推广普及金融知识，增强消费者的金融风险防范意识和自我保护能力，提升消费者金融素质。

（2）措施到位。坚持以客户为中心，建立消费者权益保护机制，将做好消费者权益保护与社会责任履行作为一项重点工作推进，要有具体实施的制度、计划、方案，应有的服务设施设备要配置到位。

（3）努力践行。坚持"以消费者为中心"的服务理念，牢固树立金融消费者权益保护的观念和意识，坚持把"对的"产品卖给"合适的"客户，让客户明明白白消费。建立金融消费者投诉争端解决机制，妥善解决客户投诉纠纷，有效保障了客户的知情权和投诉权，努力践行服务客户、奉献社会的企业使命。

一、公平对待消费者

金融消费者是指为满足个人和家庭需要，购买金融机构金融产品或接受金融服务的公民个人或单位。金融消费者包括两类：一类是传统金融服务中的消费者，包括存款人、投保人等为保障财产安全和增值或管理控制风险而接受金融机构储蓄、保险等服务的人；另一类是购买基金等新型金融产品或直接投资资本市场的中小投资者，他们尽管有赢利动机，但由于与金融机构之间的信息严重不对称和地位不对等，因此仍与普通消费者有质的共性。

金融消费者享有的权利（如表3-176所示）：

（1）金融获知权。
（2）金融消费自由权。
（3）金融消费公平交易权。
（4）金融资产保密权、安全权。
（5）金融消费求偿求助权。
（6）享受金融服务权。

表 3-176　　　　　　　　公平对待消费者表（1）

项目：9.1 公平对待消费者（30 分）		分值	检查方式		
序号	考核内容		现场察看	录像抽检	档案查阅
176	强化员工公平对待消费者意识，主动为消费者提供咨询指导、业务办理、技术支持等服务，保证消费者得到与其相应的服务，妥善做好各类客户群体的差异化服务。（现场询问测试大堂经理和员工 4 人对"消保"知识的掌握，根据回答情况评分，回答准确 2 分，助残服务 2 分）	4	√		√

贵宾室是为 VIP 客户理财服务的专属区，但有的虽然不是 VIP 但属特殊客户群体，如孕妇、残疾人、盲人进入网点时，当大厅内客流量较大时，大堂服务人员可引导这部分特殊客户进入贵宾区内的现金柜办理业务（如表 3-177 所示）。

表 3-177　　　　　　　　公平对待消费者表（2）

项目：9.1 公平对待消费者（30 分）		分值	检查方式		
序号	考核内容		现场察看	录像抽检	档案查阅
177	优化系统配置，视情况合理交叉使用针对各类客户群体配置的服务人力、窗口、机具等资源，提高服务效率（查看大堂经理日志、总结、意见簿和服务预案，予以评分）	4			√

【要点解读】

网点应制定针对特殊客户群体的专业服务技能培训计划，并每年至少进行一次相关的情景演练培训。平时要注意相关活动影像资料的保存（如表 3-178 所示）。

表 3-178　　　　　　　　公平对待消费者表（3）

项目：9.1 公平对待消费者（30 分）		分值	检查方式		
序号	考核内容		现场察看	录像抽检	档案查阅
178	充分考虑各类特殊群体客户需求，增强专业服务技能，提高应急处理能力，尽可能提供便捷的人性化服务，确保特殊群体客户享受与其他客户平等权利（手语培训 0.5 分、简单急救培训 1 分、为聋哑人服务措施 0.5 分；为盲人服务的措施 0.5 分，老弱病人 0.5 分服务措施）	3			√

网点应配备本行业务简介手册，可供客户仔细查阅咨询。网点还应根据本行的服务特色、产品介绍和业务流程等内容制作一本盲文牌的宣传手册，便于视障客户的查阅了解（如表 3-179 所示）。

表 3-179　　　　　　　　公平对待消费者表（4）

项目：9.1 公平对待消费者（30分）			检查方式		
序号	考核内容	分值	现场察看	录像抽检	档案查阅
179	在通过手语进行基本交流的基础上，对容易引起歧义的重要业务环节耐心提供文字交流服务，确保与听力障碍客户的交流畅通（无制度扣1.5分，现场问询：对容易引起歧义的重要业务环节耐心提供文字交流服：1.5分）	3	√		√

营业大厅和理财室都应配备语音叫号和电子显示屏叫号设备，电子显示叫号屏幕应悬挂在客户等候座椅的正前方（如表 3-180 所示）。

表 3-180　　　　　　　　公平对待消费者表（5）

项目：9.1 公平对待消费者（30分）			检查方式		
序号	考核内容	分值	现场察看	录像抽检	档案查阅
180	在提供语音叫号系统服务的同时，为听力障碍客户提供电子显示屏叫号服务或相当功能的服务措施（无电子显示屏叫号服务不得分）	3	√		

兴业银行在同业内率先推出了自主研发的国内首批盲人 ATM 机，拥有语音导航服务和可触摸盲文功能。视障客户来到 ATM 机前，触摸到特殊的盲人标识，找到耳机插孔位置，准确地插入并佩戴好耳机，倾听自助语音导航介绍的机具系统构造、密码键盘按键等使用注意事项。视障客户可以在 ATM 机上自己取款、查询账户信息。自助语音导航可以重听，也可以提前结束进入交易服务状态。而这时，ATM 机的屏幕会自动关闭，以保护客户银行卡内的信息安全。此项服务业务目前很多银行网点还没做到位，这需要各家银行总分行相关管理部门尽快开发的服务业务，开通这类业务旨在"公平对待"特殊客户群体（如表 3-181 所示）。

表 3-181　　　　　　　　公平对待消费者表（6）

项目：9.1 公平对待消费者（30分）			检查方式		
序号	考核内容	分值	现场察看	录像抽检	档案查阅
181	通过网上银行或其他自助渠道为听力障碍客户提供账户查询（0.6分）及转账（0.6分）、银行卡临时挂失（0.6分）和信用卡激活（0.6分）等涉及隐私（0.6分）的服务项目	3	√		

助盲卡、盲文版银行业务指南、盲文密码输入器或语音报数点钞机等设施有一即可；盲文指南须既有文字又有盲文（如表 3-182 所示）。

表 3-182　　　　　　　　　公平对待消费者表（7）

项目：9.1 公平对待消费者（30分）		分值	检查方式		
序号	考核内容		现场察看	录像抽检	档案查阅
182	设置至少一种便于视力障碍客户办理业务的服务设施（3分，助盲卡、盲文版银行业务指南、盲文密码输入器或语音报数点钞机等至少一种服务设施）；已使用新媒体设备整合密码输入功能的营业网点，至少配备一台有定位点的传统按键式密码输入器（2分）	5	√		

普通宠物不得进入营业厅内，因此营业大厅门口应有宠物临时逗留的笼子或其他设施，而导盲犬可不进笼子，应有"导盲犬可入厅内"的标识，对盲人客户要有相应的引导措施（如表3-183所示）。

表 3-183　　　　　　　　　公平对待消费者表（8）

项目：9.1 公平对待消费者（30分）		分值	检查方式		
序号	考核内容		现场察看	录像抽检	档案查阅
183	明示导盲犬可入标识（0.5分），协助视力障碍客户携带经过登记、认证、有可识别标识且处于工作状态的导盲犬出入银行营业网点办理业务（1分）；网点工作人员妥善做好接待工作，保障网点正常秩序和其他客户安全（0.5分）（应急预案0.5分、有具体措施0.5分、查看意见簿，无投诉0.5分）	2	√		√

网点还应建立流动服务组，以便为有业务需要客户提供上门服务。如有高龄、病重客户不便亲临网点现场办理相关业务，委托代理人前来网点办理业务，但又需要本人签字时，网点应有相关业务操作流程和外出服务的记录（如表3-184所示）。

表 3-184　　　　　　　　　公平对待消费者表（9）

项目：9.1 公平对待消费者（30分）		分值	检查方式		
序号	考核内容		现场察看	录像抽检	档案查阅
184	按照制度规定和流程要求，为不能亲临柜台且有急需的特殊客户群体提供延伸服务（有服务预案、制度得2分，有延伸服务信息、图片1分）	3			√

二、消费者权益保护

员工应树立安全防范意识，严格遵守安全防范制度。保安人员要保持一定的巡查频率，随时关注营业场所的安全状况，边门必须上锁，报警器、灭火器保持完好；

自卫武器应放置于随手可取位置；严禁非本单位人员进入营业场内（如表 3-185 所示）。

表 3-185　　　　　　　　　消费者权益保护表（1）

项目：9.2 消费者权益保护（15 分）			检查方式		
序号	考核内容	分值	现场察看	录像抽检	档案查阅
185	在网点自属管辖范围内，采取相应措施，保障消费者的人身和财产安全（安保人员工作职责中明确安保范围，看录像，巡视、尽责 0.5 分，有预案 0.5 分，演练有记录 1 分）	2	√	√	√

银行根据宪法、法律以及储蓄合同的规定，对于储户应负有严守客户秘密和保管义务，他人没有查询或者划拨的权利，只有在某些特定情况下，应根据现行法律法规规定进行处理：有权查询单位有公安、检察院、法院、安全机关、监察、军队保卫部门、监狱保卫部门、海关、税务、审计、证监会；有权冻结单位有公安、检察院、法院、安全机关、军队保卫部门、监狱保卫部门、海关、税务；有权扣划单位仅有法院、海关、税务（如表 3-186 所示）。

表 3-186　　　　　　　　　消费者权益保护表（2）

项目：9.2 消费者权益保护（15 分）			检查方式		
序号	考核内容	分值	现场察看	录像抽检	档案查阅
186	建立客户信息保护内控制度（有制度的 1.5 分），妥善保管客户资料，尊重客户隐私权（1 分）；除有关部门履行法律程序查询客户信息外，员工不得擅自对外提供客户信息相关的任何资料（2.5 分，如有有效投诉的事件，此项不得分）	5			√

银行网点员工要严格遵守中国人民银行制定的《个人信用信息基础数据库管理暂行办法》，有违反办法规定的行为，造成客户个人信用信息被泄露的，依法给予行政处分；涉嫌犯罪的，依法移交司法机关处理（如表 3-187 所示）。

表 3-187　　　　　　　　　消费者权益保护表（3）

项目：9.2 消费者权益保护（15 分）			检查方式		
序号	考核内容	分值	现场察看	录像抽检	档案查阅
187	无违规查询个人信用信息、盗用他人身份信息、损害他人信用记录的行为（提供行内查询个人信用记录的有关制度及流程 3 分，如有有效投诉事件的不得分）	3	√		√

因办理业务需要复印客户身份证时,尽可能地在客户视线内操作,如需离开客户视线时一定要向客户解释,请客户知晓业务操作区域内有监控录像,是有安全保护措施的(如表3-188所示)。使用身份证件的复印件的,提醒客户标注使用范围的具体要求参见表3-67。

表3-188　　　　　　　消费者权益保护表(4)

项目:9.2 消费者权益保护(15分)			分值	检查方式		
序号	考核内容			现场察看	录像抽检	档案查阅
188	业务办理过程中,在客户视线或监控录像范围内使用客户身份证件;使用身份证件的复印件的,提醒客户标注使用范围。有制度1分、学习1分、现场观察或询问(知道在客户视线1分、或监控录像范围内使用客户身份证件1分;使用身份证件的复印件的,提醒客户标注使用范围1分),抽查使用身份证件的业务,有一次没标注使用范围扣1分扣完为止		5	√	√	√

三、公众教育

消费者权益保护是一项长期性、艰巨性、复杂性的工作。健全银行公众教育常规化、规范化的长效机制,具体说来,就是要准确把握银监会关于开展公众教育服务月活动的指导思想、总体思路、主要原则和目标要求,以营业网点为阵地,全员参与,通过各类专项公众教育活动,针对市场上有关银行业的热点问题和公众认识误区,有针对性地向公众普及金融知识,进行风险提示,提升大众金融安全意识(如表3-189所示)。

表3-189　　　　　　　公众教育表(1)

项目:9.3 公众教育(15分)			分值	检查方式		
序号	考核内容			现场察看	录像抽检	档案查阅
189	建立健全公众教育服务长效机制(1分),对本单位公众教育工作进行统筹规划(1分),明确工作目标及职责分工(1分)		3			√

应统筹协调内外部资源,开展多层次、多渠道、多形式的宣传工作,营造了消费者权益保护的良好氛围。一是充分利用网点营销传播系统、LED显示屏、液晶电视等载体宣传;二是充分利用本地主流媒体进行宣传报道,加强了社会舆论的正面引导;三是不定期地进入社区进行宣传活动,向公众普及相关金融知识,提高金融风险防范意识,并宣传本行主要产品和特色服务,扩大本行社会影响力(如表3-190所示)。

表 3-190　　　　　　　　　公众教育表（2）

项目：9.3 公众教育（15 分）		分值	检查方式		
序号	考核内容		现场察看	录像抽检	档案查阅
190	宣传银行卡、电子银行等产品和服务的注意事项（0.5 分），提示银行理财、外汇等常见投资品风险防范须知（1 分），宣介银行产品和服务项目（0.5 分），推广无障碍服务设施（0.5 分），介绍投诉渠道、方法和流程（0.5 分），持续提高消费者识别和防范金融风险的能力（1 分）	4	√		√

网点应在公众教育区内和贵宾理财室内摆放由中国银行业协会编印的三大读本：《银行服务百姓读本》《走进银行：理财产品投资人读本》《消费者权益保护知识读本》，除此之外还可以增加一些有关金融常识、银行业务知识、行业动态、本行宣传资料等书籍，供客户阅读，拓展知识面，学会安全使用金融工具，使自己的财富增值，同时也让客户能更多地了解我们银行、了解我们网点，从而理解我们的员工（如表 3-191 所示）。

表 3-191　　　　　　　　　公众教育表（3）

项目：9.3 公众教育（15 分）		分值	检查方式		
序号	考核内容		现场察看	录像抽检	档案查阅
191	在公众教育区，配备充足数量的公众教育（3 分）、金融知识普及读物（2 分）	5	√		

积极开展金融知识宣传普及活动，结合开展"普及金融知识万里行"等活动，可定期确定一个宣传主题，重点开展专题宣传，确保为客户提供全方位、高质量、多角度的金融咨询服务。中银协每年的工作计划都有当年的重点主题，参评网点应着重开展相关的宣传活动（如表 3-192 所示）。

表 3-192　　　　　　　　　公众教育表（4）

项目：9.3 公众教育（15 分）		分值	检查方式		
序号	考核内容		现场察看	录像抽检	档案查阅
192	积极与相关部门合作，开展形式多样的公众教育活动（2 分），并针对不同目标群体，通过不同的宣传教育渠道，有针对性地制定活动方案（1 分）（近两年万里行、"金融知识下乡"、消保、小微企业、今年助残"五个一"等系列金融宣传方案 1 分；活动信息、图片 1 分）	3			√

四、社会责任履行

落实国家产业政策、积极支持绿色信贷、节能环保等项目，有一即可。要有相应的业务报表，并由上级行盖章确认证实（如表 3-193 所示）。

表 3-193　　　　　　社会责任履行表（1）

项目：9.4 社会责任履行（20分）			分值	检查方式		
序号	考核内容				现场察看	录像抽检	档案查阅
193	落实国家产业政策（工作计划里有2分），积极支持绿色信贷、节能环保、小微企业、涉农项目、科技创新型企业、养老金发放、个人助业、个人助学、保障性住房、消费贷款等至少两类项目（3分，缺1项扣1.5分）			5			√

如果网点条件允许，可在营业大厅内除公众教育专栏外，另行布置有关低碳、环保、节能等生活常识的专题宣传栏（如表 3-194 所示）。

表 3-194　　　　　　社会责任履行表（2）

项目：9.4 社会责任履行（20分）			分值	检查方式		
序号	考核内容				现场察看	录像抽检	档案查阅
194	积极支持环境保护事业，以绿色运营的实际行动降低自身对环境资源的影响，通过开辟专栏等不同形式，宣传低碳、环保、节能等生活常识（有专栏等形式的得2.5分，有规定、措施行动的2.5分）			5	√		√

公益活动和社会公益事业是中国优良传统的延续，是构建社会主义和谐社会的内在要求。银行积极参与和开展公益活动，体现了银行网点员工助人为乐的道德品质和关心公益事业、勇于承担社会责任、为社会无私奉献的精神风貌（如表 3-195 所示）。检查组要查看计划、总结、统计数据、主题活动的现场记录资料（包括文字、图片和影像等）。

表 3-195　　　　　　社会责任履行表（3）

项目：9.4 社会责任履行（20分）			分值	检查方式		
序号	考核内容				现场察看	录像抽检	档案查阅
195	积极支持公益、慈善事业，组织开展扶贫帮困、助老助残、助学支教、无偿献血或送温暖工程等至少一类公益活动（3分），并采取不同形式开展社会志愿者服务活动（2分）			5			√

在遇到发生特大灾害事件后，银行网点应立即启动应急措施（如表 3-196 所示），具体包括：

（1）开辟绿色捐款专用通道。通过该通道的所有爱心捐款手续费应全免，为了方便更多的客户进行爱心捐款，可在网点营业大厅内醒目处或本行的个人网银和移动银行首页公示捐款单位和账号。

（2）做好客户服务工作。灾害发生后，应将 ATM 转账和柜台资金汇划相关业务规定向持卡人群发短信，做好告知提示。并告知客户在本行柜台向灾区或相关慈善机构汇划救灾款项时，免收电子汇划费。

（3）做好支持保障工作。保障灾区营业网点和自助机具的正常营业，保证现金供应充足。优先处理抗灾救灾款项，确保支付渠道畅通。要确保对部队、武警、医疗、消防、公安、财政、民政和各级慈善机构等一线单位的支付需求，要在第一时间进行资金汇划无障碍。

（4）动员全体员工向灾区捐款，帮助灾区人民早日重建家园。

表 3-196　　　　　　　　　社会责任履行表（4）

项目：9.4 社会责任履行（20 分）		分值	检查方式		
序号	考核内容		现场察看	录像抽检	档案查阅
196	发生特大灾害事件，开辟赈灾绿色通道，优先办理救灾相关业务，按有关监管规定，全力保障救灾资金汇拨、现金提取、救灾信贷等各项金融服务需求（有制度措施 5 分）	5			√

第十节　服务文化培育

服务文化培育是树立银行网点品牌形象、提高同业竞争力的重要途径，此模块关注的是网点良好的团队精神和文化氛围，检验团队的凝聚力、向心力、执行力。共 4 个子项，40 分制。

重点注意事项：文化培育、团队建设。

（1）文化培育。要大力推广文明规范服务主题活动，强化银行文明规范服务理念，引导员工正确的价值观取向，规范服务行为，塑造良好形象，打造精品网点。

（2）团队建设。要极大地激发员工的潜能，在创建活动的过程中传承优良的服务文化，打造具有强大活力的先进团队，提高核心竞争力。网点员工需学习和孰知并自觉践行本行的服务理念，检查组现场提问本行的服务理念和宣传口号。营业大厅内的文化墙中应有相关的宣传内容，向客户传播宣传（如表 3-197 所示）。

表 3-197　　　　　　　　　服务文化培育（1）

项目：服务文化培育（40分）		分值	检查方式		
序号	考核内容		现场察看	录像抽检	档案查阅
197	大力培育符合本行实际的服务文化，形成统一的具有自身特色的服务理念，员工熟知、自觉践行并向客户宣导本行服务理念（现场测试4分，员工对本行服务理念的理解1×4；有对外文化墙6分）	10	√		

服务文化工作方案可包括：开展服务主题活动的组织领导、目的、指导思想、具体内容、时间安排、活动步骤和工作要求等方面的内容。平时要注意收集和保存行内外相关媒介有关本网点员工先进服务典型事迹的报道资料，包括文字宣传稿和图片影像（如表3-198所示）。

表 3-198　　　　　　　　　服务文化培育（2）

项目：服务文化培育（40分）		分值	检查方式		
序号	考核内容		现场察看	录像抽检	档案查阅
198	按照上级行要求制定本单位服务文化工作方案（2分），并纳入本单位年度工作计划（2分）；开展丰富多彩的服务文化主题活动（4分），以及年度评优和表彰活动，树立先进服务典型，传播先进服务事迹（2分）	10			√

服务文化墙可以布置在员工的休息活动区里，也可以布置在办公区域的主要走廊通道处。其中，"客户留言""员工心声"等内容要适时更新，至少要有当年的新内容（如表3-199所示）。

表 3-199　　　　　　　　　服务文化培育（3）

项目：服务文化培育（40分）		分值	检查方式		
序号	考核内容		现场察看	录像抽检	档案查阅
199	在网点内部办公或员工休息区域设置服务文化墙（3分），宣传本行服务文化理念（2分）、优秀员工（1分）、主题活动（2分）、客户留言（1分）、员工心声（1分）等内容，营造良好的服务文化氛围	10	√		

服务文化活动的内容和形式要多样化，向上级行提出服务文化创新建议应该有相应的文件形式，要有详细的阐述内容，不能仅在工作总结中一句话带过（如表3-200所示）。

表 3-200　　　　　　　　　　服务文化培育（4）

序号	项目：服务文化培育（40分）	分值	检查方式		
	考核内容		现场察看	录像抽检	档案查阅
200	积极开展服务文化活动，创新活动方式及内容（4分），定期对服务文化培育情况进行总结和提炼（3分），向上级行提出服务文化创新建议（3分），做好服务文化传承工作	10			√

第四章 员工培训课程导入讲义

为客户提供文明规范服务既是银行生存、发展的需要，也是银行应尽的社会责任，更是现代社会文明提升的重要体现。因此，要使每位员工都能牢固树立"服务体现社会责任、服务创造价值、服务实现效益、服务提升竞争力"的理念，使其深入人心。大力开展银行网点服务文化的培育，是丰富和完善银行服务文化的内涵和提升网点客户服务水平的重要环节，而示范网点的创建是一项长期而艰苦的工作，其标杆作用也是一个长期逐步显现的过程。因此，要全面提高网点的客户服务质量，使其成为银行业内的标杆示范网点，仅仅依据创建评比标准对照落实还远远不够，还需要网点全体员工整体综合素质的提高，尤其是要充分发挥示范网点的团队互助合作精神，共同努力拼搏。

从网点员工的职业化素养培育、职业仪态形象塑造到大堂经理能力的提升和客户投诉处理流程的健全及投诉技巧的掌握，都需要对网点员工进行系统而全面的培训。网点员工与客户的沟通能力、市场营销能力与技巧更需要进行相应的技术性培训，才能提高网点员工业务营销的效率和业绩，从而实现银行网点核心竞争力不断提升的这一主旨目标。员工的职场伦理和职业道德是员工综合职业素养最根本的要素，是打造银行先进网点的基础，是网点员工强化凝聚力、向心力和充分发挥团队精神的前提，是强化员工自觉遵纪守法、杜绝网点操作风险发生的重要保证，是银行员工培训教育体系中不可或缺的内容。

当前，银行同业竞争日趋加大，尤其是网点员工要面临业务合规、客户投诉和业务营销三个方面的压力。银行领导在对网点员工管理过程中应坚持以人为本的原则，采取有效的措施和方法做好员工的心理疏导，通过必要的培训，让员工学会管理情绪和缓解压力的常用方法，始终保持阳光的心态，以积极的态度面对日常工作压力和客户投诉，切实可行地提高网点的客户服务质量，促进网点业务的全面健康地发展。

作为银行，培训是员工福利的组成部分，也是一种激励的形式。但从现阶段情况看，尽管各银行领导非常重视一线员工的业务培训，但有的培训效果不好，培训流于形式，员工参与热情较低。究其原因：一是组织者为培训而培训，在课程内容的安排上缺少针对性，尤其是在实务操作层面上缺乏实用性；二是没有建立检验学习效果的考核机制，以致学习者过后即忘；三是培训多以短训为主，员工无法对学过的东西进行消化。因此，大多数员工并没有真正从培训中掌握所需的知识和技能。

笔者从近几年来为一些银行和企业员工培训时所积累的培训讲义中，摘选了部分与示范网点创建活动密切相关的课程作为本部分要叙述的内容。因员工培训受到培训时间的限制，通常每个专题内容只能限制在两三个课时以内，因而实际讲课内容无论从理论性、完整性，都不可能像学术论文那样完备，只能是提纲性、条理性的介绍。讲义中所叙述的一些观点也只是个人对相关专题的学习体会，仅供读者参考。

第一节　银行网点服务文化的培育与践行

一、文化与银行服务文化概念

（一）文化

《辞源》对"文化"的解释是"文治和教化"。文化是组织中各成员在知识、信仰、艺术、道德、法律等方面达成的共识和已经形成的能力和习惯。文化就像空气，无处不在、无时不在。

1. 文化就是方式，是人类生存发展的方式

文化是不同情感表达的不同方式。西方人的情感表达方式重个体意识，推崇个性张扬；而东方人（尤其是我们中国人）的情感表达方式重群体意识，认为个人是微不足道的，推崇的是集体主义精神。这是由不同的经济方式所决定的。古希腊、古罗马文化中从事工商业生产，产权必须明晰、公买公卖，明晰到个人，才能彻底实现私有制，否则"个体意识"无法建立起来。而中国传统社会的农耕经济由于是以一家一户为单位，男耕女织，经营规模小，所以生产的产品主要用于满足自身的需要。中国的古代社会结构最大的特征是"家有制"，既不公，也不私，是"公私不分制"。如封建帝王意识就是"家天下"："普天之下，莫非王土；率土之滨，莫非王臣。"故而中国传统文化最大的特点是"家国文化"，而群体意识是"家国文化"的显著特征，儒家思想以"孝"为先也与"家文化"相关。

2. 文化就是习惯，包括人们的思维习惯、行为习惯、处事习惯、生活习惯、工作习惯等

西方人习惯于用商业关系处理人际关系——凡事讲契约，如社会全体成员必须

遵循的契约是法律，是非问题习惯于用科学来签约——即形成公理、定理。法律之外的事习惯于跟上帝契约，请神来管，即宗教道德问题。中国人习惯于以血缘关系（或泛血缘关系）处理人际关系，在人际交往过程中，认为血缘关系是最可靠的，所以在处理人际关系时，总是要想方设法把非血缘关系转化为血缘关系。相互之间最亲切的称呼是"兄弟"，甚至有些单位的女性领导也习惯于称兄道弟，以便融洽与上级、同事和下属的关系；又比如人们常用的称呼："父母官""子弟兵""兄弟单位"等，"以行为家"就是典型的银行企业文化特性。

(二) 银行服务文化的内涵

银行之间的竞争愈来愈激烈，各银行门面和厅堂装潢不断追求高、大、上，先进的高科技智能服务设备琳琅满目。这些硬件设施确实是银行生存与发展的必要手段和基础，也是银行竞争实力的标志和象征。但是我们更应该认识到：任何一家银行都是其所属各个部分结合的有机系统，而不是一个偶然的、简单的堆积物。再先进的金融工具，倘若离开了人，一切都只是摆设；或者说用于银行经营活动的一切硬件千金易得，但若没有高素质的银行职员，这样的银行也只能是金玉其表而已。银行网点之间的竞争是服务文化的竞争。服务文化之所以能够促进网点业务健康持续发展，原因在于服务文化中蕴涵着一种无穷的力量，即"文化力"。

1. 何谓服务文化

服务文化是指服务者在适应经营竞争活动的内外环境的过程中，通过学习和实践而形成的一整套无意识的基本理念，以及以此为基础形成的相对稳定的经营价值观念和服务人格化的经营行为模式。这些理念、价值观念和行为模式被服务内部全体（或大部分）员工所拥有和接受，并在员工的各类行为中自然地表现出来，且被告之是行之有效。

从社会学的角度来看，服务文化是具有普遍性的，它存在于每个银行之中，只不过它不具有直观性，而是隐蔽在金融服务各种行为的背后，隐含在每个银行职员的头脑和行为之中，隐含在银行经营与内外一切有关的事物之中，是金融服务物质内部的灵魂。服务文化是无形的，但确实是客观存在的。它类似于一个人的性格。我们可以通过某个人的一系列行为方式分析出此人是属性格是稳健型，还是属热情开放型。同样我们也可以通过银行的一系列经营活动方式，判断出该银行的服务文化如何，甚至还可以认定它是成功的或不成功的。因为任何一家银行在同业竞争中的成与败，无不受其服务文化的作用和影响。

2. 银行服务文化的特征

为客户提供满意的服务是每个商业银行经营管理的出发点和落脚点。服务是一种人与人之间的经济活动，是消费者从有偿的活动或从所购买的相关商品中得到的利益和满足感。而这种活动并不完全需要与其他产品出售联系在一起，在服务活动中，即使需要借助某些实物，这些实物的所有权也不涉及转移的问题。

3. 银行服务文化是一种高智慧的文化

银行服务文化体现着银行价值观和经营理念，贯穿于银行经营管理、产品设计、市场营销和终端服务的全过程，是以规范员工服务行为和提高客户忠诚度为核心，在长期对客户服务过程中所形成的服务理念、职业观念等服务价值取向的总和。先进的银行服务文化包括：服务措施同业领先、服务流程规范合理、服务品质以人为本、员工素质客户满意、管理制度支撑到位、品牌形象名列前茅。

二、银行服务文化的功能

毛主席说："没有文化的军队是愚蠢的军队，而愚蠢的军队是不能战胜敌人的。"资源是有限的，只有文化是生生不息的。探索银行服务文化，包括怎样去适应变幻莫测的市场、怎样赢得客户的信赖、怎样获取高额的风险利润，以及怎样进化自己的经营方式。这一系列的内容都是以服务为基础的。银行服务文化的功能主要表现在以下几个方面：

（1）导向功能。服务文化一旦形成，就建立了自身的价值和规范标准，对网点全体员工的价值取向及行为取向起引导作用。

（2）约束功能。服务文化对员工的思想、心理和行为具有约束和规范作用。它产生于服务的文化氛围、群体行为准则和道德规范，使网点的每位员工通过心理共鸣达到行为的自我控制。

（3）凝聚功能。当一种价值观被网点全体员工共同认可后，它就会成为一种黏合剂，从各个方面把其成员聚合起来，积极向上的思想观念及行为准则会形成强烈的使命感，从而产生一种巨大的向心力和凝聚力。

（4）激励功能。服务文化把尊重人作为中心内容。企业把以人为本作为管理的中心，其持久的驱动力将成为员工自我激励的一把标尺，能够极大地激发员工的积极性和创造精神，从而推动银行经营业务的发展。

（5）辐射功能。服务文化一旦形成较为稳固的模式，不仅会在银行内部发挥作用，对本行员工产生影响；而且也会通过各种渠道，如对外宣传、人际交往等，对社会产生影响。

（6）品牌功能。一旦服务文化成为一家银行的核心竞争力，它就变成了市场中的骏马，使同行望尘莫及而难以模仿与复制。该银行的员工身上将散发出成熟的文化风味，社会公众和客户就能深深地感受到银行职业人的文化气息。这就是银行的品牌效应，这就是这家银行的竞争实力。

三、银行服务文化的培育路径

银行服务文化的培育路径主要有以下四个方面。

（一）物质文化（视觉一体化）

物质文化是银行服务文化的载体，是以各种物化的和精神的形式承载、传播银行服务文化的媒介体和传播工具。它是银行服务文化得以形成与扩散的重要途径与手段，与银行追求的目标紧紧相连。

1. 大厅环境

银行网点营业场所应该做到四个"无障碍"：一是服务区域识别无障碍；二是自助设备操作无障碍；三是残障特殊服务无障碍；四是便利服务措施无障碍。

2. 形象塑造

为了更好地展示银行网点形象和员工精神风貌，强化员工的感官认识，集中注意力，体现出员工良好规范的操作秩序、严密的组织纪律性、团队合作意识，强化服务品牌，增强客户对银行的信任度和安全感，全体员工上班时必须统一着装、佩戴工号牌、插挂柜号牌，并自觉接受监管部门人员的监督检查。

有很多网点的员工都不喜欢穿统一的工作服，上班时通常里边穿着漂亮的休闲服，外面无奈地套上工作服，扣子不扣，似乎怕别人认为自己不美。笔者在任期间曾与员工们讨论过类似的问题。其实美与不美是有一个哲学的概念，美应该是形式与内容的统一。T型台上的时装确实很美，模特儿也很美，都鲜明地展示了美女的线条之美。银行的行服放在那样的环境里，可能显得呆板。但如果T型台上的时装和猫步展示在我们银行的工作环境中，肯定也是不合时宜的。如果走进我们行长室来汇报工作，穿着时尚性感的服装，走着猫步，再扭着水蛇腰，非得吓倒几个领导不可，在柜面上也保不定吓晕多少客户。银行的行服整洁、不烦琐、不耀眼，员工穿戴后显得大方稳重，能使客户感到放心。银行员工在工作时如果穿戴得花枝招展，会让客户感到你这家银行太繁乱，会感到你们银行的业务操作不规范，自然会产生对银行没有安全感等负面评价的心理。这样的服装，何美之有？

3. 文化宣传

"精神墙"（类似于墙报、板报）是网点政治思想教育和宣传工作的一种形式。以"精神墙"为载体，凝心聚力，充分发挥其无形的激励作用，在传播激励文化中展示良好的团队风貌，使"精神墙"成为引领业务发展，弘扬团队精神。"精神墙"可采用静态和动态两种形式，如利用液晶显示屏播放展示网点员工风采的宣传片等。

（二）行为文化（行为规范化）

通过各种形式的行为文化活动，有利于完善银行服务文化要素，有利于提高员工的职业心理素质，有利于加强网点团队的向心力和凝聚力，有利于培养网点员工的团队合作精神，有利于激发网点员工对事业发展的信心和工作热情。

1. 服务行为

服务是无形的，是持续不断地满足并超越客户期望的全过程服务行为，网点员工的服务行为规范会给客户一种综合感觉。在当今现代社会里，来到银行网点的许多客户看重的不仅是在银行能得到什么服务，还包括一种感觉、一种享受、一种潇洒、一种风度和一种尊贵，即一种银行的服务文化。

银行网点的员工可通过仪容仪表、站立服务、微笑服务、眼神关注、工作态度来显示一种文明礼貌的服务行为习惯。要杜绝人站不起来、嘴巴张不开、脸笑不出来、产品信息讲不清楚、大堂经理不在岗、理财经理服务与销售"两张皮"、网点负责人不在现场办公等不良现象。网点员工的服务行为应该做到三个"无障碍"：一是语言沟通交流无障碍；二是正常业务办理无障碍；三是客户投诉处理无障碍。从客户进入营业大厅开始，所体验到的是一种宾至如归的感觉、一种被尊重的感受、一种服务超值的快乐体验、一种人文关怀的温情，由此产生对银行优质服务的认同。相反，都是有违银行服务文化的精神。

2. 员工培训

员工业务培训是按计划实施的、连续的系统学习行为或过程，是提高业务技术水平、强化服务的必要手段，也是提高员工工作效益的重要途径，应采取多种形式，开辟多种途径，分期、分批地对窗口服务员工进行培训，重点加强新产品、新业务、新技能的培训，注重网点员工服务意识和理念的更新，不断适应业务创新和满足岗位服务的要求。员工培训的内容包括：基础知识、专业知识、相关知识、技能训练、形象塑造、心理疏导等。

3. 习俗仪式

员工每天早晨上班前需按时召开晨会，其内容包括：相互问候、齐声高喊能体现本网点服务精神的口号、小结昨天的工作业绩、表扬好人好事、提出当天的工作目标等。晨会切忌批评员工。晨会是一种激励斗志、分享激情的形式，也是一个交流信息、共同学习的机会，可以体现团队精神，增强凝聚力。晨会的召开效果能体现一个团队的精神面貌，而且会影响到员工一整天的工作状态，不可轻视。每天早晨开门时的迎宾、晚上下班后的班会等都是网点固化的一些习俗仪式。

4. 争先创优

积极组织员工开展争先创优活动。先进团队和典范人物是银行服务文化的精神化身，银行应积极参与中银协开展的示范网点创建活动，并培养网点员工队伍中的典范人物，对他们的优秀事迹进行表彰、宣传，运用精神和物质激励方式，树立员工的学习榜样，激发员工的激情和活力，引导员工的职业行为，不断更新和完善银行服务文化。

5. 社会公益活动

经常开展志愿者等各种形式的主题实践活动，结合业务营销，组织员工在营业网点或深入社区、学校大力普及现代金融知识，引导客户接受现代化的金融消费方式;加大对金融业窗口服务先进典型、成功经验的宣传力度;加强与客户和有关方面的沟通,树立银行窗口服务的良好形象。

6. 集体活动

广泛开展业务技能竞赛、献计献策、主题研讨、专题教育等活动;利用召开员工座谈和举行庆功表彰大会,增加银行网点的团结、祥和的气氛,有利于强化员工对团队的自豪感、归属感和忠诚度。每年春节前召开新年团拜会,或组织集体宴会。在会上,一是由公司领导祝新年贺词,感谢员工一年来的努力工作,为本行创造了效益,提出新年的希望和祝福。二是由员工表演文艺节目,活跃气氛;还可以开展员工抽奖活动,提高员工参与活动的热情,增加员工的对银行的归属感和幸福感。

7. 文体活动

文体活动是服务在发展的过程中建立健全服务文化的重要载体形式,如:组织员工参观红色教育基地、旅游、聚会、体育活动、观看电影等,从而调节员工的工作压力,增加生活乐趣。组织员工才艺表演会、体育活动、专项活动征稿比赛等,挖掘和提炼员工的人文综合素养,对参与活动的积极分子可给予精神鼓励和物质奖励。

(三)制度文化(管理精细化)

1. 建立科学规范的服务质量管理体系

现代银行管理制度就是按照现代化经营管理的客观要求,是用来规范和约束全体员工思想行为的规范和标准,是用文字形式对银行业经营活动和网点员工服务行为所制订的并要求全体成员共同遵守的章程、条例、规则、程序和办法的总称。制度的建立和制定,将对银行的经营发展起着促进和推动的作用,将对银行员工的日常管理具有强制性、约束力和保障作用,将对银行网点逐步完善管理工作的科学化、规范化提供有力保障。

要制订系列标准化服务规范,完善窗口服务运行与管理,建立服务质量监测、评价和改进机制。服务质量监测形式有现场检查、非现场检查、客户体验调查、客服中心呼出调查、投诉分析等。

2. 网点精细化管理

精细化管理既是一种管理理念,也是一种管理技术。精细化管理有三大原则:注重细节、立足专业、科学量化。把标准化管理落实到每个岗位、每个员工、每个流程和每一次的客户服务的过程之中,从而实现管理系统和功能的最优化、管理效率和效益的最大化。

3. 网点服务管理制度

一是要对已有的网点服务管理制度文件进行系统的梳理,并按照中银协示范网点创建评选检查标准的要求进行整理、修订、归类、建档。把网点的服务管理工作分解为对员工、对业务、对物品三个方面的管理内容，再细化成对员工的日常教育管理和岗位培训管理、对业务的现场定式管理和操作规范管理，以及对物品的6S定位管理。

二是要落实服务质量现场管理与控制规定，强化员工日常行为的养成和考核。对员工仪容仪表、服务态度、客户投诉、工作质量、桌面卫生、服务用品设施摆放等具体表现采取一日一积分，一月一评比的方式，实行每月一"星"评比，将每月评出的服务明星在网点大厅内挂牌亮相，接受广大客户的监督。为了加强各岗位员工的服务意识，可要求每位团员统一佩戴团徽，党员佩戴党徽，让员工树立自觉的优质服务意识和责任感。

4. 认真做好客户满意度调查工作

采取问卷、电话、召开客户座谈会等方式，广泛征求客户和上级行领导意见和建议，认真改正网点服务管理中存在的问题，确保优质文明服务标准落实到每一个人、每一项业务、每一个工作环节。坚持向社会公布监督电话，在营业大厅设立咨询台、监督电话、意见簿等，拓宽社会监督渠道，自觉接受监督。利用柜面客户评价系统，对柜员进行满意度测评，适时对临柜服务进行现场监督。

5. 网点服务管理制度的人性化

银行服务文化的建设应该确立"以人为本"的信念，我们应该认识到银行中的每个人，不是一般意义上的人。不能单纯采用"精神万能、政治挂帅"办法去要求员工努力工作，实行的却是"大锅饭"分配方式，把员工仅仅视为"政治人"；也不能单纯推行"物质刺激、金钱挂帅"办法，忽视人的精神力量，轻视思想政治工作，把员工片面地视为狭隘的"经济人"；更不能单纯沿用压迫式、命令式的管理方式，一味严、压、卡、罚，忽视人的尊严、人的地位，把员工错误地视为"机械人"。在银行网点的服务质量管理中要克服两种倾向：以查代管、以罚代管。我们应该高度重视广大员工有精神、文化、心理、成就感谢等多方面多层次的需求。我们要刻意塑造一种适合市场经济发展的现代商业银行的文明规范服务文化，其中根本的一条就是要使全体员工能成为有素养的"文化人"。

(四) 精神文化（理念共知化）

1. 服务理念

许多银行在本行的服务文化要素中都有明确表述的服务理念，比如：

建设银行——"客户至上，注重细节"。

农业银行——"客户至上，始终如一"。

交通银行——"以您为先，灵活稳健"。

招商银行——"因您而变"。

各银行服务理念的词语表述虽然有所不同，但都具有共同的服务文化内涵：一是坚持客户至上的服务理念：银行业履行社会责任必须从文明规范服务做起，履行好社会责任，更好地服务民生。坚持做好全面服务、主动服务，同时还要注重特殊客户特殊业务的个性化服务，坚持细节和真情贴心的服务。二是诚信至上的服务理念：努力拓展产品营销市场，满足广大金融消费者的需求；努力增加产品的附加值，发挥服务文化的增值性。三是全员参与的服务理念：坚持创新服务和打造品牌服务，注重以服务文化推动银行提高管理水平和服务质量，努力改进服务手段，努力提高服务技能。

2. 团队精神

团队精神是任何一个组织都不可缺少的精髓。而银行网点的客户服务是一个团队紧密合作的过程，强烈的团队精神能够保证银行网点全体员工精诚团结、目标一致、风雨同舟，甘苦与共。犹如航行于大海的巨舰，有智慧的舰长的正确指挥，有勇敢的船员的协同配合，在这艘巨舰上每一个人都发挥着重要的作用，凝聚成劈波斩浪的巨大动力。一个银行网点，大家心往一处想，劲往一处使，只有具备了这种配合默契的团队精神，才能成为一个优秀的团队。

团队精神的基础是尊重个人的兴趣和成就，团队精神的核心是协同合作，最高境界是全体成员的向心力、凝聚力。团队精神反映的是个体利益和整体利益的统一，进而保证组织的高效率运转。团队精神的形成并不要求团队成员牺牲自我；相反，挥洒个性、展现特长保证了成员共同完成任务目标，而明确的协作意愿和协作方式则产生了真正的内心动力。

四、服务文化践行与示范网点创建

（一）对服务文化的理解

（1）"文"是慢慢积累的意思。服务文化一个循环系统工程，一个银行的服务文化不是一蹴而就的。

（2）服务文化由有形和无形的部分组成，是由有意识学习与无意识学习组成，不仅是书面的理想、愿景和使命，而且是日常的实务、沟通和信仰。

（3）服务文化是象征的、整体的、唯一的、稳定的、难以改变的。

（4）服务文化是一个银行的个性，团体的共同信仰、价值观体现在每位员工的服务行为，是指应如何做好为一个客户服务等诸多事情。

（二）服务文化践行永远在路上

银行网点员工努力践行服务文化是打造银行网点优质品牌和提高核心竞争力的关键。我们不应该把创建五星网点、千佳、百佳作为唯一的目标，应重在深化银行服务文化的内涵。服务文化是银行客户服务管理的一种具体方式，是一个长期的、没有终点的动态过程，因为服务没有最好，只有更好。

现在，各商业银行积极参与示范网点创建活动的热情越来越高，并取得了令人瞩目的成果，大大提升了我国银行业的整体服务水平和社会公众形象。但是，对银行服务文化的践行和示范网点创建目的及意义的认识还有待于进一步提高。例如：某地区有一年度有两家单位参评百佳，各方面的条件都很优秀，但终因本市百佳候选名额有限，当地银行无奈之下只能撤下其中一个，而落选银行的一位领导忿忿然表示今后再也不参加任何创建活动。无独有偶，某地银协领导因本市评选分配的名额不够，也有类似的意向表达。历年来示范网点创建活动都存在着类似问题，如：创建评比候选单位名额有限、参选网点因自身存在的某些细节不足与奖牌擦肩而过、在创建评比工作中可能存在的某些负面因素等，都会给一部分参选单位带来遗憾，甚至感到不平，毕竟大家为之付出艰辛的努力，其心情完全可以理解。相反，有许多银行网点从开始参与中银协开展的示范网点创建活动以来，每年都积极投入，在此过程中经历过许多挫折和失败，但从不气馁，苦战多年之久再如愿以偿斩获了百佳荣誉；也有的银行网点目前已经斩获过两次千佳和两次百佳的奖牌。大家完全有理由相信它们不仅是为了奖牌，而是借助示范网点创建活动这个平台，努力锤炼自己的员工队伍，把客户服务工作做得更扎实，把本行的服务文化培育得更具底蕴，牢牢地印在每位员工心中，真正做到把网点打造成无愧于百佳荣誉的先进、精品、品牌网点。因此，我们不能把评选的结果看得过重，能获得评选成功果然好，但这只是一个即期目标而已，践行我们的服务文化才是我们大家孜孜不倦追求的终极目标。

第二节　银行示范网点创建与维护

一、示范网点创建的意义

开展示范网点创建活动为的是进一步满足客户多层次的服务需求，全面提升网点综合管理实力和员工文明素质，在公众中树立良好的社会形象，提高银行的知名度，更好地推进银行经营业务的全面发展。

（一）团队建设的意义

组织目标能否成功实现取决于团队的整体业绩，而不是某个人的能力。古人云："人心齐，泰山移。"现代人常说："团结就是力量。"现代企业的竞争归根结底是团队间的竞争，即团队协同作战能力的竞争。一个银行网点要保持强大的生命力和竞争力，一个示范网点要长久保持其先进的活力，关键的因素不在于某个或少数员工个人能力的超群，而是在于网点全体员工整体团结合作的强大，其中起关键作用的就是那种弥漫于网点内部、无处不在的团队精神。

当今社会,像董纯瑞、黄继光这样的战斗英雄精神将永存,但这样的英雄人物很难出现了。在现代战争中,高科技的战争武器替代了传统的武器装备,而高科技的武器需要一个强有力的团队协同操作。所以每一场战斗、每一个战役的胜利,光靠一个士兵不怕牺牲、英勇善战的举动是不可能实现的。单枪匹马的个人英雄主义时代已经过去,必须依靠团队的力量才能取得最终的胜利!

个人再优秀,也就是一滴水;一个团队、一个优秀的团队就是大海。一个银行的网点不但要求有优秀的个人,更要有优秀的团队。没有完美的个人,只有完美的团队。因为,优秀团队能完成一个人永远无法完成的任务。

不良的团队氛围:一个人是条龙,一群人是条虫;三个和尚没水喝。棋牌中的哲理:打桥牌打的是协同配合,下围棋想的是整体布局,搓麻将摆的是各自为政,斗地主玩的是钩心斗角。请问,从团队建设角度您从中能受到什么启迪?

(二) 群体与团队的区别

1. 名词定义

(1) 群体:两个以上个体,相互作用或相互依赖,为了实现某些特定的目标而结合在一起的组织。群体无处不在,有某一共同特点的任何一群人就是群体,群体可以向团队过渡。

(2) 团队:由员工和管理层组成的共同体,达成共同目标,每个成员的知识、技能和经验被合理运用协同工作,共同努力配合解决问题。广义的团队是指一个企业或单位。狭义的团队是指在一个企业或单位内的一个科室,也可以指为了某个任务、某个目标而设置的临时性组织。

2. 团队和群体的差异

群体仅仅是量的组合,团队并不是一群人的机械组合,而是捏合,是质的提升。

(1) 领导方面:作为群体领导人的角色与权威缺乏稳定性;团队认同优秀(具备出色的团队组织与管理技巧)的领袖人物,保持一贯的执行力,发展到成熟阶段,成员共享决策权。

(2) 目标方面:群体的目标必须跟组织保持一致,但团队中除了这点之外,还可以产生自己的目标。有不少的人会认为团队精神是"要有共同的目的、价值观和利益",这观念是不完整的。无论是朋友之间,还是企业之间,甚至是国家之间的合作,都必须有两个前提:一是合作各方都有各自的目的;二是缺乏资源(钱、技术、市场)。因此,团队合作的法则就是要找到具有互补性资源的人、企业、国家进行合作。平时最好的哥们儿或闺蜜往往是帮不了你什么忙的,因为大家资源都差不多,难以做到互补。夫妻也是一种合作关系,世上没有无缘无故的爱,通常夫妻两人都要强或都很弱,这样的夫妻"合伙"并不是件幸福的事。网点是银行的一个基层团队，网点中的全体员工既有共同的目标、价值观和利益，但也有每个成员自身的目标、价值观和利益，只有两者的有机结合才能达到完美的效果。

（3）协作方面：群体的协作性可能是中等程度的，有时成员还有些消极，有时会对立，甚至会出现内讧等现象；团队成员将个体利益与整体利益相统一，从而实现组织高效率运作的动力，齐心协力的气氛是成功团队最重要的特质。

（4）责任方面：群体的领导者要负很大责任；团队中除了领导者要负责之外，每一个团队的成员也要负责，甚至要一起相互作用，共同负责。

（5）技能方面：群体成员的技能可能是不同的，也可能是相同的；团队成员的技能是相互补充的，把不同知识、技能和经验的人综合在一起，形成角色互补，从而达到整个团队的有效组合。

（6）结果方面：群体的绩效是每一个个体绩效相加之和；团队的结果或绩效是由大家合作完成的产品。群体并不具备强大的战斗能力，而团队有强大的竞争力和战斗力。

3. 团队与团伙的区别（如表4-1所示）

表4-1　　　　　　　　　　　　团队与团伙的区别

团队	团伙
有正确目标	无正确目标
因理想而凝聚、情趣相投	因利而聚、无利而散
拆不散、拖不乱、打不垮	拆则散、拖则乱、打则垮
指多个人在一定的约束下合规合法形成的一个有机集体	指多个人自发形成的一个团体（诈骗团伙、盗窃团伙、恐怖团伙……）

曾有媒体披露，某地一家银行网点负责人串通本网点的业务主管和员工，合伙侵吞盗用客户账户中的数亿资金，酿成惊天大案，这样的网点还能与团队画等号吗？

4. 团队的比较（如表4-2所示）

表4-2　　　　　　　　　　　　团队的比较

令人向往的团队	令人厌倦的团队
志同道合奔远景	鼠目寸光图私利
精诚团结同打拼	四分五裂搞派系
同舟共济图共赢	各怀鬼胎互算计
坦诚和谐少杂音	钩心斗角差人际
学习创新共前进	工作死板无新意
荣辱与共结友情	沉闷氛围惹人怨

一个卓越的团队不是天然形成的，而是在组织发展过程中由团队领导者和团队成员共同努力，逐步打造出来的。从五星网点到千佳、百佳的创建成功，少则四五年，多则七八年，整个创建活动本身就是一个银行服务文化的积累过程，不可能一蹴而就打造成功的。

（四）管理模式对团队建设的影响

有关银行经营机构管理模式的选择，业内历来有不同的看法，有关银行基层经营机构应实行事业部制的观念曾比较盛行。笔者一直持反对意见，从网点资源的共享性、客户渠道的交融性、产品业务的综合性、团队营销的联动性来看，都不适宜实行事业部制。事实证明，事业部制不适合我国国情，过去四大国有银行省会城市曾出现过省、市分行都直属总行管辖，结果导致银行内部不必要的内耗竞争，问题多多，矛盾重重，早已被认定是不成功的管理模式。如果现在一个银行在同一个城市实行多个事业部，在日常运营过程中必然会出现内部争夺资源而导致内耗多多，甚至会影响到网点员工的团队协作。

（五）银行网点转型对团队建设的影响

由核算交易主导向营销服务主导转型；由行政管理型向客户沟通式转型；由业务型向客户体验式转型；由被动服务向主动服务转型；由单一产品销售型向综合业务营销式转型。银行网点服务竞争实际上是多方位、多层次的复合竞争，需要网点各岗位的员工互相配合协作才能正常运转，离不开网点员工的团队精神。

（六）考核激励机制对团队建设的影响

网点是银行最基层的经营机构，网点内部有柜面服务、大堂管理和业务营销等不同的岗位，每个岗位都有自身的价值，只有组合在一起时才能更有效地发挥其网点的服务功能和业务营销的竞争实力。但是，目前大多数银行网点的考核办法不健全、不完善，甚至不合理、不公允。考核办法单纯偏重于员工的营销业绩，导致营销人员与服务人员之间收入分配差距过大，严重挫折了员工提高客户服务质量的积极性。笔者最反对的是实行所谓的"买单制"，这是造成网点员工各自为政、资源浪费、成本加大、内耗不断、人心涣散的最大祸根。应该鼓励网点各岗位员工之间亲密合作、联动营销，不搞单兵作战。笔者曾在担任分理处主任时，在员工绩效分配上始终坚持差距比例适当、综合指标兼顾的原则。有时按上级行制定的考核办法应该属于主任个人获取的一部分营销奖金，笔者也不独占，每年都会将一部分供其他员工共享。因此，笔者所带过的团队都很团结，团队的诸多营销业绩指标的完成也始终在本地区行内保持前列。

二、示范网点创建要点

笔者于 2005 年 9 月调任建行南京鼓楼支行后的头两周内，所辖的网点连续发生了几起非常棘手的客户投诉，投诉原因虽然也有客户不在理，但主要原因是我们柜面员工业务操作不合规或服务行为不规范。笔者花费了一个多月的时间，巡访了支行所辖的所有网点，从中发现不同网点不同的员工在客户服务过程中所表现的行为标准都不统一，经了解分析后，明白了一个道理，这是银行网点传统的"师傅带徒弟式"的培训结果所致。一个新员工如果跟了一个责任性强、业务精的老员工学习，就有可能养成一些良好的工作习惯，反之则不然。因此，笔者意识到，作为一个基层银行必须要有自己的标杆网点和模范员工，本行以外的先进人物离我们员工遥不可及，在实际工作中缺少可视性，标杆示范作用不大。只有我们自己培育和打造的先进才能最有效地起到示范作用。于是，笔者主动向领导班子提出由自己来负责网点服务改进提升的管理工作。经过多年的示范网点创建工作，笔者认为一个先进网点的培育和打造离不开以下几个方面的工作。

（一）先进网点的创建离不开领导的重视和支持

整合有效资源，一是挑选具有各种特长的员工，搭建一个人才多元化的员工团队。二是提供一个有效的支持系统，即管理层应给团队提供完成工作所必需的各种资源。

（二）先进网点的亮点不仅是个人的表现，更是团队的综合表现

一是支行领导重视，分管行长给力，管理部门配合；二是一个有朝气、有活力的员工团队，网点负责人及全体员工有强烈的"争先创优"的激情。

（三）网点选择的基本硬件要求

（1）网点位置对内对外都要具备示范的条件。即网点所处的地理位置不能过偏，要有一定的客户量，营业场所面积不能过小，否则基本的服务设施难以配备安置到位。

（2）网点具有舒适的营业环境。营业环境的好与差不仅会影响员工的工作情绪、工作效率等，而且对客户的情绪也有很大的影响，还会间接影响到银行的业务量。营业环境的营造应体现人性化，从客户的实际需要出发，以是否方便客户办理业务为依据和出发点，从环境卫生、设备设施、宣传资料等方面着手管理，真正做到"以人为本"。

（3）网点经营的业务品种要齐全。如果网点经办的业务品种过少，则难以满足客户多元化的需求，会影响网点的服务质量。

（4）网点硬件设施要相对领先于同行。

（四）网点管理规范化

（1）完善培训体系，促进员工全面发展。先进网点通过多种形式和渠道加强员工培训，不断提升员工的素质。除了基本的专业知识学习和业务技能培训，还应包括外语培训、手语培训、形体培训和礼仪培训。

（2）人性化的员工管理。银行业作为服务业，员工是与客户直接接触的银行代表，员工的工作态度、工作激情与职业素养也会直接影响到客户。银行管理者对员工人性化管理的精神也会通过员工传递给客户，对员工的人性化管理是真正实现对客户人性化服务的重要措施。

（3）充分运用 6S 管理在网点管理中的功能。实施 6S 管理并不仅仅是为了给客户留下良好的印象，为了银行网点的形象和面子，最主要的目的是提高员工自身技术的改进；保证网点员工的工作质量；提高客户服务的工作效率；降低消耗，以降低成本；消除安全隐患，保证机器设备的正常工作；提高员工的满意度，增强员工们的合作信心和团队的凝聚力。

（4）丰富网点员工的工作之余的活动。开展如登山、球赛和才艺表演、专题征文比赛等文体活动，提升每位员工的自信心，充分挖掘员工才能的潜力，增强团队凝聚力。

（5）平时注意积累资料（文件、业务数据、影像），分类装订成册归档。档案是历史的积存，具有宝贵的文化价值。档案规范化是网点管理正规化的重要标志，是网点日常经营管理的重要参考依据，是进行网点服务文化培育和员工政治思想教育及弘扬精神文明的有效载体，是银行网点保持可持续发展的重要信息资源。借助档案资料，我们能够更好地了解过去、把握现在、预见未来。

三、示范网点荣誉维护

先进网点不是完美无缺的，在对网点的客户满意度进行综合测评中，除了硬件之外，在软件上往往有很多主观的成分，还有突发性的成分在里面。面对神秘顾客、媒体记者的暗访、上级的突击检查，我们也不可能做到万无一失，但我们可以做到尽可能去符合行业服务的标准与规范，做好自己应该做的，至于如何评价，评价结果如何，又是另一回事了。

（一）做好应对客户投诉的处理工作

力求做到乐意受理、快速响应、妥善处理、及时回复，让客户满意。不要迷信 100% 的客户满意度，因为客户永远不会有满意的一天的，客户的需求是无限延续的，所以银行网点只能追求客户满意度的不断提升。

（二）做好应对媒体的采访工作

现代公众所接触的现实往往并非现实本身，而是由媒体所构建出来的现实，由于 3G 技术、互联网的发展使我们进入了一个"人人皆媒体"的时代，随着网络微信等迅速发展，每一个人都成为一个"通讯社"。银行示范网点也常常被媒体舆论作为关注的热点话题。我们如果媒体应对不当，处境就会非常被动。我们不能拒绝采访，也不能为媒体采访设置障碍。一旦网点发生突发事情，媒体更倾向于站在消费者的角度看待问题，有时候甚至会忽略事实的真相，因此，我们银行要积极应对媒体，主动引导舆论。

在平时，要与媒体应建立正常良好的关系，要主动提高同媒体打交道的能力，尤其是那些商业性媒体包括网络媒体，特点是商业性，更追求轰动性，就是"哪壶水不开就偏提哪壶"，喜欢提敏感性问题，这样更能吸引读者的眼球。我们网点员工在接受媒体来电或采访时就注意以下事项：

（1）保持警惕，对涉及的问题描述要客观、简单、准确，防止个别记者引用时断章取义，或通过隐形录音或录像制造炒作题材。

（2）如事件涉及多方利益，回答只限于介绍我们的观点，切忌对第三方发表评论，回答提问涉及的数据资料要准确、可靠，避免使用"大概、估计"等词语。

（3）除监管机构（如银监会、人行等）要求和法律法规明确规定的情况之外，一般作答要留有余地，以备事后弥补和纠正。

（4）应注意的态度。谦和礼貌、不卑不亢；既不主动答话、解释，也不故意躲避；对于正面信息要积极"喂料"；不要轻易批评、指责媒体；不使用负面或过激语言和动作。

（5）网点受到媒体当面采访时要注意，未获得上级行特别授权，基层营业网点和员工原则上不得接受媒体记者采访。相关网点员工发现记者暗访时，要主动接触记者，查看记者相关证件，了解暗访记者的身份、所属媒体单位和采访目的与内容，向记者表明本行接待记者采访的程序和纪律，请记者理解和配合，然后引导记者到洽谈室，由网点负责人接待，并在第一时间内报告上级行相关管理部门。

（三）神秘人不神秘

"神秘人"暗访检查是各家银行通用的网点客户质量监督检查的形式，每当"神秘人"检查报告出来后，经常会使一些网点员工感到懊恼，甚至会受到领导的批评。员工毕竟是人，难免会在某个时间段里会出现一些瑕疵，为了避免"神秘人"的"找茬""举报"，我们员工发现"神秘人"出现时，要格外小心，应注意自己服务是否到位，以免"神秘人"以偏概全，影响网点服务质量的考核。"神秘人"通常有以下几个特征：

（1）年轻、手巧、脑灵活。

（2）进出张望窥视。

（3）交流表情直愣。

（4）咨询问题繁多。

（5）较少听完回话。

（6）办理业务简单。

（7）说话外地口音。

(8) 检查完后或许还会向你询问另一个网点的地址及前往的路线。

当然最根本的是自己要长期养成良好的服务习惯，就不怕神秘人的检查。

（四）基层网点应对危机的注意事项

要强化网点员工的危机意识，要制定相关的应急演练预案，并定期和不定期地组织网点员工进行模拟演练，发现问题及时纠正和落实应对措施。

(1) 强化日常管理，排除风险隐患。
(2) 高度重视危机，积极协调应对。
(3) 依靠当地政府部门，控制好地方媒体。
(4) 利用人际关系资源，洽商媒体妥善解决。
(5) 有效安抚客户和相关方的情绪。
(6) 及时查明事实真相，摆明本行态度。

四、示范网点保鲜升级

（一）充分发挥示范网点的标杆作用

(1) 从各网点抽调员工到示范网点学习培训，将新员工先安排到示范网点实习培训。

(2) 选出示范网点中的优秀柜员做辅导的老师，一对一的"传、帮、带"，言传身教，使其他网点的员工和新员工在实习期养成规范的言行举止和良好的业务操作习惯。

(3) 培训后再把他们输送到各网点，各网点的员工再按照他们的标准来统一规范，以点带面，发挥示范网点培训基地的作用，起到很好的示范效应。

(4) 还可以让示范网点的优秀员工下派到各网点代班一周，进行现场辅导。

（二）为什么有的优秀团队只是昙花一现

有部分银行网点经历多年的打拼，终于实现了预期的目标，但随着时间的推移，示范网点原有的亮点会渐渐褪色，其主要原因：

(1) 成员结构固化，缺乏继续上进的激情。
(2) 缺乏上级行领导和管理部门的继续支持和帮助。
(3) 业绩指标下降影响士气。
(4) 团队成员关系出现不和谐。
(5) 团队成员不再愿意接受团队发展的模式和过程。

（三）示范网点的"保鲜"措施

1. 吐故纳新

可将对先进荣誉不再看重的成员调离优秀团队，及时吸纳新成员，使团队始终保持奋力打拼的新鲜感、成就感、先进性。

2. 支持到位

上级领导应时刻提醒相应管理部门做支持配合工作，继续加大必要的投入，根据业务发展的需要，适时更新换代网点的服务设施。

3. 激励士气

从精神和物质两个方面激励团队成员，各项奖项应给予倾斜。要完善银行网点员工绩效考核机制，不能单纯地以业务营销业绩论英雄，要加大对服务质量的考核力度。

4. 化解冲突

团队冲突是任何一个团队无法避免的现象，它是指由于目标、资源、预期、感觉或价值观的不相容，所导致的两个或更多的人之间以及工作小组之间的相互排斥。解决的办法是发展建设性冲突，清除破坏性冲突；发扬民主，允许和鼓励发表不同意见；通过交换意见而加强谅解、信任；提高每个员工的情商，修复和保持良好的人际关系。

5. 升级目标

不断地追求卓越，每年都要提出升级版，有新的标准要求团队每个成员。不断创新决不因循守旧，不重复别人的老路，不断找到新的工作思路；勇于向极限挑战，永远都不说不可能，因为不是不可能，只是暂时还没有找到方法。坚信每个人都有无限的潜能，坚信大家一旦凝聚起来，能做任何事情，能达到任何目标。

第三节　银行网点文明规范服务指引

服务是银行柜面人员的基本职责，也是银行力争客户的有力手段，谁的服务好、谁的质量高，谁就能在竞争中取得主动、站得稳脚跟。当产品同质性越高时，服务可以创造差异化的感觉。别人做不到的，我们能做到，使客户感受到独特的价值和效益，就能赢得商机。以服务赢得客户的满意，维持良好客户关系，使营销形成一种良性循环，形成一种强有力的竞争利器。

一、客户服务理念

（一）客户服务的内涵

服务是指为客户办理业务，并使客户从中受益的一种有偿或无偿的活动，不以实物形式而是提供活劳动的形式满足他人某种特殊需要。客户服务不只是把银行产品推销给客户，而是要使客户满意并长期继续购买本行的产品和服务。服务既是产品的附加值，可以使产品增值，同时也是社会角色分工所应尽的社会责任。

(二) 优质服务的五个特征

微笑服务、热情服务、主动服务、周到服务、个性服务。

(三) 客户的服务需求

受欢迎、服务及时有序、感觉舒适温馨、被理解、被帮助、被记住、被信任、被称赞、受重视、受尊重、安全和隐私。

二、网点服务管理要点

(1) 营业网点是客户与银行接触最密切的前线，代表的是整个银行的形象。每一位客户都可能会用自己的五官和神经去观察和体会银行服务的每一个细节。因此，要增强一线员工的服务意识，对客户要做到七个一样：熟人和生人一个样、大人和小孩一个样、同性和异性一个样、中国人和外国人一个样、本地人和外地人一个样、社会地位高的和普通群众的一个样、消费多的和消费少的一个样。网点要优化客户对柜面员工服务态度评价系统，并将评价的结果作为柜面服务质量考核的重要参数。

(2) 要有计划地安排好一线员工的业务知识和操作技能培训，并定期组织员工业务技能的定级考试，提高员工的服务技能，尤其要提高员工处理疑难业务问题的能力。

(3) 加强后台对前台的服务支撑，银行后台管理部门要转变工作作风、优化管理工作流程、强化服务意识，要强化"本部为基层、后台为前台、全行为客户"的服务意识，加强网点客户服务质量管理，注重长效机制建设。有的银行网点员工的服务态度和意识都很到位，但遇到一些疑难问题需要后台管理部门协调解决时，常有部分员工漠不关心、办事效率低下，会引起客户的不满和投诉。因此，要建立客户服务管理责任制，不仅要对网点进行服务质量的检查、监督和考核，对因后台管理部门出现的工作失误、处事推诿等原因造成的不良影响也应作相应的处罚。

三、职业化的概念

(一) 何谓"职业"

职业是参与社会分工，利用专门的知识和技能，为社会创造物质财富和精神财富，获取合理报酬，作为物质生活来源，并满足精神需求的工作。

(二) 何谓"职业化"

职业化是指一种工作的标准化、规范化、制度化、专职化（专业化）；是指职场人才满足职位要求的素质问题和追求成为优秀职业人的历程问题，即具有（符合）某一专业技术（道德）标准的问题；在合适的时间、地点，用合适的方式，做合适的事。企业使员工在知识、态度、技能、观念等方面符合职业规范和标准。职业人是内行的、有经验的,把工作做到位,并不断地追求做得更好。

优质服务最重要的是员工综合素养的体现。所谓素养(教养),简单地说,就是不管你的出身、学历、职业、贫富和背景如何,都要努力做个工作上敬业、专业,生活中热忱、真挚的人,不因为自己某些言语或行为让别人觉得不舒服,这就是(素养)教养的简单道理。

(三)为何要"职业化"

网点员工职业化素质的高低是银行内在效率提高和外在形象树立的根本。因为,客户与银行打交道,首先接触的是网点一线员工。员工素养的高低,代表了银行的形象和素质。强化网点员工职业化塑造能够帮助我们赢得客户的满意和信任,从而增强银行的竞争力和生存能力。

四、银行员工职业化内容

(一)职业化的仪态形象——端庄

柜面员工应站立服务,采用站立姿势接客户和送别客户。优美的站姿能衬托出一个人的气质和风度,男员工要体现男性的刚健、潇洒、英武、强壮,女员工要体现女性的轻盈、端庄、典雅、娴静。

(二)职业化的从业心态——宽容

认清自己在社会中的角色,端正服务态度,明确服务者与被服务者之间的关系。银行制度是一种文化、服务更是一种文化。我为人人、人人为我;角色有不同、身份无贵贱。保持良好的心态能坦然面对"工作压力""营销压力""客户投诉压力"。优质服务不仅仅是体现在一些基本的服务用语和行为上,关键是发自内心要有真诚服务的心态,心态决定行为,行为决定结果。银行网点客户服务管理过程所有的一切,均是从与客户接触的每个细节入手,细节决定成败。

(三)职业化的服务态度——热心

全国劳模李素丽说:"认真做事只是把事做对,用心做事才能把事做好。"客户没有批评,只能说是把事情做完了,还不能说工作做好了,只有表现在预期之外,客户才会惊喜,才会难忘,这才是我们网点员工在客户服务过程中所应达到的标准。

服务不只是用嘴,更要用心。每个人说同样一句话(比如"欢迎光临")为什么会令人感觉不一样呢?关键在于我们在讲这句话时的心理状态。回应客户时,应该是"三到":眼到、声到和肢体语言到。当服务人员很机械地、很生硬、没有任何情感,或者没有任何表情或眼神的时候,你是什么样的感受呢?只有发自内心最诚挚的服务心态,才能传达出最舒服的服务感觉。

我们多说一句，客户就少一点麻烦、多一点方便、少一点误会、多一点理解、少一点怨气、多一点和气。我们"多一句"，投诉少一次。很多客户投诉和纠纷的产生，往往就是因为我们少说了一句。我们应该做到：新客户多介绍一句，疑问客户多解释一句，问题客户多安慰一句，心急客户多关照一句，大客户多说明一句。只有这样才能有效地减少各类客户投诉，提高客户的满意度和忠诚度。

（四）职业化的服务礼节——真诚

1. 礼的涵义

（1）"礼"是表示敬意的通称，是中华民族的美德之一。作为道德规范，它的内容比较复杂。作为伦理制度和伦理秩序，也就是"礼制""礼教"，是指人们在社会交往活动中形成的行为规范与准则。作为个体修养涵养，也就是"礼貌"，是指人们在相互交往过程中应具有的相互表示敬重、友好，具体表现为得体的气度、良好的品质和规范的行为举止。用于处理与他人的关系，作为待人接物的形式，也就是"礼节"，是指人们在日常生活中，特别是在社交场合相互表示尊敬、问候、祝颂、致意、慰问、哀悼以及给予必要的协助与照料的惯用规则和形式。礼仪是指人们在社交活动中，自始至终以一定的程序、方式来表现的完整行为。

（2）礼、礼貌、礼节、礼仪的联系与区别。

礼、礼貌、礼节和礼仪都是人们在相互交往中表示尊重、友好的行为，四者是相互联系、相辅相成的，但又各有其自身的特殊含义和要求。

礼，包含着礼貌、礼节、礼仪，其本质都是表示对人的尊重、敬意和友好，礼貌、礼节、礼仪都是礼的具体表现形式。礼貌是礼的行为规范，礼节是礼的惯用形式，礼仪是礼较隆重的仪式。礼节是礼仪的基础，礼仪是程式化了的礼节。

礼节是表示对他人尊重与友好的外在行为规范，是礼貌在语言、行为、仪态等方面的具体体现。与礼貌相比，礼节处在表层，礼节总是表现为一定的动作、行为。但这并不是说，礼节仅仅是一种表面形式，而是说尊重他人的内在品质总是通过一定的形式才能表现出来。比如：尊重师长，可以通过见到长辈和智者问安行礼的礼节来体现；欢迎他人的到来，可以通过见到客人时起立、握手等礼节来表示；得到别人帮助，可以说声"谢谢"以表示感激的心情。借助这些礼节，对他人尊重与友好的礼貌得到了适当的表达。因此，礼节不单纯是表面上的动作，而是一个人尊重他人的内在品质的外化。

礼貌侧重于强调个人的道德品质，礼节强调一个人的品质的外在表现形式。主观上虽有礼貌而不懂礼节就容易失礼，虽有对他人尊敬友好的心意，却不知怎样去表达，因而在与人交往时往往会出现尴尬、紧张、手足无措等。不懂礼貌，只学些表面的礼节形式，就难免机械模仿、故作姿态，让人感到虚情假意。因此，讲礼貌、懂礼节应当是内在品质与外在形式的统一。

礼仪的文化内涵要相对深些。它侧重于社会交往中，是指人们在礼遇规格、礼宾次序等方面应遵循的行为规范，多用于较大规模或较为隆重的场合，为表示尊重和敬意而举行的礼宾仪式。银行网点早晨开门时，组织员工列队迎接第一批客户进入营业大厅，这就是网点每天要进行的常规礼仪。礼貌礼节多指交往过程中个别的行为，如员工在服务客户过程中所行的一些礼节。

2. 网点员工迎宾礼节礼仪

（1）开门迎宾。

每天早晨迎宾时，网点的负责人应带领员工在大厅门口列队欢迎第一批客户的到来，如果网点负责人当天外出不在场，应由业务主管或大堂经理领队（如图4-1所示）。

图 4-1 开门迎宾

（2）柜台迎宾。

柜台员工举手招迎客户：当叫号机报号时应站立；面带微笑、目视客户；右手五指并拢、手心向外、腕臂平直、垂直桌面；左手五指并拢、手心向内贴紧小腹；当客户距离2米左右时，手心向上，以五指并拢的手势指引客户来到柜台（如图4-2所示）。

图 4-2 柜台迎宾

3. 合适的柜面服务称呼

合适的柜面服务称呼也是一种银行员工的职业礼节，注意对不同客户采用适宜的称呼，不能不分对象一律称呼"师傅"或"同志"等，可根据自己的判断或在已知客户身份的情况下，以职务、职位、职业等称呼，通常也可以使用"先生""女士"等常规称呼。

4. 微笑服务

微笑，是自信的一种流露，是无声的语言，传递着友好的信息，是人们交往中最丰富、最有感染力的表情。微笑服务是指员工在接待客户时，要表现出自然、亲切、友好的面部表情。在交流过程中，微笑可以迅速地拉近员工与客户之间的距离，快速建立起相互信任关系。适度得体的微笑是银行网点员工的基本表情，微笑是对客户谦恭、友好、真诚的表达。真诚的微笑包括三点：一是与眼睛的结合。眼睛会说话，也会笑。如果内心充满温和、善良和厚爱时，那眼睛的笑容一定非常感人。二是与语言的结合。不要光笑不说，或光说不笑。三是与身体的结合。微笑要与正确的肢体语言相结合，才会相得益彰，给客户以最佳印象。

（五）职业化的服务用语——规范

1. 与客户交流的语言技巧

经常说"您能……吗？"这有助于消除人们通常听到"您必须……"时的不愉快。用"您能……吗？"是一条快捷地得到您想要的东西的途径，避免责备对方"您本来应该……"所带来的不利影响。当客户听到"您本来应该……"时，几乎会不由自主地产生防范心理。

2. 服务手势语

（1）柜面服务标准手姿（如图4-3至图4-6所示）：

等候客户时：注意坐姿端正典雅，两手合拢，平放在柜面

图4-3 柜面服务标准手势（1）

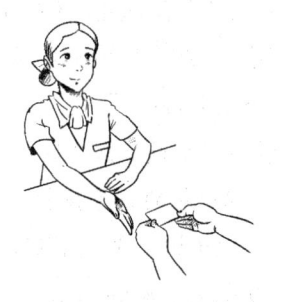

请客户出示相关证件或提交相关资料：左手平放柜面，右手手心略侧向上前伸，示意客户

图4-4 柜面服务标准手势（2）

接收客户出示相关证件或提交相关
资料：双手递接

办完业务礼送客户：双手将客户的
业务凭证递送给客户，如业务凭证平
放在柜，应用右手示意客户

图4-5 柜面服务标准手势（3）　　图4-6 柜面服务标准手势（4）

办理业务过程中，客户提交业务单据时，员工应双手接收；业务办理完毕后，将钱、单证递交客户时，动作要轻，不扔不摔，提醒客户核对、点清、验清、收好。高柜柜员应将单据双手轻轻放入窗口，低柜柜员应双手送递客户手中。客户临走时，应站立礼貌道别，欢迎客户再来，说："请慢走，欢迎再来！"

3. 柜面服务文明礼貌用语

"您好"不离口；"请"字放前头；说声"对不起"；"谢谢"跟后头；"再见"笑送客；加句"请慢走"。

首问语："您好！欢迎光临！请问有什么可以帮到您？"

问候语："您好/早上好/下午好/新年好……"

提示语："请您/麻烦您到……办理"（配以指引手势）

指路语："请这边走/请往左（右）拐。"

征询语："您好！请坐！请问要办理什么业务？""您的业务已办理完毕，您还有其他业务要办理吗？"

送别语："欢迎下次光临，请您慢走。"

（六）职业化的服务技能——专业

从程度上来讲：别人不知道的，你知道；别人知道的，你知道得比他更清楚、更正确。从范围上来讲：除了专业知识，还要有多元化的智能，要苦练点钞、汉字录入、数字键盘录入、身份证和假币鉴别等职业技能。当客户的知识、经验与需求超过我们的供给时，客户就很容易离我们而去。

（七）职业化的职业习惯——敬业

敬业是职场从业者基本的价值观和信条。所谓敬业，就是用一种严肃的态度对待自己的工作，勤勤恳恳、兢兢业业、忠于职守，尽职尽责地工作。清晰的工作思路要从习惯养成。银行网点员工的职业习惯又是什么呢？

1. 做好"开门三件事"，做到现场管理定式化

（1）"柜员开门三件事"：打开岗位使用的电脑终端、打印机等设备并查看状态良好；准备好足量的各类常用空白业务凭证或单据并放置到位；把岗位使用的业务印章日期更换至当日。

（2）"主管开门三件事"：打开电脑、打印机等办公设备并查看状态良好；确保本行信息系统畅通无阻；梳理当天工作任务，合理调配柜员和大堂服务人员。

（3）"大堂经理开门三件事"：巡视查看营业大厅内各种物件是否符合 6S 定位管理的要求；查看大堂内各类服务设备、自助机和便民实施是否正常；检查问讯台上各种单证文具等是否摆放齐全。

2. 柜员操作"一问、二看、三操作"

"一问"：柜员接待客户时首先要做到开口招呼客户并问清楚客户的需求；"二看"：根据已经明确的客户需求，用眼睛认真审查客户提交的凭证及要素是否完整无误；"三操作"：在遵照相关业务规定的前提下，用最快的速度、最短的时间，准确无误地为客户办理业务。

（八）职业化的职业道德——诚信

职业道德是指所有从业人员在职业活动中应该遵循的行为准则，是一定职业范围内的特殊道德要求，是整个社会对从业人员的职业观念、职业纪律和职业作风等方面的行为标准和要求。作为银行的员工，我们都要有自己的职业道德底线和职业责任感。建行企业文化要素中有这样一句警言："我的微小疏忽，可能给客户带来很大麻烦；我的微小失误，可能给建行带来巨大损失；私欲、失德、腐败将给建行和自己带来耻辱。"

第四节　银行网点员工仪态形体形象塑造

银行网点员工要做好客户服务工作，不仅需要职业技能，也需要懂得服务礼仪规范：热情周到的态度、敏锐的观察能力、良好的口语表达能力，以及灵活、规范的事件处理能力。而员工良好的体态与行为能首先给客户带来规范、专业的直观感受，是与客户无声的交流。由此，形体培训对提高网点员工综合素养显得非常重要。

一、队列教案

队列训练是网点员工形体训练的基础，通过接听培训老师的训练口令，使员工初步掌握停止间和行进间队列训练的基本要求（如表 4-3 所示）。队列训练既能有

效矫正每位员工的规范习惯,又可以进一步提高网点员工的团队合作意识,锻炼员工的自律性,提高同事之间的配合能力,磨炼员工吃苦耐劳的意志。

表 4-3　　　　　　　　　　　　　　队列教案

教学内容	集合、报数 立正、稍息、跨立 停止间转法 齐步行进与立定		
教学目标	1. 要求员工学会常用的网点晨会队列方法 2. 培养员工身体的良好的姿态,以及迅速行动和听从指挥的能力 3. 培养员工精神饱满对待工作和认真负责的态度 4. 增强员工步调一致的集体主义精神		
训练科目	教学内容	训练重点	时间
动员	培训老师宣布本节课练习内容和通过练习所要达到的目标,并宣布训练课堂纪律: 1. 要求服从命令、听从指挥,必须尊重培训老师,即使错误的命令也要执行 2. 自觉遵守训练时间,训练期间必须统一着行服 3. 端正训练态度,明确培训的目的	全体员工整理着装,面向培训老师按高矮顺序,从右向左整齐排列,根据受训员工人数组织成若干列横队 培训老师通过讲解、演示法、对比法等教学形式,边做示范边讲解 向员工指出易犯的错误,并逐个给予改正	10 分钟
集合	集合时,培训老师先发出预告或者信号,如"全体注意",然后站在预定队形的中央前,面向预定队形成立正姿势,下达"集合"的口令。员工原地面向培训老师成立正姿势,按高矮顺序,从右到左,以培训老师为中心,保持三米的距离排开,8~10 人为一组,根据受训网点员工人数可分为成若干组队列(首先全体受训员工按高矮顺序排为一列横队并进行报数,报到单数的员工自动向前一步,调整为两列横队)	【注意事项】 A. 随时发布"解散""集合"口令,锻炼员工反应能力 B. 所属人员听到预告或信号,需立即停止交谈,勿交头接耳	10 分钟
报数	【动作要领】 当听到"报数"的口令时,横队从右至左迅速依次以短促洪亮的声音向左转头 45 度报数,最后一名不转头	【注意事项】 各组同时报数时,报数的进度一致通过考核	5 分钟

表4-3(续)

训练科目	教学内容	训练重点	时间
立正	【动作要领】当听到"立正"的口令，两脚跟靠拢并齐，两脚尖向外分开60度；两腿挺直；小腹微收，自然挺胸；上体正直，微向前倾；两肩要平微向后张；两臂下垂自然伸直，手指并拢，自然微曲；拇指尖贴于食指第二节，中指贴于裤缝；头要正、颈要直、口要闭，下颌微收，两眼向前平视	【注意事项】 A. 身体挺直，重心略向前倾，双肩打开，后背平直；两脚跟靠拢并齐，两脚尖向外分开约60度，两腿挺直；小腹微收，自然挺胸；两肩要平，稍向后张；两臂下垂自然伸直，手指并拢，自然微曲；拇指尖贴于食指第二关节，中指贴于裤缝；头要正，颈要直，口要闭，下颌微收，两眼向前平视 B. 立正时注意避免双肩不平，纠正方法：立正时，身体向左或者向右摆动，两肩均匀	5分钟
稍息	【动作要领】听到"稍息"的口令，左脚顺脚尖方向伸出约全脚的三分之二，两腿自然伸直，上体保持立正姿势，身体重心大部分落于右脚	【注意事项】 A. 稍息后立正并腿是脚跟以最短的距离迅速靠拢，而不是跺脚 B. 稍息时身体下塌纠正方法：上身始终保持腰身挺拔的姿势	5分钟
跨立	【动作要领】听到"跨立"的口令，左脚向左跨出，双脚间距离与肩同宽，两腿自然伸直，上体保持立正姿势，身体重心落于两脚之间。双手后背，左手握右手腕，右手手指并拢自然弯曲，掌心向后	【注意事项】 A. "一快""两不变""一同时"即：左脚跨出要快，上体保持身姿不变，注意力不变，跨左脚与背手同时进行 B. 左脚跨出的距离不准确，出脚和背手的动作不协调，不能同时到位。纠正时强调脚手同时到位，左脚跨出时注意控制脚的距离，确实做到一脚之长 C. 左手握右手的部位和手的高低不准确。纠正时强调左手手心正对右手腕关节，反复练习背手的高低，切实做到左手拇指的根部与腰带下沿（内腰带上沿）同高	5分钟

表4-3(续)

训练科目	教学内容	训练重点	时间
停止间转法	停止间转法是队列停止间变换方向的一种方法,分为向右转、向左转、向后转。 口令:"向右——转""向左——转""向后——转" 【动作要领】 听到"向右——转"的口令时,以右脚跟为轴,右脚跟和左脚掌前部同时用力,使身体协调一致向右转90度,身体重心落于右脚,左脚取捷径迅速靠拢右脚,成立正姿势。转动和靠脚时,两腿挺直,上体保持立正姿势。向左、后转照此法动作	【注意事项】 A. 将各种转向口令由简单到复杂逐级练习,最后随机报口令,综合练习。 B. 当听到"向左""向右""向后"的预口令时,注意力要集中,想好动作要领,待"转"的动令发布时,立即迅速行动。向后转时两腿要紧张绷直,否则转身时不易站稳。 C. 达到的标准和要求:转体时要保持好良好的身姿,动作迅速,节奏分明,做到"快、稳、准、狠" 快:转体要快、靠脚要快 稳:做动作时上体要稳、节奏要稳 准:转体位置准确、靠脚位置准确 狠:靠脚时要有力 【常见问题的纠正方法】 A. 弯腿上体晃动纠正方法:做动作时强调两腿挺直,掌握好用力部位,(两腿内侧) B. 耸肩或发动身体纠正方法:不要过于紧张,肌肉要放松,找准用力点,全身协力转向新方向 C. 跺脚外扫纠正方法:靠脚时两腿挺直,取捷径靠脚 D. 靠脚无节奏纠正方法:多进行分解训练	40分钟
齐步行进与立定	口令:"齐步——走、立——定" 【动作要领】 1. 当听到"齐步——走"的口令,左脚向正前方迈出75厘米,按照先脚跟后脚掌的顺序着地,同时身体重心前移,右脚照此法动作,上体正直,微向前倾,手指轻轻握拢,拇指贴于食指第二节,两臂前后自然摆动,向前摆臂时肘部弯曲,小臂自然里合,手心向内稍向下,拇指根部对正衣扣线并与最下方衣扣同高,向后摆臂时,手臂自然伸直,听到"立——定"的口令,左脚在向前大半步着地,两腿	【注意事项】 A. 先将跨步与并步分两个口令单独练习,整齐熟练后连续练习 B. 摆手时是大臂带动小臂,腕关节与手臂保持直线,不能弯曲。行进时注意眼睛注视前方,余光保持排面整齐,当队伍行进步伐与口令不一致时,以排面整齐为先 C. 齐步行进的训练通常分为四步进行: 第一步:原地踏步摆臂训练 第二步:脚部动作的训练 第三步:分解最后一步与立定 第四步:连贯动作	40分钟

表4-3(续)

训练科目	教学内容	训练重点	时间
齐步行进与立定	挺直，右脚取捷径迅速靠拢左脚，成立正姿势 2. 方向明确：抬头、下颌微收、目光平视前方、直行 3. 身体协调：重心放准、挺胸收腹、背挺肩平、手臂前后自然摆动 4. 步幅适度：男士一般是108～110步/每分钟，女士一般是每分钟118～120步/分钟 5. 匀速无声：两腿有节奏地向前交替迈出、无异响		

二、形体训练教案

(一) 形体训练的概念

形体是指人体结构的外在表现，具体讲就是人体的外形。狭义的形体训练可定义为形体美训练。广义的形体训练可包括有形动作的所有训练，如我们银行网点员工在为客户服务过程中的一系列程式化动作，也可称为形体训练。

(二) 形体训练的目的

1. 增强体能锻炼，改善形体姿态

改变身体形态的原始状态，逐步形成正确的站姿、坐姿、走姿，蹲姿等，提高形体动作的灵活性。

2. 提高审美能力，养成良好习惯

由于一个人的姿态具有较强的可塑性，也可具有一定的稳定性，通过一定的形体训练，可以改变诸多不良体态，如：斜肩、含胸、松垮、行走时屈膝晃体，步伐拖沓等。

3. 塑造个人形象，提高职业素养

形象就是人们通过视觉、听觉、触觉、味觉等各种感觉器官在大脑中形成的关于某种事物的整体印象，而银行职员应以简单、稳重的形体造型为佳。

(三) 形体训练的要求

从形体训练基本要领的掌握到应用为能力，需要一个过程（人们认为习惯的改变通常需要21天，根据每个人的不同情况，或许更短、也许更长），而90天的重复会使之成为稳定的习惯。从一个习惯改变为另一个习惯的21天中会经过三个阶段：

第一个阶段：强迫刻意，别扭，极不自然。

第二个阶段：半刻意，不太自然，需要不断提醒。

第三个阶段：不经意，自然，完全融入自己生命中。

从第个一阶段到第个三阶段，如果内因（自己）没有强大的自制力，就需要外因来监督帮助，即组织网点员工进行短期强化培训。

（四）形体训练的方法

对于每项训练科目，培训老师先利用 PPT 讲解基本要领，然后采用演示法、对比法，边做示范边讲解，指出员工易犯的错误，并逐个给予指导纠正。

（五）形体训练的内容（如表 4-4 所示）

表 4-4　　　　　　　　　　　　形体训练

教学内容	站、行、坐、蹲		
教学目标	1. 掌握站、行、坐、蹲的基本姿态 2. 通过对本节课的学习和身体姿态训练，培养员工正确、优美的身姿仪态 3. 让员工通过身体动作的训练和学习，提高对美的鉴赏能力，培养员工不怕苦、不怕累的精神风貌		
训练科目	教学内容	训练方法	时间
动员	培训老师形体训练科目的内容和通过练习所要达到的目的，并宣布训练课堂纪律： 1. 全体员工训练期间必须统一着行服 2. 按照队列训练的队列整齐排列 3. 认真听讲，自觉遵守训练时间	根据受训员工人数组织成若干列横队	10 分钟
站姿	【动作要领】 A. 头部：嘴自然闭合，上下牙咬合，眼睑自然张开，眼睛直视前方（即目光与面部垂直，从而使眼球保持在眼眶正中），面部表情平静。下颌线与颈部成 90 度，头与肩平齐 B. 身体：挺胸、收腹、沉肩、提胯，肩背部平展，腰椎挺拔，给人一种精神振奋的感觉。两臂自然垂挂，手略成弧形，食指掌指关节接近伸直，或双手并拢，体前交叉，右手指自然搭于左手指上 C. 腿部：双腿挺直，双膝并拢，双脚后跟并拢，身体重心偏向前脚掌。双脚略微分开成小八字，（两脚的夹角约为 15~20 度），两脚均匀着地，双肩自然下垂	顶书训练法：每位员工头顶一本较厚的书本，保持身体垂直平衡 【注意事项】 1. 精神饱满、注意力集中、服装整齐 2. 男士站姿： 双腿可适当分开比肩同宽，双手自然垂于身体两侧，可以是前握式，右手握住左手手背，垂放于腹前；也可以是手背式，两手背后交叉，右手放到左手掌心上。要体现男性的刚健、潇洒、英武、强壮 3. 女士站姿： 双腿要靠拢，膝盖打直，双手自然垂于身体两侧，或手自然抬臂至腹部做提包状，双脚呈丁字步时，上身面向正前方，下身与脚朝向斜前方，约呈 45 度角。右手搭在左手上，垂放与腹前，也可双手自然下垂身体两侧。要表现女性的轻盈、端庄、典雅、娴静	20 分钟

表4-4(续)

训练科目	教学内容	训练方法	时间
行姿	【动作要领】 颈部自然挺直，下颌内收，双目平视。行走时，大腿带动小腿，小腿自然放松，前脚掌蹬地使重心前移，双臂前后自然摆动，一般保持在30度左右。腰椎挺拔，上体动作同立姿的标准，脚步利索轻快、干净、不拖泥带水 【步态的控制练习】 A. 分组练习： 分数横排，按口令单排来回走直线。保持步调一致，排面整齐 此项练习训练脚步的控制力及与大家的协调力 B. 障碍物环绕练习： 排纵列，绕过障碍物拐弯联系 此项练习训练拐弯时脚步的平衡性 C. 集体绕环练习： 若场地足够，所有员工围成圆圈按口令绕行，并变换口令换方向行走 此项练习训练反应能力及团队协作能力	【注意事项】 行走的步态必须自如、轻盈、矫健、敏捷。收腹挺胸是保持步态美的关键，有节奏的向前移重心。重心与前进的方向成一直线 要求：动作练习要有节奏，持之以恒 【易犯错误】 动作僵直、不协调；两步迈出不平均，拖跟；走路时出现较大的内八字和外八字。女生穿高跟鞋，踝关节力量不足，造成走路时上体前倾、重心（臀部）后移	20分钟
坐姿	【动作要领】 1. 男士基本坐姿： A. 上体挺直、胸部挺起，两肩放松、脖子挺直，下颌微收，双目平视，两脚分开、不超肩宽、两脚平行，两手分别放在双膝上或沙发扶手上 B. 紧靠椅背，挺直端正，不要前倾或后仰，双手舒展或轻握于膝盖上，双脚平行，间隔一个拳头的距离，大腿与小腿成90度 2. 女士基本坐姿： 入座时要理一下裙子，两手相叠后轻放在左腿或右腿上或沙发扶手上，手心向下嘴微闭，面带微笑，两眼凝视说话对象，可以两腿并拢、两脚同时向左放或向右放，也可以两腿并拢，两脚交叉，置于一侧，脚尖朝向地面 A. 双腿垂直式（正襟危坐式） （正式场合的最基本坐姿） 要求：腰背挺直，小腿垂直于地	【注意事项】 1. 基本要领： A. 正视：抬头、目视前方 B. 身挺：腰背挺直、双臂自然弯曲、不要前倾或后仰、不要倚靠，双手可掌心向下、自然放在膝盖上（女士还可将双手交叉叠放在两腿中部） C. 腿直：小腿垂直于地面、双腿并拢或交叉 脚正：两脚分开、比肩略窄，如长时间端坐，可将两腿交叉重叠，但要注意将腿向里回收 D. 端庄、文雅、大方、得体的坐姿会给人以自信、稳重的好感，同时也显示出高雅、庄重的风范 2. 入座要求： A. 左侧入座：一般从椅子的左侧入座 B. 轻轻入座：毫无声息、以小腿背部接近座椅，然后坐下。男士女士均不能紧靠椅背，约坐于椅座的二分之一或三分之二处	20分钟

第四章 员工培训课程导入讲义 197

表4-4(续)

训练科目	教学内容	训练方法	时间
坐姿	面,双脚的脚跟、膝盖和大腿都要并拢,双手自然放在双腿上。给人以诚恳、认真的印象 B. 垂腿开膝式(多为正式场合男性的最基本坐姿): 上身与大腿,大腿与小腿,皆成直角,小腿垂直地面。双膝分开,但不得超过肩宽 C. 双腿叠放式(即重叠式坐姿): 上下交叠的膝盖之间不可分开,两腿交叠呈一直线,双脚可垂直,也可同时向右侧或左侧斜放(与地面成45度角斜放),上边的小腿应往回收,脚尖向下(脚尖不应跷起,更不应直指他人) D. 大腿叠放式(即重叠式坐姿,多适用男性在非正式场合采用): 两条腿在大腿部分叠放在一起。叠放之后位于下方的一条腿垂直于地面,脚掌着地。位于上方的另一条腿的小腿则向内收,同时脚尖向下 E. 双腿斜放式(此姿势适用于坐较低的椅子或坐沙发时,一般较适合女性): 双腿并拢之后,双脚同时向右侧或左侧斜放 F. 双脚交叉式(此姿势适用于坐在主席台、办公桌后面或公交车上时): 双腿并拢,双脚在足部交叉后略向左侧或右侧斜放 G. 双脚内收式: 两大腿首先并拢,双膝略打开,两条小腿分开后向内侧屈回(适合一般场合采用,男女皆宜)	C. 身体前倾:对坐谈话时,不宜坐满座位,一般只坐椅座的前半部,身体稍向前倾,以表示敬意、尊重和谦虚	

表4-4(续)

训练科目	教学内容	训练方法	时间
蹲姿	【动作要领】 A. 下蹲拾物时,应自然、得体、大方,不遮遮掩掩 B. 下蹲时,两腿合力支撑身体,避免滑倒 C. 下蹲时,应使头、胸、膝关节在一个角度上,使蹲姿优美 D. 女士无论采用哪种蹲姿,都要将腿靠紧,臀部向下 【步态的控制练习】 A. 交叉式蹲姿: 在实际生活中常常会用到蹲姿,如集体合影前排需要蹲下时,女士可采用交叉式蹲姿,下蹲时右脚在前,左脚在后,右小腿垂直于地面,全脚着地。左膝由后面伸向右侧,左脚跟抬起,脚掌着地。两腿靠紧,合力支撑身体。臀部向下,上身稍前倾 B. 高低式蹲姿: 下蹲时右脚在前,左脚稍后,两腿靠紧向下蹲。右脚全脚着地,小腿基本垂直于地面,左脚脚跟提起,脚掌着地。左膝低于右膝,左膝内侧靠于右小腿内侧,形成右膝高左膝低的姿态,臀部向下,基本上以左腿支撑身体	【注意事项】 A. 弯腰捡拾物品时,两腿叉开、臀部向后撅起是不雅观的姿态;两腿展开平衡下蹲,其姿态也不优雅 B. 蹲时注意内衣"不可以露,不可以透" C. 迅速、美观、大方。若用右手捡东西,可以先走到东西的左边,右脚向后退半步后再蹲下来。脊背保持挺直,臀部一定要蹲下来,避免弯腰翘臀的姿势。男士两腿间可留有适当的缝隙,女士则要两腿并紧,穿旗袍或短裙时需更加留意,以免尴尬	20分钟

三、银行网点员工的基本礼仪礼节

银行礼仪礼节是指在银行业务活动中通行的,带有金融行业特点的行为规范和交往礼节。它涉及的内容很多,需要用银行员工服务礼仪课程专题讲解,而本文案只涉及银行网点员工服务礼仪中的形体训练部分内容(如表4-5所示)。

表4-5 　　　　　　　　　　基本礼仪礼节

教学内容	微笑、注目礼、手势礼、握手礼、引领礼
教学目标	1. 养成微笑服务的习惯 2. 养成用目光同客户交流的习惯 3. 正确掌握和熟练使用柜面基本服务手势礼

表4-5(续)

训练科目	教学内容	训练方法	时间
微笑	【动作要领】 第一步:放松嘴唇周围肌肉。从低音哆开始到高音哆,一个音节一个音节大声地清楚地说三次,发音时应注意嘴型 第二步:给嘴唇肌肉增加弹性。现场训练可用上下牙轻轻地咬合筷子,把嘴角对准筷子,两边都要翘起,并观察连接嘴唇两端的线是否与筷子在同一水平线上。保持这个状态10秒。在第一步的状态下,轻轻地拔出筷子之后,练习维持状态。课后在家练习时伸直背部,坐在镜子前面,反复练习最大地收缩或伸张 第三步:形成微笑。这是在放松的状态下,根据口型大小练习笑容的过程,练习的关键是使嘴角上升的程度一致。如果嘴角歪斜,表情就不会太好看。练习各种笑容的过程中,发现最适合自己的微笑 A. 小微笑:把嘴角两端一齐往上提。给上嘴唇拉上去的紧张感。稍微露出几颗牙,保持10秒之后,恢复原来的状态并放松 B. 普通微笑:慢慢使肌肉紧张起来,把嘴角两端一齐往上提。给上嘴唇拉上去的紧张感。露出几颗牙,眼睛也笑一点。保持10秒后,恢复原来的状态并放松 C. 大微笑:一边拉紧肌肉,使之强烈地紧张起来,一边把嘴角两端一齐往上提,稍微露出几颗牙。保持10秒后,恢复原来的状态并放松 第四步:修正微笑。如果笑容还是不那么完美,就要寻找其他部分是否练习到位	【注意事项】 1. 用上下牙轻轻咬住筷子,看看自己的嘴角是否已经高于筷子了 2. 继续咬着筷子,嘴角最大限度地上扬。也可以用双手手指按住嘴角向上推,上扬到最大限度 3. 保持上一步的状态,拿下筷子。这时的嘴角就是你微笑的基本脸型 4. 挑选满意的微笑,以各种形状尽情地试着笑,挑选自己最满意的笑容 5. 利用筷子进行训练刚开始会比较难,但若反复练习,就会不知不觉中两边一齐上升,形成令人满意的微笑 【常见问题】 1. 嘴角上升时会歪——两侧的嘴角不能一齐上升的人很多 2. 笑时露出牙龈——笑的时候露出很多牙龈的人 3. 笑得不自信——不是以手遮嘴,就是腼腆地笑	10分钟

表4-5(续)

训练科目	教学内容	训练方法	时间
手势礼	1. 柜面"10+10"基本服务用语与手势礼 2. 大堂经理厅堂管理手势语	复习基本手势礼和管理手势语	10分钟
握手礼	1. 男士之间的握手时手掌、虎口相交，力度稍大 2. 男士与女士之间的握手力度稍轻；男士握女士的手指的三分之二 3. 女士之间握手时，女士手指相握于三分之二处，力度稍轻	【注意事项】 1. 员工分成两列面对面站立，两列距离1米左右，相互握手。握手时身体略向前倾15度 2. 无论男女员工握手时都不能只握对方的指尖，否则有轻蔑对方之嫌	10分钟
注目礼	【动作要领】 军人的注目礼是一项比较庄严的礼节，大多在严肃、庄重的场合使用。《中华人民共和国国旗法》规定，升国旗时必须行注目礼。一般在学校上课前，师生双方也应行注目礼。而银行员工的注目礼有其行业特性：要面带微笑，有时还应与手势礼相配合，以示对客户的尊重	员工分成两列面对面站立，两列距离3米以上，培训老师从每位员工面前走过，当走到哪位员工面前时，该员工行迎宾礼节，并使用文明用语："欢迎光临，这边请！"同时目光关注培训老师 【常见问题】 1. 文明用语语速太快 2. 目光会随着自己的手势走，不能始终盯住培训老师	10分钟
引领礼	练习日常服务过程中的迎宾和引领客户时应行的引领礼： 1. 直臂式 2. 横摆式 3. 斜摆式 4. 前伸式 5. 双向横摆式	员工分成几个小组，每组5至6人，其中一人扮演引导员，引领另外几位员工前行 【注意事项】 为客户指引带路时，应在客人侧前一米左右，如在走廊引路，应走在客人的左侧稍前一点，或让客人走在内侧；如果陪客人走在马路上，接待人员应走在靠近车道的一边 配合客人的速度前行，与其步伐保持一致 【常见问题】 大堂经理引领客户时，自己的步伐太快，客户跟不上	10分钟

注：形体训练的内容根据笔者的战友施立军老师的培训教案补充整理而来。

第五节　银行网点大堂经理卓越能力提升

一、大堂经理角色价值

从事大堂经理工作的人员应有相应的资格方可上岗，不能长期用实习生或新员工替代大堂经理的工作。如果让业务不全面的员工担当大堂经理，就失去了其岗位角色应有的作用。有许多银行配备一名大堂经理，同时再配备若干名引导员（多数为新员工担任）辅助大堂经理做好大堂管理工作。从实际情况来看，网点负责大堂管理的员工人数应根据营业大厅营业面积和网点客户流量等情况进行合理的配备。通常情况下，小型网点1~2名、中型网点2~3名、大型网点4名以上。从某种意义上来讲，银行网点大会堂经理并不是一个员工的行为角色，而是一个团队的组合角色。

（一）优质服务的"示范员"

银行大堂经理通常要有多年基层网点的工作经历，具备良好的综合素质，是银行网点的形象代表。

（二）大厅服务的"咨询员"

做好客户的业务咨询工作，为客户释疑解惑。大堂经理主动迎接客户，在营业厅内以流动形式询问了解客户需求，合理分流客户，维持良好的大堂秩序。

（三）业务经办的"辅导员"

指导客户填写业务凭证凭条，减少高柜窗口业务办理时间。利用网点内的智能服务设备，辅导客户自助体验。

（四）网点资源的"调配员"

按照弹性排班制度的规定，根据营业厅客户人流多少而定，适时启用弹性窗口，缓解客户排队压力，帮助柜面员工提高业务工作效率，有效地调配网点资源，为客户提供优质服务。

（五）优质客户的"服务员"

识别高、低端客户。为优质客户提供贵宾服务，为一般客户提供基础服务，为残障客户提供便利服务，为特殊客户提供个性化服务。

（六）金融产品的"营销员"

网点是银行市场营销的重要阵地。大堂经理在分流客户时，可根据不同群体的客户对象，主动客观地向客户推介、营销本行先进、方便、快捷的金融产品和交易方式方法，配合柜面员工和理财经理做好营销宣传工作。

（七）客户投诉的"调解员"

在第一时间处理客户投诉，减少客户投诉，提高客户满意度。

（八）团队服务的"管理员"

有人把网点营业大厅比作一个球场，员工们每天的工作犹如一场具有挑战性的球赛。在赛球的过程中，大堂经理好比一个球队的队长：控制节奏、组织进攻，威胁球门、积极防守。他是前后场联系的纽带，是赢得比赛的关键岗位，是网点的核心人物。

二、大堂经理职业素养

大堂经理是网点的首席形象代言人，在网点的角色犹如国家的外交官。大堂经理的服务不仅体现了自身素质的高低，而且反映了一个网点的整体水平和可信程度。因此，从事大堂经理工作的员工应该注意自身综合素质的提升，强化职业化素养的积累。

（一）看

大堂经理要仔细观察大厅一切动态，不遗漏、不轻视、不怠慢每一位客户。从第一眼看到客户时，就是信息处理的开始，就要注意自己与客户沟通的技巧。

1. 目光沟通技巧

目光与微笑一样，在与人沟通中具有特殊的作用。在面带微笑向客户问候、致意、道别等的时候，还要用柔和的目光注视对方，以示尊敬、亲切、信赖、礼貌。把握好与客户目光交流的时间：恳请客户时，注视客户的双眼；当双方都沉默不语时，应把目光移开，以免因一时无话题而感到尴尬；当客户说错话或拘谨时，不要直视对方，以免给客户造成压力。

2. 视线沟通技巧

与客户交谈时应注视对方的恰当部位，平视对方，视线落在对方的鼻间，偶尔也可以注视对方的双眼；为表示尊重和重视，切忌斜视或目光飘忽不定，避免让客户感到你心不在焉；交谈中应经常与客户视线保持接触，长时间回避对方的眼神或左顾右盼，是对客户不感兴趣的表现。

3. 眼神沟通技巧

视线向上显得自大（如图4-7左所示）；视线向下显得过于自卑（如图4-7右所示）；视线水平能显示我们员工的自信和自然（如图4-7中所示）。但如果一直用直勾勾的眼神盯着客户，也是失礼的表现。尤其不可长久注视异性客户，会使人感到不舒服。

图 4-7　眼神沟通

（二）听

倾听是首要的沟通技巧，有智慧的人都是先听再说，这应成为银行员工的一种职业习惯。

（1）少说为佳、抑制争论。尽量把你的语言减到最少，因为说话和倾听是不能同时进行的。要学习控制自己，抑制自己争论的冲动，即使内心有打断他人谈话的念头，也不能表露出来，否则也会造成与客户沟通的阴影。

（2）听话听声、锣鼓听音。将注意力集中于对方谈话的要点，努力地检查、思索客户提出的问题的焦点。

（3）点头赞同、做些记录。在适当的时候可以用点头表示赞同或了解，还要配合恰当的面部表情鼓励客户表达，使客户有受尊重的感受。记下要点，便于回复时条理清晰，不易误解客户。客户也会因你的认真态度而感动，赢得客户对你的信任。

（4）忌东张西望、心不在焉。倾听时不能乱翻手中资料，随手拿笔乱写乱画，这些举动会让说话者感到你很厌烦，对话题不感兴趣。更重要的是，这表明了你并没有集中注意力倾听客户的意见，因此很可能会漏掉客户表达的一些有效的信息。

（三）说

客户的心理活动是十分微妙的，有时候客户并不会因为我们讲的内容有道理就完全信服。如果在大庭广众之下，说话声调太高，就可能给客户产生咄咄逼人的印象。哪怕你说的话有道理，内容也比较可信，但客户也会产生抵触情绪，可能会认为你太唠叨，也许还会认为你是个虚张声势之人。因此，大堂经理要学会说的技巧，要想办法让客户愿意听你说。

1. 口语表达的要诀

用字遣词要规范、高雅；多用礼貌用语，不带口头禅；针对沟通对象，选择不同的话题；态度要诚实热情，有亲切感；语速不要过快或过慢；多赞美，少责怪。

2. 克服不良习惯

不良习惯包括：语气缺乏自信、妄自菲薄、言不由衷地恭维；语无伦次、内容无重点；强词夺理、喜欢反驳；语言过于专业，使人难懂。

3. 说的技巧

关键不是你说了什么，而是你怎么说的。一是说话要音质柔、语气和、吐字清、速度缓；二是了解客户真实的需求，用客户喜欢的方式说话。

4. 主动提问

捕捉信息，寻找共同点。问客户感兴趣的问题，关心他的近况，要投其所好，因人而异选择问话。例如：谈客户的外表、气质、衣、食、住、行、家人等，在沟通过程中适时恰当地赞美对方和介绍、推销自己。

5. 有效重复

有效重复就是说用自己的话把客户要表达的意思重新叙述一遍。如："您的意思是不是……"或者"我觉得您说的是……"有效重复是检查你是否认真倾听的最佳手段。如果你并没有注意倾听或者在想别的事，就不可能准确完整地叙述客户所说的内容。复述客户的信息，也是一种精确的控制机制。将信息反馈给客户，有助于双方对某一问题达成一致的理解。

（四）站

无论是在网点的营业大厅，还是在其他社交场合，站姿都是银行员工的一种最基本的行为举止。站立是静态造型的姿态，是优美仪态的起点。俗话说"站有站相"，它是对自然美的一种要求，是高雅的基础。由于男女性别方面的差异，因而对其基本站姿又有一些不尽相同的要求，男员工要求挺拔稳健，女员工要求优美典雅（如图4-8所示）。

1. 站立姿势

身体应略微前倾，双手切勿支撑在桌面或双臂抱胸；双腿切勿张开、交叉。

2. 站立位置

与客户交流谈话时，面对面站立有压抑感，应侧身站立。与单个客户沟通的空间距离约保持在50~150厘米内，

图4-8 站姿

便于双方使用书面资料进行交流；与多个客户沟通的空间距离约保持在120~360厘米内，这是通常礼节交往距离；如果接待上级领导检查或有众多人员在场时，沟通的空间距离应保持在100~300厘米。切忌靠得过近，16~45厘米是贴心朋友、恋人、夫妻、父母与子女之间的亲密区。

（五）行

对于大堂经理来说，工作期间在营业大厅内行进姿势是主要的行为举止，优美的行姿最能体现大堂经理的风采。

1. 行进姿势

行进姿势也叫行姿或走姿。行进姿势是一种人体的动态，以人的站立姿势为基础，属于站立姿势的延续动作。要体现出行进的动态之美，务必做到既优雅稳重，又保持正确的节奏。正确行进姿势的基本要点包括：身体协调，姿势优美，方向明确，步伐从容，步态平稳，步幅适中，步速均匀，走成直线。

具体来说：男员工在行进时，脚步稍大，速度稍快，步伐稳健有力，充分展示着男性的阳刚之美。女员工在行进时，脚步较小，速度较慢，步伐轻快飘逸，得体地表现女性的阴柔之美。行走时应面对前方，两眼平视，挺胸收腹，直起腰、背，伸直腿部，使自己的全身从正面看上去犹如一条直线一般（如图4-9所示）。

图4-9 行进姿势

2. 引领客户

大堂经理根据客户的不同需求，需要合理分流客户，礼貌地将客户引领到柜台或理财室在引领时应注意的事项包括：始终保持微笑；步伐速度随着客户的变化决定快慢；引导距离应在左前方1.5米为宜，并常回看一下客户是否跟上；如果环境允许，一般侧身45度走，尽量避免背对客人；通常情况下不能在营业大厅内奔跑（如图4-10所示）。

图4-10 引领客户

3. 常用指引手势（如图4-11至图4-15所示）

直臂式：左手心紧靠小腹，右臂向上平抬直举成90度，五指并拢，手心正向前方，示意客户

图4-11 直臂式

横摆式：上身略前倾，左手背靠后腰，右手向约15度左右侧平举，示意客户行进的方向

图4-12 横摆式

双向横摆式：上身略前倾，左手平靠小腹手心向上，右手平抬，手心向上，示意客户行进方向

图 4-13　双向横摆式

斜摆式：上身略前倾，左手心紧靠小腹，右手平抬，手心向上，示意客户行进方向

图 4-14　斜摆式

前伸式：上身略前倾，左手心紧靠小腹，右手在身前 45 度平抬，手心向上，示意客户行进方向

图 4-15　前伸式

（六）蹲

大堂经理在下蹲拾物时，应自然、得体、大方，不遮遮掩掩。下蹲时，应使头、胸、膝关节在一个角度上，使蹲姿优美；两腿合力支撑身体，避免滑倒。女员工无论采用哪种蹲姿，都要将腿靠紧，臀部向下（如图 4-16 所示）。

图 4-16　蹲姿

三、大堂服务管理能力

网点营业大厅内客户较多时，为便利大堂经理分流客户、合理调度服务资源，网点可以编制一些适合本网点情况、全体员工都能理解的手势语，运用到大堂经理服务管理过程中。这样既可以提高同事之间传递信息的效率，又能避免大声喊叫增添厅内噪声，可保持厅堂的安静与温馨。以下是笔者为某银行网点编制的《营业厅常用管理手势语》，可供读者参考（如图 4-17 至图 4-26 所示）。

1. **请注意您的仪容仪表！**（提醒员工整理着装或发型等）

动作要领：左手持平板电脑垂直于地面，右手抬到身前，手心紧靠左胸

图 4-17　手势语（1）

2. **请保持微笑！**（提醒柜面员工保持微笑服务）

动作要领：左手持平板电脑紧靠胸前，右手抬下额，手指成"八"字状

图 4-18　手势语（2）

3. **请将您的柜面整理一下！**（提醒柜面员工保持桌面整洁）

动作要领：右手手心向下，高于左手平捧的大堂经理工作簿，由里向外平移

图 4-19　手势语（3）

4. **有营销业务推荐！**（发现优质客户及时向同事进行业务转介）

动作要领：左手持平板电脑垂直于地面，右手抬到身前，五指垂直向上靠近左肩

图 4-20　手势语（4）

5. **有特殊客户需要关照！**（请求同事一起过来帮助特殊群体客户）

动作要领：左手持平板电脑垂直于地面，右手抬到身前，手心向上，然后将手臂弯曲收回，手指尖碰触右肩，来回两到三次

图 4-21　手势语（5）

6. **请起身迎宾！**（提醒柜面员有客户来了，请注意站立服务）

动作要领：左手持平板电脑垂直于地面，右手抬到身前，五指垂直向上靠近左肩

图 4-22　手势语（6）

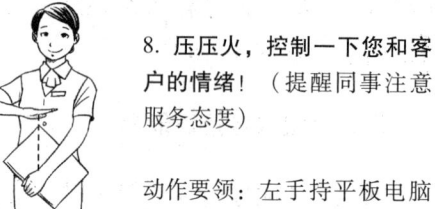

7. **请注意！**（用于"神秘人"出现、有紧急突发情况等危机提醒等）

动作要领：左手持平板电脑紧靠左胸前，右臂向上平抬直举成 90 度，五指握拳，拳心正向前方

图 4-23　手势语（7）

8. **压压火，控制一下您和客户的情绪！**（提醒同事注意服务态度）

动作要领：左手持平板电脑侧捧于小腹，右手手心向下，高于左手，上下移动三次

图 4-24　手势语（8）

9. 您真棒！赞一个！（用于员工之间相互鼓励等）

动作要领：左手持平板电脑紧靠左胸前，右手翘大姆指伸向同事

图 4-25　手势语（9）

10. OK/明白！（用于回复同事的提醒等）

动作要领：左手心紧靠小腹，右手做"OK"手势

图 4-26　手势语（10）

四、大堂经理厅堂管理的两大任务

（一）客户识别、合理分流

察言观色，锣鼓听音。在诸多的客户人群中，识别不同的类型的客户，为他们提供相对应的业务咨询服务，合理分流客户，做好网点员工之间的联动营销工作。大堂经理必须具有强烈的营销意识，但并不是说大堂经理要亲自进行产品营销的流程操作，而是利用识别客户的技能，在厅堂内发现和挖掘商机，尽快将客户的需求转介给更加合适的理财经理，让理财经理为客户提供更有效的业务帮助。笔者在任期间，每逢七天长假时，都要抽出一天的时间在网点担任大堂经理，每次都能销出一些信用卡等之类的产品。厅堂的商机确实很多，关键是要有主动营销的意识。

大堂经理在营销业务时，要注意不能对单一的客户花费过多的时间解答产品业务信息，以免影响整个大堂的其他管理工作。大堂经理产品业务营销工作有两个节点，一是在巡视大厅过程中，与等候客户简单交流询问时，能做到有效识别客户，及时转介给相关的业务人员。二是引领客户去理财室行进过程中，主动向客户宣传本行理财产品和客户服务的特色，拉近客户关系，取得客户对本行本网点的好感，为下一步理财经理搞好营销工作打下基础。

大堂经理就要具有"火眼金睛、慧眼识鹰"和客户识别能力，要根据客户的穿着、职业、年龄及风险承受能力向客户推荐银行的各类金融产品。哪些人是应该带到自助服务区办理的，哪些人是可以进一步营销的，这些都应该在第一时间里作出判断。如对于老年人，要推荐收益稳定的保本理财产品；向青年人应主动推荐网上银行、手机银行等新兴产品；对上班族客户，重点推荐黄金、基金定投、保险等不需要时常关注又能增值保值的产品。

1. 大客户的外在特征识别

交通工具：驾乘高级轿车或车牌较为特殊；衣着：名牌（衣服、鞋）；配饰：

奢侈品（首饰、包、手机、手表）；钱包：内有白金信用卡（包含他行卡）或他行贵宾卡、高级会所会员卡、高级商场会员卡。

2. 大客户的气质与谈吐识别

气度不凡，神态自若，眼神自信，语气坚定、谈吐礼貌，有时会携带私人助手陪同前来。

3. 大客户关注点识别

理财产品宣传介绍或展示栏；贵宾客户专属服务介绍；热点产品介绍或活动宣传；产品展柜、展示架。

4. 客户行为特征识别

中大型国企领导、政府机关领导：谨慎内敛、少语寡言，比较注重礼节。

企业中高层白领：衣着干净整齐，待人礼貌，上班日办理业务多数会随身佩带门卡，单位地点在网点附近。

私营企业主、个体业主：生产规模越大，越偏向低调。北方客户衣着偏向常见的奢侈品牌，南方客户较为讲究佩饰细节。

从事资本投资的客户：特别关注股市行情和即时资讯，会主动关注网点内相关信息，爱用手机查看即时资讯。

家庭主妇或准家庭主妇：大多随身携带明显的奢侈品配饰、喜好结群、生活范围小，多数家住网点附近。

"富二代"：年纪较轻、多数开名车、爱穿着较年轻的奢侈品牌、总是携带最新电子产品。

5. 客户个人业务咨询识别

贵宾服务、外汇业务、保管箱业务、留学业务、存款证明等，可列为潜在的贵宾客户。

6. 客户对公业务咨询识别

有的可能是企业的普通财务人员，有的可能是企业老板或企事业单位的高管。大堂经理可以进一步了解一下信息并进行产品的推荐：

"您好，您是办理对公业务吗？"

"贵公司离我们这儿远吗？"

"我们这边有一些专门针对公司管理层的一些产品，主要有……"

"如果您或者您的同事需要，可以联系我们……"

（二）维护秩序、投诉处理

作为大堂经理，最怕的就是客户抱怨和投诉。如果处理不好，后果不堪设想。但是大堂经理及时安抚客户的情绪是必需的，不能一语不发或是反驳。如果有很诚恳的态度，客户的情绪就会慢慢平复，之后再加以解释的话，效果也会不一样。实际上，客户也知道有的问题不是一个投诉就能解决的，如业务流程复杂导致客户办理时间过长之类的问题。处理这类型投诉，过多的专业解释是无济于事的，只需耐心地让客户发泄内心的不满。多数情况下，客户抱怨的真正目的不是要求处理"肇事者"，只是想寻找一个好听众。大堂经理应该适时作出回应，让客户知道你很重视这件事、很尊重他的意见，等事情说完了，情绪发泄得差不多，投诉也随之化解了一大半。

大堂经理处理客户投诉的特殊程序：
（1）倾听客户诉说，确认问题较复杂，应按本程序处理。
（2）请客户移步离开大厅，先平缓心情再处理事情。
（3）耐心专注地倾听客户陈述，不打断或反驳客户。用恰当的表情表示自己对客人遭遇的同情，必要时作记录。
（4）区别不同情况，妥善处置。
（5）必要时向上级汇报情况，请示处理方式，作出处理意见。
（6）就处理方案与客户进行沟通，争取客户同意处理意见。
（7）落实有关部门处理意见，监督、检查有关工作的完成情况。
（8）再次倾听客户的意见。
（9）把事件经过及处理情况整理文字材料，存档备查。

大堂经理赢得客户的三大法宝——用热情拉近客户；用真诚感动客户；用行动感染客户。

第六节　银行网点客户投诉处理技巧

一、客户投诉的原因分析

银行客户投诉的原因最常见的有三类：一是业务状态，如因服务设备故障、制度约束等原因致使业务不能正常办理等；二是服务态度，语调生硬或表情冷漠等；三是工作效率，如柜员业务操作不熟练排队等候时间长，或出现差错造成损失和麻烦等。

现在的客户，脾气越来越大了，动不动就要投诉，使我们银行网点员工每天都面临着巨大的压力。有一个很奇怪的现象：车站、超市和医院排长队很少会有人埋怨或投诉，而进银行的客户排队时间略长些就会埋怨、投诉。这可以从人的心理上分析，前者购买的产品不是客户自己的，客户有求购的心理；而后者，客户认为我来银行取的是自己的钱，银行有求于客户，因此客户对银行的要求就很苛刻。从这方面来看，银行在服务行业中似乎也能称得上是"弱势群体"。如果投诉处理不好，会影响银行与客户的关系，有些投诉甚至会损坏银行形象，给银行造成恶劣的影响。

无论是什么原因，即使客户有99个错，而你只有1个错，那么最终的结果都是你的错。有很多人认为："因为客户是你真正的老板，真正为你的工作支付薪水的人，所以客户永远没有错。"这是什么逻辑？这样的"奴性"理由是难以让我们的员工以宽容的心态去面对客户的埋怨、投诉甚至是"无理取闹"的。正确的理由应该是：客户不是金融工作者，他们可能不了解基本的金融知识、不理解银行的管理制度，他们有错是正常的。而我们银行网点员工是专业的金融工作者，我们不能不懂得专业业务知识，不能违反任何一条业务操作流程，不能因半点疏忽给客户带来任何的不便，更不能给客户带来丝毫的损失，这是我们银行员工的社会责任和职业素养使然。即使是客户错了，我们也不能把他驳得体无完肤，因为这样既伤了客户的自尊心，也会造成对立情绪，不利于解决问题。用宽容的态度去对待，收获将比所期望的更多。

客户投诉确实会给我们银行网点带来很多负面影响，如有损网点形象；不利于产品销售；妨碍网点正常营业秩序；影响网点员工的工作情绪。但是，客户投诉也有正面积极的意义，如客户是我们免费的行风监督人员，帮助本行发现问题，预警危机苗头，及时修补我们的工作程序，改进我们的服务态度等。如果客户懒得投诉了，就会远离我们而去别的银行，客户投诉我们说明对我们还抱有最后的希望。在客户的投诉中既包含威胁，也蕴藏着机会，这是因为我们网点所提供的产品和服务，再贴近客户需求，毕竟是由我们银行自己设计的，难免有思维盲点，会有不尽如人意之处。客户作为服务和产品的直接体验者，能够从实际消费过程中发现一些细枝末节的问题和不足，却又是我们银行自身难以触及的死角，很有可能是阻碍发展的关键因素。如果我们能够认真总结客户投诉，从中摸索思路，借客户的视角顺藤摸瓜找到问题的真正症结所在，就能帮助我们更好地整合现有的业务流程、提高服务水平。因此，投诉既是坏事，也是好事，正是客户的投诉我们的服务才有进步；客户的投诉既是灾难，也是机会，关键在于你如何理解及面对。记得一次我们正在开办公会，一位客户闯进会议室说要找领导投诉，笔者马上接待了他，把这位客户引领到笔者的办公室。走进我的办公室后，客户看到墙上挂的笔者书写的一幅"书法"，马上来了兴趣。原来这是一位画家。结果我们俩谈得很投机，他的投诉意向也荡然无存了，当然他的合理要求也及时得到处理了。随后他又把在其他银行的相关业务都转到我们行来办理，成了我们行很好的合作伙伴。如果你视客户投诉为"灾难"，你将会每天背负沉重的压力；如果你把它当作好事，你就可能会获得意外的收获。投诉帮助我们提高服务水平，甚至会促使客户成为我们长期的忠诚客户。

二、减少和避免客户投诉的方法

（一）如何安抚需要等候办理业务的客户

有关客户等候的心理状态，我们可以比较一下在不同的情景下不同的感受，假如一个要赶着去飞机场或火车站，通常在路上的时间会感到很紧，每分钟都过得很快，而一旦进了等候室就会有"怎么还没检票呢"的感觉。还有一个人忙碌的时候会感到时间太快，事情来不及做；闲着无事做时就会感到无聊。因此，客户有时埋怨我们银行网点员工工作效率不高，实际上是一种心理错觉。大堂经理要了解客户的心理感受，想办法安抚客户，避免客户的埋怨（如表4-6所示）。

表4-6　　　　　　　　　　　减少和避免客户投诉的方法

客户感受	解决方法
空闲等候比有事做时等候时间长	大厅内电视屏幕播放本行的宣传片吸引客户，或者递送报纸或杂志给客户看
未进入程序等候比进入程序等候时间长	告诉客户业务正在办理中
有疑惑的等候时间长	向客户解释等待时间较长的原因，请客户谅解
不知道要等待多长时间要比知道明确时间的等待时间长	可先告知客户大约要等多长时间
不合理的等待比合理的等待时间长	多给客户作些必要的解释，让客户知道等待的原因是什么，请客户理解

（二）尽量在客户投诉之前解决异议

1. 客户异议处理的策略

（1）以耐心的姿态听取客户的埋怨：耐心倾听、保持平静、不去打岔，让客户一吐为快，耐心地听完全部叙述后再作出相应的回答，用自己的热忱去平息客户的怨气。

（2）以诚恳的态度应答客户的异议：换位思考，不使用会给对方火上浇油的措辞，客观如实地向客户解释原因。

（3）以感激的语态接受批评意见：专心于客户所关心的事情，适当做些记录，让客户知道所允诺的帮助是真诚的。

（4）以宽容的心态不与客户发生争论和冲突：面对口头的人身攻击时不采取对抗姿态，控制好自己的情绪。

（5）以快乐的心情做好每一次的服务工作：用所学的知识和经验处理问题、满足客户的要求；用现有规定进行变通处理或向客户解释清楚，争取客户的理解和支持。

2. 客户异议处理的办法

（1）坦然对待客户的抱怨：先处理情绪后处理业务；别把客户过急话太当真；解决问题应对事不对人。

（2）客户异议处理程序的五个步骤：

第一步，接受异议。态度端正、表情谦、语句诚恳、让客户感觉到被重视。

第二步，弄清理由。了解客户提出异议的原因，并表示关心，诚恳提问，深入细微之处。

第三步，分析动机。要想客户所想，从客户角度分析问题，设法找出客户的真正动机。

第四步，应对办法。合理解释，改善应变措施，维持客户自尊，变通相应的处理办法。

第五步，努力说服。围绕核心问题，化解客户异议，获得相应成效。

3. 避免投诉的口诀

（1）服务礼仪：目注视、带微笑；耐心解答讲技巧；说声"对不起、请原谅、麻烦您"很重要。

（2）业务处理：细心操作莫出错，换位思考多一点；坚持原则不违规，灵活处理不教条。

三、客户投诉处理流程

解决客户投诉主要有六个步骤：

第一步，迅速隔离、防止漫延。有效隔离投诉客户，避免负面影响扩大。要善于察言观色，把客户的火气消灭在萌芽状态。必要时应迅速反馈投诉信息，让管理层了解投诉情况，帮助处理疑难投诉。

第二步，耐心倾听、安抚情绪。不"踢皮球"、有效缓冲、控制事态稳定。要根据相关规定，耐心细致地解释回复客户，积极主动地解决客户的问题和困难。

第三步，确认事实、及时沟通。迅速反馈投诉信息，让上级了解投诉。

第四步，赔礼道歉、达成谅解。当我们对的时候，要温和巧妙地使客户赞同我们的观点；当我们错的时候，就要迅速而诚挚地承认错误。勇于认错的态度有利于化解纠纷，在许多情形下还要远远胜过辩护。要因人因事不同而灵活运用服务技巧，尽可能地动员客户撤诉。

第五步，提出方案、征求意见。要让客户参与解决方案，降低期望值，对协商的结果应承诺执行，重建客户信心和忠诚度。

第六步，总结案例、积累经验。举一反三，在同一个网点、同一个支行内遇到类似问题可借鉴应对处理。

四、客户投诉处理技巧

(一) 要善于了解客户投诉的动机

投诉动机：讨要说法，索要礼品。

投诉表现：真正愤怒，假意愤怒。

1. 不同职业的客户投诉行为的区别（如表 4-7 所示）

表 4-7　　　　　　　　不同职业的客户投诉行为的区别和处理

客户类别	投诉方式	处理方式
普通	当场争执、吵闹为多	索赠小礼品
商人	找网点负责人说理	看重利益得失
教师	会写投诉信给上级领导或媒体	注重交流过程
领导	找网点负责人反映	注重处理结果

2. 不同性格的客户投诉行为的区别（如表 4-8 所示）

表 4-8　　　　　　　　不同性格的客户投诉的区别和处理

类别	特征	应对办法
感情用事者	情绪激动、或哭或闹	保持镇定，适当让客户发泄 表示理解，尽力安抚 注意语气，谦和但有原则
正义感表达者	语调高昂、滔滔不绝	正面肯定他的话题，并对其积极反映问题表示感谢，可以"两难"的话题"请教"他
固执己见者	自言自语、不听劝说	先表示理解，力劝换位思考；耐心劝说，根据产品的特性解释，提出合理的处理方案
有备而来者	不达目的不罢休，了解消法，甚至会记录或录音	充分运用政策及技巧，语调自信；明确我们希望解决问题的诚意
领导	非常在乎银行网点领导的处理态度，不满足要求会实施曝光	要求无法满足时，及时上报有关部门研究，要迅速、高效地解决此类问题

(二) 要善于倾听客户的投诉

当客户火冒三丈地抱怨时，我们的员工作为倾听者应当保持缄默，认真地听他先把话讲完，不要插嘴打断。喜欢挑剔的人，甚至是那种最暴躁的客户，也常常会在一个具有忍耐心和同情心的倾听者面前变得平和起来。在很多情况下，多数的客户只是想通过挑剔和抱怨来获得自尊，当客户从我们耐心的倾听过程中得到了尊重后，很多的不满情绪也会随之化解。

（三）要善于解释客户的投诉

1. 客户对执行制度不理解时怎么办

要耐心（举例）说明这种规定是为了保护他们的资金安全。绝对不能说："我们的制度就是这么规定的！""这是人民银行的规定，我们也没办法！"

2. 如何应对难缠客户

一是要善于利用法律武器保护自己，应对相关法律条文及机构有所了解，最好能事先主动与有关机构建立联系。二是要保持清醒的头脑和冷静的判断力，必要时采取断然的态度和手段。三是在任何情况下，管理好自己的言行，不要让人抓到把柄。

（四）处理客户投诉时的错误举措

（1）逃避。漠不关心，逃避应对难缠客户的投诉；推卸责任，把差事推给其他同事去做。

（2）恐慌。面对投诉，脑子一片空白，因而焦躁地应对，反而使问题复杂。

（3）厌烦。不倾听事实经过，言行不一，缺乏诚意，使客户感到不受尊重。

（4）冲突。吹毛求疵，过多使用专业用语和术语责难客户，偏执地认为客户就是无理取闹，以势压火，致使矛盾升级。

（5）被动。轻易附和客户，怯懦，一味地道歉，接受过分要求。

请记住，一次失败的处置，会使以往100次的满意毫无价值！掌握一定的投诉处理技巧非常重要！

（五）建立便捷高效的投诉处理机制

1. 建立客户投诉首问责任制

网点负责人为客户投诉处理工作的第一责任人；大堂经理为客户投诉处理工作的直接责任人；柜面员工为客户投诉的受理责任人。

2. 畅通投诉渠道

对于重大的投诉问题要及时向上级报告。管理部门应通过服务热线、投诉邮箱、微博、微信、信函、网站、手机银行等多种途径全面了解客户诉求。

3. 客户投诉处理时效

网点现场能处理的客户投诉原则上应在3个工作日内处理完毕；网点现场一时难以处理的客户投诉原则上不超过15个工作日，情况复杂或者有特殊原因的原则上不超过60个工作日。

4. 总结备案，跟踪回访

客户投诉处理完毕后要及时进行总结，不定期对客户进行回访，了解客户对柜面工作的意见和建议，有针对性地改进柜面服务工作。

第七节　银行网点员工与客户沟通技巧

沟通的最高境界是说到别人愿意听,听到别人愿意说。当你登门拜访生疏的客户时,表明营销的来意,多数人会持冷淡、怀疑,甚至是轻视、敌意的态度;或者当客户进入我们的网点理财室或者客户经理的办公室,有时难免会不知所措,一时找不到合适的话题进行交流。寒暄、赞美、谈资、切题是我们理财经理和客户经理市场营销的四大技能,是自我推销和人际交往时最常用的口才方法,是消除抵触情绪的破冰之举,是会客时打破尴尬的开场白,是有效沟通的序幕。

一、寒暄

我们在日常的工作和生活中,无论遇到生人还是熟人,都需要说上几句寒暄的话,用以沟通彼此之间的感情,营造和谐气氛。寒暄是人际交往中不可缺少的重要一环。

(一) 何谓寒暄

寒暄就是问寒问暖,是人们相互见面时谈天气冷暖之类的应酬话。寒暄是交谈的导语,具有抛砖引玉的作用,可联络感情,拉近与客户的距离,建立与客户的信赖关系。对新客户而言,寒暄是展开交往活动,建立感情联络的良好开端;对老客户而言,寒暄是维持和增进感情联络,保持广泛长期联系的黏合剂。

(二) 如何寒暄

(1) 主动问候客户,留心照顾周到。

(2) 遇到多人寒暄时,不能只顾及其中一两个人,而把其他人撇在一边。

(3) 善于选择话题。话题应该是表现出对客户的关心,使对方感到温暖和乐于交谈,避免三言两语无法谈完的话题,绝对不能触及对方的隐痛。

(4) 根据不同的客户对象,选用不同寒暄语。

(三) 寒暄的话题

寒暄时应判断什么是客户感兴趣的话题:一是客户的身体语言,如眼睛放光、身体坐直等;二是客户的话变多,声调变高等。一时难以找到合适的话题,可以说些类似于"今天的天气真不错""今天的天气真冷"的话,用这些话来打破拘束的场面。更多地可以谈家庭、工作、事业、居家、孩子、健康、爱好兴趣等。根据对象不同,择一二点,以点带面。

(四) 寒暄的节点

就是根据见面的具体场景,触景生情,根据不同的时间,灵活运用。寒暄的节点包括：客户走进营业大厅时；大堂经理引领客户至柜台、理财室、办公室的过程中；请客户就座时；为客户上茶送饮料时；正式洽谈业务前。

（五）寒暄的语言技巧

有位售房营销员通过寒暄，旁敲侧击地了解客户的经济实力，从而有针对性地向他推荐合适的楼盘。以下有三种提问方式：

（1）"你们怎么来的？"

（2）"是自己开车来的吗？"

（3）"开车过来，路上很堵吧？你们辛苦了！"

显然第三句话说得最有技巧性。

（六）寒暄的禁忌

（1）言太多：自己说不停，客户晒一边。

（2）心太急：急着谈业务，盲目推销。

（3）语太直：只谈业务，没有赞美。

（4）话太糙：哪壶不开提哪壶，说客户不愿意听的话，如："哟！美女，你最近身体越来越健壮了……""老人家，您身体不太好，小心走路别摔着……"

总之，寒暄要得体，要与表达时的语境适宜，并且选择最佳的表达手段或方式，达到寒暄的最佳效果。

二、赞美

（一）何谓赞美

世界上最华丽的语言就是赞美之词，适度的赞美不但可以拉近与客户之间的距离，更加能够打开客户的心扉。虽然这个世界上到处都充满了矫饰奉承和浮华过誉的赞美，但是任何一位客户仍然非常愿意得到我们的员工发自内心的肯定和赞美。被别人承认、肯定和赞美是人的本质和共同的心理需求。

（二）赞美的障碍

（1）难以启齿赞美别人。不习惯去赞美别人，听到了别人的赞美也感到几分不适。尤其是初次见到客户，一是发现不了可以赞美的地方；二是不好意思去赞美，担心自己给别人的赞美不当，会自讨没趣。

（2）观念太传统。认为赞美就是奉承。我们要突破自己的习惯思维，要真心地赞美别人。

（三）赞美与奉承的区别

我们传统的文化氛围可能会把赞美曲解为奉承，认为当面赞美别人是拍马屁、阿谀奉承。其实每个人都需要得到肯定，无论是婴儿、成人、还是老人。如"你干得真棒""你今天看起来真漂亮"之类频率很高的句子，就同我们见面时问声"你吃了没"一样的平常。赞美和奉承的区别在于真诚与虚假之别：一个是真诚的，一个是不真诚的；一个出自内心的，一个是出自牙缝的；一个是对对方的尊敬与佩服，一个是对对方的阿谀奉承；发现一个优点就是赞美，发明一个优点就是奉承。总之，诚恳实在是赞美的前提和基础。自然、真诚、发自内心的赞美会令人愉悦，乐于接纳、约见、面谈，促成合作。奉承、夸张、脱离实际的"赞美"会使人反感，产生恶心的感觉。

（四）赞美的功能

用赞美打开客户的心扉。世界著名销售大师原一平说："赞美是我销售成功的法宝！"当客户走进我们的理财室，赞美是最好的欢迎之辞，立刻打破与客户的距离感，同时更快获得客户的好感，接下来的业务产品推荐介绍就是顺水推舟。如果我们不习惯赞美，那么在营销服务的过程中会错过许多营销商机，影响自己的营销业绩。

（五）赞美的节点

（1）择时。与客户寒暄时；业务洽谈结束时；客人临走告别时。

还有在接受客户名片时，如果是文化人，就可以说"失敬、失敬！"如果是商人，则可以说"幸会、幸会！""多多关照！"如果是上班族，就夸夸他们的行业、单位。

（2）择境。当对方情况向好时，你赞美他——"真不简单"；当对方情况普通时，你肯定他——"看得出来"；当对方情况不佳时，你安慰他——"那没关系"。

（3）择机。初次交往、业务促成前、被拒绝时都要赞美，签单后更要赞美。

（六）赞美之词

1. 尊卑

（1）领导。运筹帷幄、事业有成、领导有方、明察秋毫、先见之明、以身作则等。

（2）老板。经营有道、具有创造力、容光焕发、勇于开创、成绩卓越、恭喜发财等。

（3）长辈。显得很年轻、身体好、精神好、有爱心；身体健康、红光满面等。

2. 年龄

（1）年轻人。风华正茂、黄金时代、生龙活虎、前程似锦、多才多艺、年轻有为、风度翩翩、知书达理、仪态万千等。

（2）中年人。有风度、有品位、有内涵、有担当、有责任心等。

（3）老年人。福如东海寿比南山、慈祥、姜是老的辣、安享晚年、尽享天伦之乐、最美不过夕阳红、老当益壮等。

（4）为人父母者。教子有方、有责任心、有爱心、可怜天下父母心等。

3. 性别

（1）男士。成熟、沉稳、精明、能干、事业有成、风度翩翩、有责任心、年轻有为等。对男人讲事业，可以说"您真是有眼光，能娶到这么贤惠、漂亮的太太"等。

（2）女士。有气质、有品位、皮肤好、身材好、家庭幸福美满等。对女人讲家庭、小孩，可以说"您真有福气，能嫁给这么体贴又有责任心的男人"等。

4. 职业

（1）年轻男士。

对有头衔的可说："先生年纪轻轻就事业有成了，哪天有机会一定向您请教事业成功的秘诀！"对无头衔的可说："看先生相貌堂堂、气度不凡，想必是老板吧？什么？是部门经理？您太客气了，即使如此，您将来也一定能成为大企业家的，我祝您成功！"

（2）年轻女士。

对事业型可说："精明能干、女强人、女中豪杰、才貌双全"等。对家庭妇女可说："您好有福气，有多少女孩子羡慕您，不用为生活而奔波，您先生的事业一定做得很成功吧？是做什么生意的？"

（3）中年男士。

对于中年男士，可说："先生，事业做得这么大，见识又广，经验又丰富，什么时候教教我？"

5. 角色

（1）已婚女客户。

"您气质真好，给人感觉端庄高雅。"

"大姐您很善良，您一定人缘很好吧？"

"您今天容光焕发，气色不错啊！"

"好久不见了，您现在的发型使您看起来比之前年轻多了。"

（2）两辈人。

夸老年人红光满面、身体健康，又有一位杰出的儿子和贤惠的媳妇，实在命中的有福气；夸老人有爱心、慈祥；夸子女有孝心等。

（3）夫妇。

在先生面前赞美太太，看着太太赞美先生，夸双方感情好、和睦、民主等。对于带着小孩来的夫妇，要夸客户的小孩活泼可爱、机敏过人、人见人爱、懂礼貌等。

（七）赞美的技巧

（1）锦上添花。逢人减岁、谈物加价。

（2）笼统模糊。适宜浅层次的赞扬，属于策略性的赞美。如："您家乡是个好地方""父母有您这样的好儿子真是太幸福了""老板有您这样的得力干将真是一种福气"等。

（3）雪中送炭。这是最具有功德性的赞美，当对方遇到挫折进，听到别人的赞美能够更加坚定奋发努力的信心。

（4）具体清晰。赞美的内容最好具体到赞美什么。假如对方是杭州人，可说："杭州可是个好地方啊，俗话说'上有天堂，下有苏杭'，白居易也抒发了'未能抛得杭州去，一半勾留是此湖'的慨叹。"

（5）间接迂回。主要是含蓄地表达赞美意向，不露痕迹地巧妙地称赞对方，让对方在不知不觉中受到融洽氛围的感染。

可以从对方的职业、籍贯、民族、习俗、地域、特产、气候特点等方面进行。如："到底是老师啊，素质就是高么！我最敬佩老师这个职业了。""真是××出美女呀，那儿的女孩子就是漂亮啊！"等等。

传达第三者的赞赏，这样不但能避免尴尬，而且会得到这双方的好感，比如可以这样对客户说："这次去××处，他对你的评价特别高……"等等。

（6）显微放大。抓住一个具体的小事及时赞扬。如："不愧是专家，慧眼识鹰（技高一筹）啊！"

（7）对比显长。以他人之短来对比赞美对象之长，如："像您这样体贴下属的领导还真不多见，而有的领导只知道批评员工。"或者还可以说："我最欣赏您这样有眼光的人！"

（八）赞美注意事项

（1）发自真诚，别过度。不要言过其实，也不要用贬低自己来赞美对方，赞美时要面带微笑，正视对方，要有眼神交流。如果你一边说话一边左顾右盼就会使客户觉得你是在敷衍，言不由衷。

（2）语调热忱，要生动。不可像背讲稿一样平淡无味。要找出对方引以为傲的特征。夸客户在意的人或事。如见到、听到客户得意的事，一定要停下手头所有的事情，去赞美。如客户给你看了他小孩的照片，那么一定要夸一下，若无声地放回去，客户肯定会很不高兴的。如果一个人被提拔了，下次见到他，一定要用新的职位去称呼他。

（3）心态平和显轻松。宛如与老朋友聊天。如果客户多次来访，可以说："你比前天精神（漂亮）多了。"如客户穿了一件新衣服，就夸衣服合身、穿着很有气质等。

（4）语言技巧有特色。不啰唆、不牵强。可从否定到肯定的评价："我很少佩服别人，您是个例外……"或者说："我一生只佩服两个人，一个是某某，一个就是您……"

（5）内容创意忌俗套。赞美语太单调俗套，不会打动客户。同样一个"漂亮"，夸丑女是虚伪，夸美女效果不明显，但是要夸长相一般的女孩漂亮，她会开心。所以不要见了任何一位女性都说"美女""好漂亮"，见了男性就说"帅哥""好帅啊"。大家都这么说，听者就不会有特别的感触。如果说对方有性格、有素质、有涵养，效果则大不一样。

(6) 感动客户不空泛。只有用心而认真地观察对方，才能说出他的优点，二是赞美别人赞美不到的地方，如"这太适合您了""好漂亮啊""真好""不错""很美""很好"之类的话。这种无特点的称赞，显得太假。空泛化的赞美，虚幻而生硬，与其一千遍地对客户说"美女，你长得好漂亮喔！"不如说"美女，你长得好漂亮，尤其是这对眼睛，乌黑明亮、大而有神，真令人羡慕"。

三、谈资

很多理财经理和客户经理们在营销过程都有这样类似的困惑：一些重要客户、特别是关键大客户和高层次大客户，常常很难请得动；或者好不容易请来了，饭也吃了礼也送了，但效果并不好，业务还是谈不成。问题出在哪？一个重要的原因是与客户缺乏共同语言，缺乏对客户的吸引力，互相"谈不来"。在与客户交往时总觉得无话可说，在饭局上闲聊时也总接不上话，别人聊的话题都不怎么了解似的，大家普遍反映自己与客户聊天缺少谈资。所以掌握必要的谈资，寻求与客户的共同语言，提高对客户的吸引力，是一个优秀理财经理和客户经理的基本功。

(一) 何谓"谈资"

字典上对"谈资"的解释是"闲谈的资料"。对于银行员工来说，就是与客户谈话的资料。

(二) "谈资"的用处

(1) 寻求共同语言，建立兴趣相投的朋友关系。

(2) 活跃相聚气氛，增进双方的了解和感情。

(3) 减少喝酒数量，强化对客户的积极影响。

(4) 增强相互吸引，建立彼此的信任和友谊。

(三) 常用的谈资

根据笔者过去与客户接触的经验，经常闲聊的话题主要有七个方面，即所谓"七大谈资"：酒、菜、茶、咖啡、服饰、旅游、养身等。还有一些层次比较高的客户，会涉及另外一些方面内容的谈资，比如：书法、绘画、音乐、摄影、风水、收藏、装潢、证券、汽车等。上述任何一个话题，涉及面都很广，都是一门专业。我们不可能什么都懂，什么都掌握得精深，可以根据自己经常接触的和基本的客户群，从中重点收集、学习和掌握一些基本的常识；或者在某一个方面研究得精深些，成为一个小专家。只要在与客户谈话时不信口开河、胡言乱语，让客户感到你是有一定文化素养的人，则可有助于你和客户之间的沟通。

（四）如何积累谈资

（1）多看：多读书看报，看新闻、趣事、名人传记，少看一些网上的花边新闻、八卦之类的东西。

（2）多听：别人是怎么说的，怎么描述一个故事，怎么把故事讲得让人想听、爱听。

（3）多走：通过旅游了解各地名胜古迹、风土人情。

（4）多想：看到一些事要多想想，要深入研究一些现象。

（5）多串：广交朋友，积累一些有趣的事情。

（6）多做：培养一些个人兴趣爱好。

（五）如何有效运用谈资

不失时机地捕捉话题；巧妙灵活地展开话题；有声有色地把握话题；水到渠成地发挥话题；恰到好处地终止话题。

四、切题

寒暄、赞美、谈资都应视为银行员工开展业务营销的职业化技能，都是在为营销工作作铺垫。要做到话题不离谱，不应及时切入营销的正题。例如：

（1）同老人交谈侧重于关心照顾。

"阿姨您好！您今天需要办理什么业务啊？我给您取个号在这里坐下等一会吧，站着会很累的……我们行最近刚推出了一款新的理财产品，一年存一次……"

（2）同年轻妈妈交谈侧重于孩子的教育话题。

"您孩子上学了吧？给他报名参加什么兴趣（培训）班了吧？费用一定很高吧？不知道您是否办理了教育储蓄业务，是不是可以给他……"

"您孩子快高考了吧？是否考虑出国留学啊？如果有意向，我行可以办理助学贷款……"

（3）同年轻人交谈侧重于能引起同理心的话题。

"你们单位效益不错吧……赚钱不容易啊，花钱如流水，还不如办个零存整取的……"

（4）同企业的业务员、老板或单位的会计人员交谈侧重于业务。

"您真不容易，这么一大堆的事都要亲自出马，真是太能干了……我行有一种结算方式比较适合贵单位，既方便、高效，又安全，您看……"

（5）同有贷款需求的客户交谈侧重于提供帮助。

"一看您就是做大事（大生意、大买卖）的人，真了不起……怎么样，您资金方面需要我们行提供帮助吗……"

总之，切题的语言要体现一切为了客户着想，不能让客户感到你是为了完成营销任务，强行给他们摊派产品。

第八节　银行网点员工市场营销能力与技巧

柜台是客户了解银行的门户，是银行与客户面对面沟通和交流的方寸之地，为银行与客户之间增添了浓浓的感情色彩。柜员，作为银行的一线工作人员，是面对客户最多的员工，是银行形象的重要代表。同时，柜台营销又是银行营销的一种常规的促销手段，柜员在为客户办理普通结算业务的同时，还有一个重要的任务——把客户需要的其他金融产品推销给客户。

一、树信心准备好

（一）推销自己

为什么要推销自己？任何一个行业的业务推销员首先是推销自己，然后才是推销产品。人生无处不推销，营销铸就成功，营销工作带来个人能力大幅提升。

市场营销是一个令人羡慕的工作，也是一份成就人的职业，是快速成长的行业，越来越多人正加入到营销中来。从我们银行内部员工职业发展状况来看，许多分支行和基层网点的主要领导都是从营销岗位提拔上来的，其他管理岗位做过营销工作的员工占比也很高。足以说明银行的业务营销岗位是锻炼银行职员的极佳平台。随着银行网点智能化程度越来越高，未来的网点柜面人员会逐渐减少，大量的员工要充实到营销岗位上去，为的是提高竞争实力，扩大市场份额。

如何学会推销你自己？应该从衣着打扮、言谈举止、兴趣爱好、行为习惯、思想品格等方面着手，塑造起一个职业人的形象，让客户认可你，接纳你，才能迈好市场营销的第一步。在你成功地把自己推销给别人前，你必须相信自己，对自己充满信心。

（二）营销前的准备工作

1. 熟知4点产品知识

（1）名称——体现产品特征。

（2）收益——预期的收益。

（3）风险——风险可控度。

（4）特性——产品适合对象。

2. 营销要点

根据理财产品说明书梳理产品的相关信息，采取对比法向客户介绍某理财产品的实际收益率。在营销过程中经常会听到客户反驳说："某某银行的收益率比你们行要高很多。"遇到类似情况，我们很多员工往往就会哑口无言，营销陷于僵局。问题出在我们的员工还没有真正把产品的全部信息消化好，自己还没懂得任何一个理财产品都有两个关键要素，一是产品的收益率，另一个是产品的风险度。而客户只是强调了产品的收益率，往往忽视了风险度。因此，我们在向客户介绍产品时，或者客户提出疑问时，都要从这两个要素同时进行解释完整，对比产品之间的不同点，详细分析其利弊关系，让客户根据自己的风险偏好习惯和收益期望值进行比较选择。这样的营销思路和介绍产品的方法，有利于营销的成功率。

二、有思路目标明

(一) 理财产品的销售方式

销售，最简单的理解就是从商品或服务到货币的惊险一跃，通俗地说就是卖东西。请指出三个名词的不同之处：推销、促销、营销（如表4-9所示）。

(1) 推销。从广义的角度讲，推销是由信息发出者运用一定的方法与技巧，通过沟通、说服、诱导与帮助等手段，使信息接收者接受发出者的建议、观点、愿望、形象等的活动总称。从狭义的角度讲，就是运用一切可能的方法把产品或服务提供给客户，使其接受或购买。

(2) 促销。促销是指营销者向消费者传递有关本企业及产品的各种信息，说服或吸引消费者购买其产品，以达到扩大销售量的目的。常用的促销手段有广告、人员推销、网络营销、营业推广和公共关系。简单一点说，就是运用各种方法（如买赠、打折等）促使消费者购买产品。

(3) 营销。营销是指企业发现或挖掘准消费者需求，从整体氛围的营造以及自身产品形态的营造，去推广和销售产品，主要是深挖产品的内涵，切合准消费者的需求，让消费者深刻了解该产品进而购买该产品或接受服务的过程。

表4-9　　　　　　　　　　　营销与推销的区别

观念	出发点	中心	产品与服务	方法	过程	关系维护	目的
推销	客户	产品	标准化	推销与促销活动	扩大客户群	单一 随产品销售后结束	通过扩大产品的销售量获取利润
营销	细分目标市场	客户需求	人性化	联动和组合营销	培育客户忠诚度	多方位 保持长期的合作关系	通过客户满意度忠诚度获取利润

(二) 与众不同的营销策略

古人云:"常人为之我为之,我为常人也;常人不能为之我为之,我非常人也。"做营销的人一定要和别人不一样。一定要告诉你的客户,在诸多合作者中,他是最特殊的一个。大医院都有跟其他医院不一样的专家门诊,而我们每个营业网点在营销产品、理财顾问、售后服务等方面究竟有哪些特色?

(三) 没有最好的产品,只有最合适的产品

金融产品种类繁多,营销时要注重结合客户的特点与产品的特点,挑选最合适的产品介绍给需要的客户。让卖点跟买点合拍,才能提高成功率。

客户的需求是多元化的,我们应该明白一个道理:随着金融及衍生产品的推出,以及客户的理财意识的逐步增强,很多客户来银行网点不仅仅是为了存取款,或者了解基础的金融产品,如分红保险、定投基金等。他背后蕴藏了无限的潜在需求,不仅是他本人,也包括和他有社会交往的任何人。所以应该把客户纳入"大销售团队"概念,利用他们的口碑传播和深度需求挖掘,创造最大化的经济价值,但前期是以客户利益为导向。

不同的客户群体有不同的金融产品消费意向,理财经理可以根据本网点客户类型的实际情况,分析归类,了解或测试各类客户对本行理财产品的关注点以及适宜他们的不同产品。这样可以帮助自己提高产品宣传的工作效率和营销的成功率。以下两张客户产品营销细分表,是笔者向多位银行理财经理请教之后,归类分析所得,具体内容仅供参考(如表4-10、表4-11所示)。

表4-10 客户产品营销细分表(1)

客群	政府官员	公职人员	企业高管	公薪白领	私营业主	社会名流
职业	处厅级以上官员	公务员 医生 教师等	国企事业单位和大型民企高管	企事业中层管理者和一般员工	私营企业主 个体户	影视明星 运动员 艺术家 社会名人
产品推荐	基金定投 期交保险 黄金 贵宾卡 固收类理财 信用贷款等	基金定投 期交保险 黄金 贵宾卡 固收类理财 信用贷款等	大额协议存款,或股票类理财或稳健类理财	基金黄金 保险 股票类理财 高额信用卡 信用贷款等	基金黄金 股票类理财 固收类理财 POS机业务 存单质押 经营性贷款等	基金定投 黄金 信托理财 固收类理财 大额协议存款等
注意事项	对风险偏好与收益期望之间的平衡度差异性大	对风险偏好与收益期望之间的平衡度差异性大	公司业务交叉营销对象	对新业务接受度高	偏向于短期的理财产品便于资金流动性强	大型活动邀请对象

表 4-11　　　　　　　　客户产品营销细分表（2）

客群	敏感人群	境外人士	特殊群体	弱势群体	在校学生	专业投资人
职业	律师 媒体记者	外籍老师 留学生 港澳台胞	家庭主妇 全职太太 富二代	退休人员 下岗工人	就地学生 出国留学	股票 期货 文物
产品推荐	贵宾卡 基金黄金 固收类理财 信用贷款等	贵宾卡 银保产品 黄金工艺品 固收类理财等	基金定投 黄金 定期存款 儿童保险等	存取款 保本基金 固收类理财 银保分红保险产品等	存取款 校园卡 网银 手机银行 支付业务 助学贷款	贵宾卡 信用贷款
注意事项	某些特殊产品应需特别规避	购买财富管理产品受到一定限制	偏好生活类子女教育类主题活动	劝说其不要购买风险度较高的理财产品	重点寻找学生干部，能使其帮助拓展校园营销活动	投资渠道较多 经验较丰富 专业性强 一般不在银行柜面进行投资操作

（四）对理财师（个人业务顾问）定义的现实理解

1. 代客理财市场还未真正形成

理由一：目前银行的理财产品只是较低层次的金融产品买卖业务。如营销基金、推销黄金、代办保险、代销债券等。

理由二：目前无论是中低端客户还是高端客户，因市场竞争的诸多因素，不可能直接实施收费，真正的理财业务是要收费的。

2. 理财经理的工作内容

坐在理财室同高端客户聊天、上网，了解不同客户的特点，为客户量身定制理财方案，及时执行、监控和调整，提供超值的综合金融服务，最终满足客户人生不同阶段的财务需求。

（五）财富诊断

理财经理根据客户的家庭状况、财务状况、职业目标、兴趣爱好、收益期望、风险偏好等因素进行风险度评估，并依据评估的结果制订理财方案；或者对客户已购买产品组合定期进行分析与回顾，为客户下一步投资提供专业建议。

1. 财富诊断方式

定期主动与优质客户联系，约见客户面谈，分析目前资产配置或产品投资组合情况。基金类理财投资建议每三个月左右进行一次回顾。

2. 注意事项

（1）分析需兼顾客户资产的收益性、流动性和安全性，提出的建议应着眼于此，而非单纯进行理财产品推介。

（2）提出的建议要体现专业性（泛泛的建议不如不提），真正让客户感到有价值。

（3）通过财富诊断，为客户制定完理财规划或理财方案后，理财经理还要及时进行跟进。定期与客户就已制定的理财规划的执行情况进行沟通，根据市场变化与客户新的需求定期或不定期的提出调整建议，帮助客户更好地实现理财目标。并对已提供给客户的资产配置及理财规划建议进行跟踪与修正。

（六）探询客户需求的技巧

主动问客户感兴趣的话题，主动问一些开放性问题获得信息，从客户的表情和动作判断，或者是从他主动表达的话语中快速分析。在没有摸清楚客户的真实需求前，切勿随意给客户推介某种服务或产品，否则会造成客户的反感和厌恶。

三、会营销技巧灵

（一）察言观色

"见什么人说什么话"，这是一种营销哲学。眼神专注是渴望，动作是思想的延伸，询问是动心的信号。有时口头语言会撒谎，但肢体语言不会撒谎，需要营销人员心领神会。把客户需求作为信息搜集的目标，细心收集和分析客户的信息需求、环境需求、情感需求以及家庭状况、心理、习惯等，然后进行有针对性的服务营销，才能赢得客户的认同。

1. 沉默寡言型

这类型人群中，有的话不多但脑子非常清醒；有的反应较慢。当得到客户有意办理业务的信号后，应直接提出交易，如："王先生，如果没有其他意见，那我们签约吧。"切忌喋喋不休。这类客户往往在初次交往时不易沟通，但又最有可能会成为忠实的客户群。需要注意的是，许多不爱说话的人很会琢磨别人的话，因此与他们谈话更要谨慎、收敛些，要减少说话的次数，以免分散客户的注意力。

2. 虚荣心强型

他们往往喜欢听赞扬他的话，自己又常常口述"我如何如何"，因此你要耐着性子听他表白，并要多赞美他，要充分满足他的好胜心、自尊心，可以用激将法促其成交。

3. 令人讨厌型

尽管他有人格方面的缺陷，也不能成为你与他沟通的障碍。这类客户有可能会经常挖苦你，说话时常带点刺，会使人感到难以对付和不愿交往，但为了营销目的，还是必须妥善地与他们交往。其实这类型客户往往是既自负又自卑的，他们更需要别人对他的赞扬。你对他们既不能卑下又不能针锋相对，应该在维护自己尊严的前提下给他们适当的肯定，要使他们感到你也不是一个等闲之辈，是需要平等对待的人。

4. 疑心重型

他们往往自恃聪明，处事谨慎，在购买理财产品时经常会提出一大堆的问题。理财经理应耐心地作出正面的答复，不仅要介绍客户所关注的一些理财产品的收益率，而且对相应的风险度不要遮遮掩掩，否则很容易使客户认为你在为完成任务而向他推销产品，会产生较重的防卫心理，你对他的提问可以作这样的回答："您所说的问题确实存在，我也曾经想过这方面的问题，看来您是一个内行。我们是否可以这样认为……"从而转移难题和弱化他的疑心。

5. 大大咧咧型

此类客户大多答应十分爽快但兑现比较难，有的爱说"这事没问题"之类的大话，也希望别人说他大方慷慨，理财经理不要被他的"大话"所迷惑，要保持清醒的头脑，要适时运用幽默的技巧来旁敲侧击、点到为止。

6. 讨价还价型

讨价还价似乎成了这部分人的特殊爱好，无论谈什么总要还个价，而且常以此自鸣得意。理财经理在同他们洽谈业务时，可以通过提供一些优惠条件促使客户立即办理，而且还要让他感觉到优惠只是针对他一个人的，并不要忘了说上一句："就按您的主意办"，要使他觉得占了便宜，使他感到"自我价值的实现"。但对客户提出的更进一步的要求，你不能轻易答应他，否则养成习惯后会得寸进尺。

7. 优柔寡断型

他们的性格决定了遇事没有主见，过多过细地考虑利益的得失。理财经理可先赞同他们："投资有风险，您这么慎重是对的。看得出来您对这个产品还是很有兴趣的吧，不然您不会花时间去考虑，对吗？"客户通常会认可你说的话。接着你再说："请问你的担心是什么，是我行的信誉度吗？"此时客户通常是否定的回复，那就再问："那就是我解释得不够清楚吧？"然后再作进一步的产品介绍，向他们提出积极性的建议，慢慢地消除客户的疑问，促使他们拿定主意，或在不知不觉中替他们作出成交的决定。

8. 善变型

要利用"怕买不到"的心理，通过类似于"数量有限，欲购从速"等话语敦促客户果断作出决定。但这种方法不能随便滥用、不能无中生有，否则最终会失去客户。这类客户往往容易见异思迁，当他们同别的竞争对手合作时，你也不要放弃机会去说服他；当他跟你进行合作时，你要想方设法地吸引住他，一旦疏忽，他就很容易"移情别恋"。因此要不断地强化他对你的印象，要锁定这类客户群。这往往需要通过你有其他竞争对手所做不到的服务特色，从而使他们能长期依附于你。

9. 性子慢型

洽谈业务时切不可操之过急，要有耐心顺着他的思考节奏，要做大量细致的公关工作，因势利导地说服他们，使他们充分了解业务的每一个相关因素，待他们思虑成熟后，才能水到渠成。可以为客户提供两种解决问题的方案，使客户避开"要还是不要"的问题，而是让客户回答"要 A 还是要 B"的问题。但不要提出太多的选择，这反而令客户无所适从。

10. 性子急型

同他们交谈最好开门见山，不要吞吞吐吐，他们不会有耐心听你过于繁琐的解释。要强调若不作购买决定将是一个糟糕的错误，用"坏结果"的压力，刺激和促使客户成交。

11. 知识渊博型

他们是知书达理的人，也是讲究体面的人。在与他们沟通时，首先要进行认同和赞赏，如"我相信，您这样有学问的人，信息灵，理念先进，对风险的见解肯定与众不同。"而对具体的某一项业务一般不易谈得过细，只要能表达清楚就行。相反，该业务以外的内容常是双方谈论的兴奋点。理财经理对待这类客户一定要表现出虚心请教态度，博得对方的喜欢和好感，双方业务合作之事也容易谈拢。

12. 女性

要掌握她们的心理特点，理想化的成分比较多，许多女性对利益得失比较敏感，考虑事情比较周全。理财经理拜访时要注意服饰整洁、谈吐文雅、举止大方，要恰当地对她们说一些与众不同的赞美之词，可以多用"我是特意来为您服务的"之类的话，介绍产品时要详细具体。

总之，无论是谁，在性格上、在对人的看法上，都有自己所欣赏的类型或喜欢交往的人，也有你所讨厌的类型或不愿与其打交道的人，但为了你的营销工作，你必须认真而热情地同各种类型的人物交流沟通。当面对不同的角色时，我们的理财经理要及时地调整好自己的角色知觉，才能出色地扮演好自己的角色。

（二）欲取先予

理财经理跟初次见面或相识的客户交流时，最忌讳的是开门见山只谈业务，除了业务其他无话可谈。正确的营销方式是：先交朋友、后谈业务，帮助在先、请助在后。你的服务要使客户养成一种依赖的习惯，你就可以长久锁定客户，提高客户对你的忠诚度。

（三）锦上添花

优质服务是我们为客户提供的产品，产品的附加值对品牌有很大的影响。我们要让客户享受超值的服务，才能永久地吸引客户、锁定优质客户。要赢得客户的心，在价值同等和价格不占优势的情况下，附加价值要跟上。当你没有一个好的附加价值时,你又不能够去把产品的价值差异化说出来时,这时候客户就不会对你推荐的产品感兴趣。

(四)亡羊补牢

由于种种原因,你的客户会流失,被竞争对手拉过去,常常令你烦恼。消极的态度是"客户要跑我也没有什么办法,也只好认了,要修复关系继续交往并不是件容易的事,因此还不如去寻找新客户"。积极的态度是"夺回流失老客户——不放弃,不抛弃"。增加访问次数,改进自己的工作方法。

(五)客户管理

当今的金融产品营销是买方市场,在哪家银行购买、选择什么样的产品或服务,客户享有充分的主动权。在此情况下,客户忠诚度成了影响企业占据市场和扩大市场份额的关键因素。

企业客户关系管理理念随着市场环境的演变经历了五个阶段(如图4-27所示):

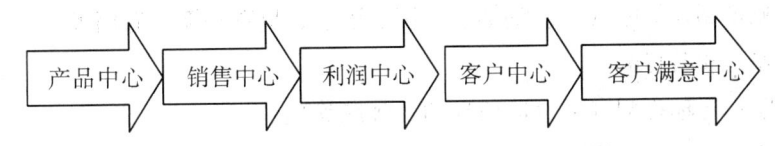

产品中心 → 销售中心 → 利润中心 → 客户中心 → 客户满意中心

图4-27 客户管理阶段

某些网点客户资源不占优势,业绩却一直稳居全行前列,其诀窍就是拥有一批忠实的老客户,这些客户还经常介绍自己的亲朋好友来办业务。要注重客户忠诚度的培养,与客户建立起了较为持久且稳定的合作关系。

四、讲诚信服务勤

(一)提高客户的满意度

客户满意度反映的是客户的一种心理状态,它来源于客户对某种产品服务消费所产生的感受与自己的期望所进行的对比。"满意"并不是一个绝对概念,而是一个相对概念。

1. 诚信为本

客户所托之事必须一诺千金,尽心尽快地去办,使客户感到不是要不要跟你合作,而是必须跟你合作,因为你最诚信可靠,找别人可能会误事。

2. 定期拜访

(1)做好客户分级管理,实施定期规律性拜访。针对不同等级的客户,拜访频率和内容需要精心设计。

(2)每次拜访时要认真倾听客户的谈话,并随时拿出小本记录一些客户的名言警句，使客户感到自身很有价值。

（3）每次拜访临走前尽量善意地留下一些好的建议，能让客户每次都很乐意见到你。

（二）培育客户忠诚度

所谓客户忠诚度，是指客户对企业的服务或产品产生好感，进而形成偏好，重复购买的一种心理和行为趋向。客户忠诚实际上是一种客户购买某种品牌产品的持续性和稳定性行为。

1. 保持联系

建立好客户的信息档案，收集保管客户需求信息；与客户保持持久稳定的联系，理财经理岗位三年不换人。做更多看似与营销无关的，要坚持做好"三个一"工程：每月发一条短信；每季打一个短电话慰问；每年至少会一次面。持续关注，及时援助，以心相交，成其久远，客户会懂得感恩和回馈的。

2. 提醒服务

（1）账户到期提醒（存款到期、信用卡还款、贷款到期、逾期等）。

（2）账户收益提醒。

（3）账户异动提醒（基金净值异动、分红等）。

（4）账户止盈止损提醒。

（5）客户已购产品的相关市场信息和服务信息。

3. 保持互动

定期与不定期地组织一些针对目标客户的市场活动，如培训、公开课、大客户联谊会、客户答谢会、产品推介会、健康保健交流会、郊游等。邀请自己的老客户来参加这些活动，以巩固良好的关系和挖掘其更深层次的需求。

第九节 银行员工职场伦理与职业道德

一、伦理、道德的基本概念

（一）何谓伦理

伦：《说文解字》曰："伦，从人，辈也。"这里，伦即人伦，指人的血缘辈分关系。引申为"人际关系"。比如中国有"天地君亲师"的古训。

理：《说文解字》曰："理，治玉。"雕琢璞玉使之成器，有纹理、治理之意。引申为规则、道理。

伦理：人伦之理，做人之理。即人与人在交往中形成的人际关系以及处理这种关系时所应遵循的准则。

(二) 何谓道德

道:《说文解字》:"道者,路也。"《孟子》:"夫道若大路然。""道"由道路的含义引申为为人处世的准则。

德: 通"得"。《说文解字》:"德,外得于人,内得于己。"朱熹:"德者,得也,行道而有得于心者。"

道德: 人们在社会生活中应当遵循的原则和规范,以及将这些外在的原则和规范内化而形成的品质、情感和精神境界。

(三) 何谓职场伦理

职场伦理是指企业与社会之间、企业与企业之间、企业内部员工与员工之间、员工与老板之间在交往中形成的工作交往关系,以及处理这种关系时所应遵循的准则。企业员工职场伦理体现于企业文化、工作规范、职业纪律等。

(四) 何谓职业道德

职业道德是指同人们的职业活动紧密联系的符合职业特点所要求的道德准则、道德情操与道德品质的总和。每个从业人员,不论是从事哪种职业,在职业活动中都要遵守应有的职业道德。如:教师要遵守教书育人、为人师表的职业道德;医生要遵守救死扶伤的职业道德;银行员工要遵守诚信为本并为金融消费者提供优质服务的职业道德;等等。职业道德不仅是从业人员在职业活动中的行为标准和要求,而且是本行业对社会所承担的道德责任和义务。职业道德是社会道德在职业生活中的具体化。

二、伦理、道德、法律三者的关系

(一) 伦理与道德的联系与区别

(1) 联系。两者都与行为准则有关,都在一定程度上起到了调节社会成员之间相互关系的规则的作用。

(2) 区别。伦理强调人之间关系,道德强调个体行为表现。前者更具客观、客体、社会、团体的意味;后者更多地或更可能用于人,更主观、主体、个人、个体意味。伦理是群体性意识自觉,道德是个体性的意识自觉。伦理是对行为应当理由的说明,道德是行为应当的表达和实现。伦理是双向性的义务,道德是单向性的义务。古人云:"善者吾善之,不善者吾善之;信者吾信之,不信者吾信之。"伦理是客观法(他律),道德是主观法(自律)。

(二) 伦理、道德、法律三者的关系

伦理是一种自然法则,是有关人类关系(尤其以姻亲关系为重心)的自然法则,这个概念也是与道德及法律的绝对分界线。

道德是对于人类关系和行为的柔性规定。这种柔性规定是以伦理为大致范本，但又不同于伦理这种自然法则，甚至经常与伦理相悖。

法律是一种硬约束，道德是一种软约束，前者约束是直接的、刚硬的、立竿见影的，后者约束则看来是间接的、较温和的，但也是长久的（如图4-28所示）。

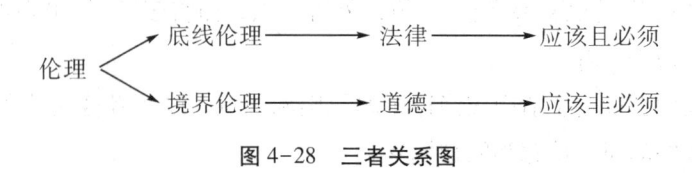

```
         ┌─ 底线伦理 ──→ 法律 ──→ 应该且必须
伦理 ─────┤
         └─ 境界伦理 ──→ 道德 ──→ 应该非必须
```

图 4-28　三者关系图

职业道德一词比较常见，而职场伦理一词却较为少见。银行领导在给员工做思想工作时，通常会把两者混为一谈，或者根本就疏于后者的教育。其实职业道德与职场伦理还是有区别的。比如：我们的员工不够诚信的行为可归为职业道德问题，如有的员工经常顶撞领导、不尊重同事、不遵守劳动纪律等行为。这只能说明这类员工不够自律，在单位不懂得如何处理好正常的人际关系。通俗地说，就是不会做人，属于职场伦理的问题。但如果你因此说他职业道德有问题，未免太牵强，显得有点上纲上线了。只有清晰地区分两者的关系，才能有针对性地做好员工的思想工作，纠正部分员工"只要我大错不犯、小错不改，你们奈何不得"的错误认识，真正做到全面提升员工的职业综合素养。笔者不是专业理论工作者，对两者的理解可能还很肤浅。在银行基层单位的管理过程，笔者常将两者不同的员工行为表现，有针对性地分别进行相应的专题辅导培训。其目的是要使员工懂得，我们不仅要提高自己的职业道德素养，还应重视修炼自身的伦理修养。

三、找回我们应有的职场伦理

（一）对待自己：克己、自律

孟子说："爱人不亲，反其仁；治人不治，反其智；礼愉不答，反其敬；行有不得，皆反求诸己。"意思说："我爱别人而别人不亲近我，应反问自己的仁爱之心够不够；我管理别人而未能管理好，应反问自己的知识能力够不够；我礼貌待人而得不到回应，要反问自己的态度够不够恭敬；任何行为得不到预期效果，都应反躬自问，好好检查自己，反省自我。"

（二）对待同事：乐群、合作

墨家提出"兼相爱，交相利"，主张兼爱、非攻、尚同等原则。孔子则提出"礼之用，和为贵"。合作是指群体内部成员之间或群体与群体之间，为了达到某种目标，齐心协力、相互配合，以求共同达到目标的心理状态。合作是彼此配合、相互关照。同事之间不能互相拆台，或者没有事实根据无中生有地搬弄是非，更不能恶意地诋毁同事，用不正大光明的手段来压低别人来抬高自己的，否则你就会被大家贴上"做人不地道"的标签。

（三）对待领导：敬重、服从

对领导布置的任务，要及时主动报告你的工作进度，信息要沟通。领导交办的事，一旦答应就要认真地去办理所托付的事宜，并及时给予回音，决不可以虎头蛇尾、不了了之。要熟悉和了解领导的言语和思路，但不要自以为是。尤其是不要总以为领导不如你高明，对领导布置的任务消极抵制，背后妄议领导决策，甚至还有僭越行为，不经授权行事更是银行员工的职业大忌。对领导的批评要虚心接受，并举一反三，不反复犯错。当领导懒得批评你的时候，那就意味你的进步空间有限了。

（四）对待集体：忠诚、守规

马克思说：一个人只有在真实的集体中才能获得个人的自由全面发展；真实集体的建立有赖于个人的自由全面发展。集体主义的基本要求和内容：一是强调集体利益和个人利益的辩证统一；二是强调集体利益高于个人利益；三是强调重视和保障个人的正当利益。做一个好员工，就是要克制自己的散漫，服从集体的大局。这才是现代社会所应有的职场伦理。人的行为应以集体为重心的原则。

四、修练我们必备的职业道德

（一）对待事业：敬业、进取

梁启超曾说过："凡职业没有不是神圣的，所以凡职业没有不可敬的。"每一位员工的事业发展前景如何，关键的一点是看他能不能认真地对待工作。能力不是主要的，能力差一点只是暂时的，只要有敬业精神，能力总会提高的。

1. 爱岗敬业、乐于奉献

这是每位员工职业道德中最基本的要求，一个人总是要有点精神的，光讲物质待遇，不讲精神追求，一个人就没有灵魂，一个团队就没有凝聚力。无论是个人还是团队，要获得事业的成功，都必须具备一种信念、一种精神、一股凝聚力。我们每位员工都要向雷锋、孔繁森、李素丽等英雄人物学习，要爱岗敬业，献身于自己所从事的事业，对自己的职业要有强烈的责任感、荣誉感和敬业、勤业奉献的精神，要淡泊名利，不要把个人的荣辱、得失、进退看得太重，要开拓进取，无论是处于顺境还是处于逆境，都要保持旺盛的工作热情。

2. 钻研业务、积极进取

首先，要对自己的业务工作精益求精，追求完美。只会微笑而没有为客户排忧解难的工作态度和过硬本领，同样不会得到客户的满意和信任。要提倡勤学好问的钻研精神，不断拓宽知识面，增长解决实际问题的才干，掌握真才实学的业务技能，即使科班出身的学历较高的员工也要防止自己的知识老化。其次，要积极进取，不断学习新知识、新业务，要有创新观念，善于开拓，确保自己始终成为一个有知识、有文化、业务精、能力强的金融业务行家里手。尤其是我们年轻的员工应该具有"学业（专业业务知识和技能）有成就、职业有保障、事业有成功"的长期目标。

（二）对待客户：真诚、守信

1. 热情周到、文明服务

对待客户热情周到、文明服务，是每位员工"一切为了客户"服务理念的具体表现。要时时刻刻想客户所想、急客户所急、帮客户所需；要尽可能设身处地为客户着想，要把客户的事当作自己的事来办；客户无论大小，都要做到"百问不厌"、微笑服务；遇到特殊或紧急事情不推诿，日常业务不拖拉、不扯皮；在与客户交往时，言行举止要文明礼貌，语言表达要准确、亲切，要使用文明礼貌习惯用语；同客户发生矛盾时，要耐心地摆事实、讲道理，要经得起委屈，表现出良好的涵养。

2. 恪守信用、维护形象

在平时的业务工作中要始终严格执行国家金融政策，规范业务操作，要诚实无妄、诚信无欺，维护银行与客户双方的合法权益，自觉地信守银企协议和各类业务合同。这是恪守信用，维护银行信誉的基本要求。对客户无论是口头承诺，还是书面承诺，都要严肃慎重，绝不可越权或持轻率态度，一经承诺就必须自觉恪守信用，任何毁约，包括推翻口头承诺的行为都有是对工作、对客户不负责任的表现，也是不道德的行为。要正确处理好银行与客户之间的利益关系，不能以牺牲客户利益的代价来达到完成自己营销任务的目的。常言道："诚招天下客，信牵众人心。"不能急功近利，不能只顾自己的业务指标的完成和个人业绩考核利益的得失，在与客户业务交往时应首先要为客户的利益着想。这是取得客户信赖的可靠保证，否则就不能与客户建立起长期可靠的合作关系。

（三）对待工作：勤奋、争优

1. 工作有计划，任务要落实

我们员工所做的每项工作，无论工作大与小都关系到客户和银行的利益得失，绝不能有丝毫差错，否则就会影响银行与客户之间的关系，影响银行业务的正常发展，万万马虎不得。因此，我们应该定期制定有序的工作计划，认真落实和完成领导分配的各种工作和任务。

2. 做事有始终，结果要争优

要做到大事能做，小事不嫌，既多才多艺，又任劳任怨。无论哪一项工作任务的完成，都要尽心尽力把它做好，要敢于创先争优，每件事都要做得让客户满意、让同事敬佩、让领导放心。

3. 向军队学习执行力，不要给自己找借口

上班迟到：家务事多、闹钟没响、路上堵车、雨雪太大。

效率低下：人员不足、能力不强、设备老化、没有支持。

考核不好：指标太高、客户太差、时间不够、运气不好。

业绩不佳：竞争激烈、恶意压价、成本太高、产品滞销。

（四）对待职业：责任、担当

1. 处世有原则，风险要防范

我们在与客户交往和办理业务时，一定要有责任心和原则性，不能因为是熟人、是亲朋好友，或者是领导的关系因素，放弃原则、违反业务操作规程去办理任何业务，要对国家利益、银行利益和客户利益负责，要绝对杜绝业务操作风险的发生。

2. 遵纪又守法、廉洁要自律

遵纪守法，是每个员工职业道德的基本准则，神圣的法律、铁的纪律、严格的规章制度都是做好本职工作的前提和保证。另外，我们每位员工平时还要注意自觉遵守职业纪律，一是注意为客户保密，尤其是因工作的原因所了解到的客户的个人资产情况，或者企业的财务状况、技术数据等，不得向其他任何客户泄露，否则客户对你缺乏"信任感""安全感"；二是要注意本行商业机密的保密，如：对于本行的竞争实力、经营计划等都不应作为与外界无关人士闲聊的内容。

3. 守住底线、择善而从

《庄子·胠箧》中有这样一则"盗亦有道"的故事："故跖之徒问于跖曰：'盗亦有道乎？'跖曰：'何适而无有道邪！夫妄意室中之藏，圣也；入先，勇也；出后，义也；知可否，知（智）也；分均，仁也。五者不备而能成大盗者，天下未之有也。'"意思是就算再低贱再恶劣的人也有自己的原则和规矩，偷盗的人也有自己的道德底线，超过了底线的事情就绝对不会去做。强盗也有强盗的一套道理，做强盗的人有时也要讲道义，那么作为银行的职员更应该要讲道义，要守住职业道德的底线。

作为一名金融工作者，必须持有良好的职业操守。"操"是指你主动要去做什么，"守"是指你能克制什么，合在一起就是当你在不受监督的时候和地方，指导你坚持和克制所有行为后面的道德规范。职业操守是指人们在从事职业活动中必须遵从的最低道德底线和行业规范。它具有基础性、制约性的特点，凡从业者必须做到。简单说来，操守是指人的品德和气节，它是为人处世的根本，在人们的社会生活中有着重要作用。职业操守是指公正有德，不为个人或小团体之利而损害企业或股东的利益。

职业道德素质是职场第一标准和原则，追求精神境界，要把道德理想的实现看

作是一种高层次的需要。道德境界共有四个层次：自然境界、功利境界、道德境界、天地境界，其中体现了人的道德觉悟水平的高低，你可以不高尚，但是不能无耻。要做到这个要求，就必须遵循一些基本的道德准则，这就是道德底线：诚实守信即诚信、互利、平等、责任，不损害客户和银行的利益等。

这个社会中的每一份职业，都不仅是一个养家糊口的饭碗，它还有着自身一套内在的伦理要求和道德规范。任何一个社会职业都是在社会需要和分工中形成的，并非一个抽象的存在物，而是由一个个具体的职业岗位和从业者构成。银行网点员工每天所做得每一个客户服务工作，柜面员工的每一个业务操作动作，平常看来是一系列很简单的"规定动作"，但是若能天天如此，持之以恒，那就是内化到我们们每一位员工道德血液中的一种职业本能。因为，职业精神，并不只是一套简单的技术规范，更核心的还在于融于规范的对职业、对客户、对社会的一种责任感。

第十节 银行员工情绪与压力管理

一、情绪与压力认知

认知是指一个人对一件事或某个对象的认识和看法。图4-29是一张名为《美女与巫婆》的简笔画，颇有意思。不同的人在第一时间内所认的人物会各不相同。

图4-29 美女与巫婆

笔者在不同场次的培训课上也做过实验，有的"一眼就看出是个美女"，有的则认定"是一个极其丑陋的巫婆"。还有一组简笔画（如图4-30、图4-31所示），从不同的角度看画中的动物则有很大的区别：横着看是一个蛤蟆，竖着看则成了一个马头。

图 4-30　蛤蟆 　　　　　　图 4-31　马头

为什么同一幅画，各个人眼里是一幅不同的画？为什么同一幅画，换个角度看是一幅不同的画？从中我们可以得到两个启示：心态积极的人就像太阳，照到哪里哪里亮，厌倦消极的人总是不明白"阳光总在风雨后"的道理。就是同一个人，心情好坏影响自己对客观事物的看法、想法，就像初一十五看月亮不一样。因此，我们的员工应该注意改变不良认知方式，树立正确的压力观。树立正确的自我观念，坚持自己的理智，相信自己有能力去实现目标，学会控制自己的感情，接受自己行为带来的后果，对自己的行为负责。

（一）情绪的概念

情绪是指人们在心理活动过程中对客观事物的主观感受和内在的情感波动的体验，是生理和社会需要是否得到满足的一种反映。就是人们通常所说的"人有七情六欲"。

1. 何谓七情

儒家：喜、怒、哀、惧、爱、恶、欲（《礼记·礼运》）。

佛教：喜、怒、忧、惧、爱、憎、欲（把欲放在七情之末）。

中医：喜、怒、忧、思、悲、恐、惊（这七种情绪激动过度，就可能导致阴阳失调、气血不畅而引发各种疾病，中医学未把"欲"列入七情之中）。

2. 何谓六欲

泛指人的生理需求或欲望。《吕氏春秋·贵生》首先提出的概念："所谓全生者，六欲皆得其宜者。"东汉哲人高诱注释："六欲，生、死、耳、目、口、鼻也。"人要生存，生怕死亡，要活得有滋有味，有声有色，于是嘴要吃，舌要尝，眼要观，耳要听，鼻要闻，这些欲望与生俱来，不用人教就会。后来有人把这概括为"见欲、听欲、香欲、味欲、触欲、意欲"六欲。而佛家的《大智度论》的说法与此相去甚远，认为六欲是指色欲、形貌欲、威仪姿态欲、言语音声欲、细滑欲、人想欲，基本上把六欲定位于俗人对异性天生的六种欲望，也就是现代人常说的"情欲"。

3. 何谓情绪

情绪是对一系列主观认知经验的通称，是多种感觉、思想和行为综合产生的心理和生理状态。人有九类基本情绪，即轻蔑、恐惧、厌恶、悲伤、愉快、愤怒、羞愧、情爱。情绪常和心情、性格、脾气、目的等因素互相作用，也受到荷尔蒙和神经递质影响。无论正面还是负面的情绪，都会引发人们行动的动机。情绪有自我保护、人际沟通和信息传递等三大功能。

4. 心态和心情的区别

心态就是一个人的心理状态，而心情是一个人的感觉。两者的区别在于：心态是指一个人对于客观事物的看法和想法，相对比较稳定，但会在每个年龄阶段有所改变；心情通常是一种感觉，虽然心情也同样可以改变一个人对事情的看法和想法，但往往只是一时的冲动，每个人都会在心情不好的情况下做了某个决定或做了某件事，事后就后悔，这都是常人所为。心态的变化比较稳定，而心情容易起伏变化不定。好心情能使人积极向上、生气勃勃，对工作激情永恒、孜孜不倦，与同事和谐共处、默契配合，对待挫折失败沉着冷静、永不放弃等。差心情能使人悲观失望、不思进取、萎靡不振、生活无味、工作不顺、人际紧张、难以共事、愤世嫉俗等。

（二）压力的概念

压力不是一种想象出来的疾病，而是身体"战备状态"的反应，是当我们意识到某种情形、某个人、某件事情具有潜在的威胁性的时候作出的强烈反应，即人体对需要和威胁的一种生理反应和人的主观内部心理状态。当前我们处于高度竞争的社会，面对不同形式的竞争，然而毕竟社会资源有限、名位有限，每个人的期望与现实并不可能完全一致。每个人在自己的职业生涯中，遭受失败与挫折在所难免。压力就像影子一直跟着我们，压力无所不在。压力通常可以视为一种由挫折、失败所造成的反应，需要用一定的时间去缓解，需要他人抚慰与适当休息。

（三）银行员工的主要压力源

在很多人看来，营业大厅富丽堂皇，环境舒适，银行员工收入高，穿西装、打领带，工作轻松。可是在光鲜的外表下，员工内心却有许多鲜为人知的巨大的压力。

1. 员工在工作中的外来压力

（1）工作压力。大部分银行对外营业的时间是从早晨9点到下午5点，然而员工每天早晨都要提早到达网点进行晨会、接现金库包、班前准备。因每个银行网点客户量不同，有很多网点柜员平均每天都要接待50多位以上的客户，至少每天办理业务100多笔、近200笔不等，甚至更多。一天到晚柜员们几乎都在"埋头苦干"停不下来，上班期间顾不上也不敢喝水，常常憋着上不了厕所。中午开始轮流吃午饭，每人差不多都是十几分钟就解决了，随即重返岗位替换同事，忙的时候，轮到最后一个人吃饭可能都得两三点钟了。下午5点多，银行开始停止对外营业，但是柜员们的工作却并未结束，下班后还要结算轧账。有时遇到客户找账、签字、传票有误等情况，就要延迟下班的时间，通常情况下，每位员工每天的劳动时间要达12小时左右。由于银行业务繁琐，每个柜员当班期间几乎在不停地说话，有的时候是一般的提示性语言，如"请输密码""请确认签字"之类；有的则需要跟客户介绍各类产品信息；有的则要回答客户的提问；有时还要劝说急躁的客户等。许多员工自嘲银行网点员工都是"话（画）家"。我们银行网点的员工们就是这样长期承受着这么大的劳动强度。

（2）投诉压力。网点服务是银行对外沟通的窗口，代表一个银行的形象。因此银行现在对于投诉都很认真对待，许多银行基本都要求零投诉。这无疑提高了银行柜员工作的强度。特别是遇到一些不讲道理的客户，更加考验我们每位员工的职业素养。如果是单纯的存取款业务，柜员一般能在两分钟内完成，而挂失、开户等业务就需要进行身份核实程序，花费的时间就要稍长些。银行的服务原则是不能让客户长时间等待，我们的员工只能眼疾手快、争分夺秒，就是这样还常常有客户埋怨排队过长。在现实生活中，我们的市民和媒体对银行排队现场容忍度极低，而对医院、超市甚至是政府办证办事窗口的排长队现象似乎并不关注。有的客户投诉属于有效投诉，但有的因电信网络不通、区域停电等缘故，也常会遭到客户的无名发火和投诉。媒体只要针对银行采访，仿佛自己就站在了道德制高点，常常非专业地指责银行员工，夸大事实真相。有的员工也因被客户曝光到媒体，银行为了息事宁人，过度处罚员工，甚至导致个别员工为此下岗离职。

（3）合规压力。银行有严格的规章制度，有些业务操作需要同事作复核，还要经业务主管授权等。许多银行合规管理非常严格，要求各网点做到业务零差错和操作零违规。如果发生短款差错，就要由员工自己赔钱。如果违反相应的规章制度和操作流程，将要受到内部管理的违规积分处理等处罚。这些制度制定的出发点和最终目的都是为了保证客户资金的安全，但很多客户不理解，嫌太麻烦，太死板。诸如：客户没有身份证件也要开户存钱、没有预约超额取现；手续不全，代亲属办理业务；假币收缴不能归还等，都要受到客户的无端责难。甚至有客户不顾柜员提醒，反复操作密码键盘，还怒骂员工是机器出毛病导致密码输入失败。

（4）营销压力。各家银行绩效考核都非常健全，每个岗位都有各类不同的指标，有月度、季度、半年、年度等无休无止的时点考核要求，几乎天天处在考核中，而且面临着层层加码、年年递增的压力。除了存款任务外还有银行卡、信用卡、手机银行、网银、POS机、基金和保险销售等营销任务，甚至还有虚拟的网银手机银行交易额、ATM机交易额、网上购物等一系列需要在正常上班以外的时间里完成的任务，可谓考点多如牛毛。网点大多数员工的酬薪也不像外界想象中的那样丰厚，如果任务完不成，年终业绩考评、升迁及调薪都会受到影响。因此员工们常抱怨："指标完不成，夜里睡不好。"据有关方面调查统计，银行业的离职率是目前各行各业最高的。

（5）管理压力。部分领导管理方式方法简单，思想工作不到位。为了提升网点营销业绩，许多网点领导效仿上级管理的做法，搞员工业绩排名表，对完不成任务的员工进行通报批评。

2. 员工在工作中的内生压力

（1）期望压力。自我期望过高，做工作追求完美主义；习惯承担完全责任、大包大揽，长期超负荷工作；好胜心强烈，处处都要赢过同事；出现了问题常自责不已。

（2）学习压力。银行各岗位知识和技术更新太快，银行为了员工更新和补充业务知识和提高业务技能，几乎每周都利用许多晚上或周末、休息日组织统一学习，还要参加各类业务知识考试和技能考核。

（3）身体压力。由于网点有严格排班制度，一个萝卜一个坑。员工常常生了病还得带病坚持上班作业。即使因病请假，让其他员工来代班，等病愈后还要把同事代的班给调过来。基本上许多员工一年连病假都休不到。尤其高柜区的员工，整天在一个封闭式的后台操作空间工作，只要有一个员工患上流感，很快就会传染其他员工。因工作时间长、劳动强度大，许多老员工都有不同程度的职业病，有时身体欠佳，难以胜任日常工作。

（4）生活压力。家庭因素及个人情绪引起烦躁，没有时间陪孩子。有的女员工每次去幼儿园接孩子，都是最后一个，要面对孩子老师的数落和孩子委屈的哭泣。回家后做好饭，已经漫天繁星，没有时间照顾老人。过度加班也是常态化，没有时间和恋人花前月下。女职工占员工大多数，大龄未婚女职工很多，甚至有因工作不能照顾家庭而导致离婚的。

（四）压力的后果

压力是一种心理感受，压力过大会出现许多负面反应。

（1）生理症状。身体健康每况愈下，小毛病不断。心跳急促、头痛频率与强度增加，头、肩、颈部与背部的肌肉紧绷、皮肤干燥，出现斑点或过敏反应，许多员工都患有常见的职业病，如胃溃疡、高血压、心脏病、胸痛、压迫症等。

（2）心理症状。心力疲惫，丧失信心，工作中经常有挫折感，处事犹豫不决、记忆力变差、判断力变差、反应焦虑、情绪低落优柔寡断，担心能力弱不能胜任，工作满意度降低，对自己的处境只作负面思考。

（3）行为症状。失眠或久睡不醒、酗酒、过量抽烟、生理需求下降。琐事绕心，无法专注，工作效率降低，业务差错不断，经常因故缺勤。尤其一些老员工因压力过大而患有精神类疾病，长期病假不能正常上班。在有些地区，这样的员工几乎每个基层行都有，有的支行甚至不止一个。这类员工有自闭倾向，怕与人交流、很难放松、坐立不安，与领导和同事的人际关系越来越紧张，厌烦工作导致辞职，甚至还有个别极端的员工采取自杀的方式回避压力。

（4）情绪波动。对工作没有热情，总感到工作繁忙，容易生气、激动失控、忧郁、缺乏热情、心力枯竭、意志消沉、有疏离感、没耐心、失去信心。

（5）意念错乱。世上坏人真多，社会一片黑暗。有深重的使命感，焦虑沮丧，自责太深、自觉无用、工作没有意义等。常产生幻觉，灾难几乎天天会发生，甚至认为世界末日将要来临。

（五）情绪的认知误区

在众多的银行网点中，大多数员工对情绪的波动感到不安，对压力更是烦恼，其实这都是认知错误所致。情绪的高低和压力的大小，就像琴弦一样，绷得太松，发出的乐音沉闷、不悦耳；绷得太紧，则乐音尖锐刺耳甚至琴弦崩断。

1. 情绪认知误区（一）

情绪是与生俱来的——"我天生就是多愁善感的！"

错！一个人的性格可能先天的很难改变，但情绪的波动与控制是即时的。持乐观心态的人通常情绪波动小，修养高的人容易控制自己的情绪波动。

2. 情绪认知误区（二）

情绪是无可奈何、无法控制的——"我非常讨厌惆怅，但很无奈！"

错！七情六欲人皆有之，情绪是一种能量，是人的意识、心灵、精神世界维持清晰和觉察力的动力。没有情绪的人，对他人、对周围环境、对世界是麻木的。情绪能量低的人，爱的能力也很低，喜好、欲望、冒险精神、探索心、创意也都相应很低。

3. 情绪认知误区（三）

情绪波动的因素是外界的人、事、物——"一见素质不高的客户我就生气！"

错！我们没有权利和可能选择我们喜欢的客户，无论有何素质的客户，我们都需要微笑服务，为他们排忧解难。也不要以为文化程度高的就一定素质高。例如在柜员看来，很多农民工兄弟的素质就比那些大呼小叫的市民客户高，他们虽然钱不多，但通情达理，有时拿上一堆破损的钱来存也是一个劲地打招呼，最重要的是他们心地纯朴。人的素质与文化程度、财富多少、官做多大等都没有关系。所谓"坏人"概率在每个社会阶层里的比例都是一样的，有的农村老人虽然没什么文化，甚至是文盲，但待人接物都很有分寸，从不给人添麻烦。笔者曾接受过这样一个投诉："像我这样身份的人（自我介绍是本省某厅的副厅长）还要我出示身份证办理业务？！我本人亲临现场不就是出示了我的身份了吗？"类似令人啼笑皆非的情况现实生活中很多很多，我们不必太在意。

4. 情绪认知误区（四）

坏情绪只能忍在心里——"不忍，除了发火还能有什么办法呢？"

错！适当的情绪宣泄，有助于恢复思绪的平衡，如向闺蜜、哥们、同事、领导和家人亲友们诉苦，得到他们精神上的支持与关怀。也可以在不干扰别人的前提下，把情绪适当宣泄出来。

（六）压力的认知误区

压力可能是死神之吻，也可以是生活的调味品，关键在于我们每位员工对此的看法和应对的态度。正确的态度和做法是管理好我们的情绪，坦然面对压力。

1. 压力认知误区（一）

压力对每个人都是一样的——"我们都活得太累了！"

错！压力因人而异。一个人感到有压力的事情，另一个人可能不以为然。面对压力，我们每个人的反应也完全不同。

2. 压力认知误区（二）

压力总是负面的——"我每天都盼着退休的那一天，没压力就无烦恼了！"

错！人无压力轻飘飘，追求事业的成功来自于压力，现代医学证明，人在遇到巨大压力时，会引起一些生理上的变化，促使某些激素的分泌，充分调动和协调各种器官的运动，最大限度地发挥人的潜能。而安于现状、得过且过，终至碌碌无为，到最后还是有莫名压力。

3. 压力认知误区（三）

压力无处不在——"我真够倒霉的，每天都有压力，真无奈也无助！"

错！只要计划好自己的生活、学习和工作，就会淡化自身的压力。处理个人事务和工作任务都要分清轻重缓急，宜先易后难。对有些实在麻烦的问题，可采取冷处理。事缓则圆，会帮助你解除许多烦恼。

4. 压力认知误区（四）

很难找到一个最好的减压方法——"扛着吧，哪天实在不行了再去看心理医生吧！"

错！世上根本就没有万能的减压方法。每个人的身体不同、处境不同，面对压力的反应也不同。还应根据个人的具体情况，同时采用多种减压的方法，才能收到最佳的减压效果。要以预防为主，管控不好压力，长期以往有害身体，患上了职业病后，正常的生活就会失控，影响生活质量和工作效率。如有压力过度、行为反常过多时，还是应该及时就诊治疗。

（七）情绪与压力的关系

情绪亢奋会自加压力，压力过大会影响情绪。要采取相应的措施使两者良性循环，防止恶性循环——负担导致压力，压力改变生活，生活刺激情绪，情绪影响思想，思想产生负担（如图4-32所示）。

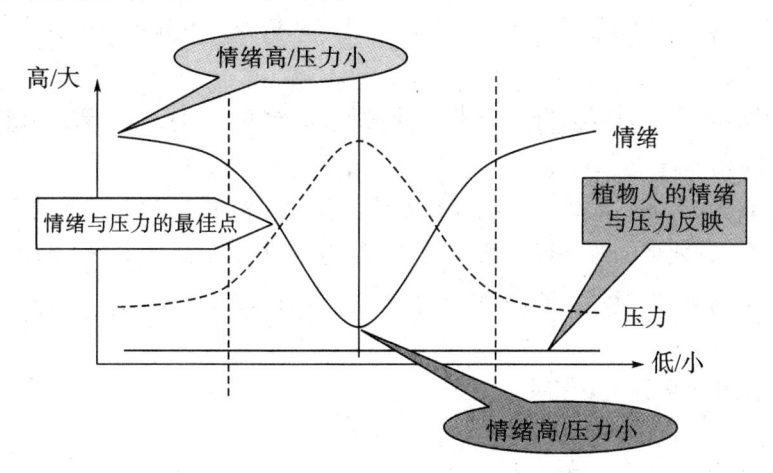

图4-32 情绪与压力的关系

二、情绪控制技巧

情绪表达实际上是能量转移和释放的形式，我们的员工不能妥善控制情绪，是由于自我抗拒，如果可以接纳自己的现状，就可以释放出大量的活力。否则，被压抑的情绪能量会转变为过度的压力，将对我们的身体造成伤害。在日常工作和生活中，我们每个人都会遇到一些令人不快或无聊的事，此时我们要学会克制自己的情绪，勿让冲动的情绪赶走我们应有的幸福和快乐。

1. 别生气

想一想：为别人所犯下的错误生气，你无疑是在拿别人的错误来处罚自己，这是多么划不来啊！

2. 少发怒

照镜子：盛怒时，照一下镜子，看见自己怒气冲冲的样子，会觉得滑稽好笑，心情会舒缓一些。

3. 勿激动

坐下来：一旦发觉自己出现了情绪激动的征兆时，及时克制。应该坐着说话，不要站着面对对方。最好在开口发言之前把舌头在嘴里转上几圈，通过时间缓冲，帮助自己的头脑冷静下来。在快要发脾气时，嘴里默念"镇静，镇静，三思，三思"之类的话。这些方法都有助于控制情绪，增强大脑的理智思维。

4. 忌郁闷

跑出去：遇到不高兴不顺心的事，别独处，应去户外散步、唱歌、旅游，找个知心朋友说说话，做些能使自己高兴的事。

5. 别嫉妒

自己干：嫉妒心理人人有之，积极型的嫉妒是事业成功的动力；而消极型的嫉妒则是包袱，会滋生邪恶的因素。与其羡慕别人的成就，不如自己去努力争取。

6. 勿攀比

抑欲望：命里有时终会有，命中无时莫强求，多想想自己过去曾一无所有。

7. 不较真

多包容：水至清则无鱼，人至察则无徒。我们不能游戏人生、玩世不恭，但也不能太较真、认死理。对外界什么都看不惯，连一个朋友都容不下，只会把自己封闭和孤立起来，失去与外界的沟通和交往，易得自闭症。

8. 好心态

（1）遇到业务不会操作时。

困难：这类业务我怎么不会做，真急死人！

译码：到现在为止，我尚未全面掌握。

分析：因为我没学习过，所以到现在为止，我不会处理这类业务。

转换：我只要搞懂了，这样的业务不就会做了吗？

结果：我要认真学习一下，我很快就会办理的。

（2）遇到客户埋怨时。

困境：我们员工每天都很辛苦，客户还要埋怨，真烦人！

分析：客户埋怨，所以我不开心，这与我的心态有关系。

转换：让客户埋怨去吧，我不能为此搞坏了自己的心态。

再转换：心态好了就能保持微笑服务，有了微笑，有了耐心，客户埋怨就会少一点。

结果：客户批评我，帮我改进服务，我应该感谢他。

（3）遇到领导批评时。

困境：我已经很努力了，还要遭领导批评，真气死人！

分析：我不是故意的，是一时疏忽大意，但给工作（客户）带来了麻烦。

转换：领导批评是着急，他也是为了我们网点的工作着想。

再转换：如果哪天领导都懒得批评我，说明我真的是无可救药了。

结果：领导批评我，说明领导还是信任我的，我应该愉快地接受批评并及时改正。

三、压力缓解方法

所谓压力管理，可分成两部分：第一是针对压力源造成问题的本身去处理；第二是处理压力所造成的反应,即情绪、行为及生理等方面的纾解。

1. 考核合理

作为银行管理者要大力营造一个激励和关怀型的组织文化,高要求,高关怀,科学规划每位员工的职业发展途径,让他们都能看到美好的明天。针对个人特长安排合适的工作岗位和可以承受的工作方式,目标不要过高。尺有所短,寸有所长,对不同岗位的员工设定与其主要工作的特性的考核内容,淡化单一的买单制,合理制定考核激烈机制。笔者当年在基层网点当负责人时,只对客户经理进行营销指标的考核,对柜面员工不下硬性营销任务指标,如果柜员有能力在营销业绩上有贡献,就单独给予相应的奖励。记得当时我们这个网点的存贷款任务指标完成连续几年在本市所有网点中排名第一,网点员工之间也很团结和谐。

2. 优化环境

把网点营业大厅和后台办公场所布置得规范整齐,营造一个温馨舒适工作场所(硬环境),员工之间要抵制相互猜忌、讲是非长短等办公室"精神污染",共同努力融洽网点的团队和谐氛围(软环境)。

3. 释放情绪

保持健康的生活方式和相互理解支持型的家庭氛围,遇到挫折、困难、烦恼时,利用读、说、写、喊、打、哭、唱等多种形式及时释放不良情绪,做到苦恼不过夜。人生不如意十之八九,无法改变的事要尽快忘掉它。后悔、埋怨、消沉不但于事无补,反而会阻碍你今后的事业发展,要学会忘记、谅解、宽容,不原谅等于给了别人持续伤害你的机会。

4. 保健身体

安排工作生活节奏,确保足够的睡眠时间,养成良好的生活习惯,就会拥有充沛的精力。经常进行有氧运动,如打太极拳。它是平缓情绪的好方法,笔者长期坚持,很有效果。女员工经常抽时间去练练瑜伽也是一个好办法。

四、化压力为动力

职业压力是把双刃剑,适当的职业压力,会使人感到刺激和挑战,给人带来愉快的成就感,让人的潜能得到较好的发挥。过度的、持久的压力会破坏我们的精神和生理系统,使人低估自己,工作效率降低,害怕社交,严重的甚至会出现放弃生命的念头和行为。

1. 健全人格,增强自信

提高自身素质,才能展现人格魅力;乐观自信,不怕失败,活跃而有创造力;当一段时间压力过大时,可以每天早晚各一次面对着镜子,要有力地、充满自信地说出些肯定自己的话。

2. 改变态度，大胆做事

事情本身不重要，重要的是人对这个事情的态度，态度变了，事情就变了。我们改变不了事情就改变对这个事情的态度，改变了态度就有了激情，有了激情就有了奋发向上的斗志，有了奋发向上的斗志结果就会有可能发生变化。做任何事都不要怕失败、怕批评、怕别人议论，只要出发点和目标是正确的，失败了再来。任何瞻前顾后、患得患失都会影响我们的工作效率和质量，也会加大我们的压力。

3. 培养兴趣，乐此不疲

孔子曾说过："知之者不如好之者，好之者不如乐之者。"笔者在任期间曾发现有的年轻员工白天工作了一天，晚上要组织培训就喊太累了，但培训结束后回到家里还照样上网玩游戏，直至精疲力竭还不愿罢手。这是什么原因？因为他们喜欢，玩得开心也就不觉得累了。银行基层管理者应该鼓励员工培养自己的业余爱好和兴趣，并经常组织开展有益的文体活动，丰富员工的业余生活，同时引导和激发员工对本职工作的热爱，就如陈景润正是对"（1+2）课题"产生了浓厚的兴趣，才摘取了数论皇冠上的明珠。员工对工作有了极大的兴趣，压力自然就会淡化。

4. 面对压力，坦然处置

要学会拿得起、放得下的处事方法。例如：有两个和尚下山化斋，回来的路上遇到了一条河，河边有一个靓丽女子，女子不敢过河。老和尚有心想去帮她，又怕别人说闲话，小和尚则毫不犹豫地把女子背过了河去。快到庙的时候，老和尚说："出家人不近女色，你为什么要背那个女子？"小和尚说："我已经把她放在了河边，你怎么还背着她啊？"这就像我们在职场上一样，应该将工作上的压力在下班时放下而别带回家了，回家后应该好好休息，明天再拿起压力，如此我们就不会觉得压力的沉重了。同时，我们也要量力而行，不要不切实际地自加压力。

5. 享受过程，绝不抱怨

学会体会过程，把注意力放在积极的事情上，不要过多地关注负面的东西。月有阴晴圆缺，人有悲欢离合。有时会漫天乌云，但更多的是晴空万里。生命是一个过程而不是一个结果。一个人一辈子真没点起伏得失的过程，到退休后就没有一点回忆的往事，这样的人生且不太平淡无味了？让我们大家都怀着阳光的心态，享受人生的过程，精彩每一天！

第五章　网点服务情景演练教案

银行网点员工每天都要面对一个范围之广、类型之多的客户群体，由于社会的不断进步、市场经济的快速发展和社会文明程度的提高，客户的需求也随之不断提高。虽然我们的员工都在努力地为客户提供优质服务，但也不是每一次服务都能得到客户的认可，甚至还会遭遇客户的不满和投诉。我们银行网点员工要适应形势变化和发展的需要，要不断苦练客户服务基本功，不断提高客户的满意度，而情景演练是一个很好的操练模式。

演练形式可以是创建网点自行进行，也可以由支行相关管理部门统一组织，让所辖的其他网点员工一起参与演练，网点之间相互学习、交流，共同促进，以创建网点带动其他网点，同时，其他网点员工在演练过程中也将会有独特的表现，能促进创建网点员工服务技能的提升。演练时最好能请支行领导参加观摩，对员工的演练表现进行点评。笔者发现每次若是有领导亲临演练现场，有许多员工的表现欲特强，整个演练效果出奇的好。

一、前期准备

（1）要求所有员工都参与演练，提高员工参与度，演练前几天将本部分所列举的六大类演练情景案例分配给各网点。支行可根据实际情况，规定其中有些情景案例为每个网点必选其一，有的情景案例可根据情况平均分配给各网点，也可由各网点抽签认题。

（2）各网点根据所认的案例再分成若干演练小组，并按案例的不同情景分配小组员工扮演不同的角色。

（3）各小组根据情景设计的提纲，细化情节，可自编语言，自导自演，构成一个完整的情景故事。

（4）为了现场演练时间不拖沓，也为了确保现场演练质量，各网点负责人应组织各演练小组成员在现场演练前认真排练。

（5）演练要强调真实。每个案例除了考察网点各岗位员工的服务礼仪、文明用语等情况外，考察和点评的重点是要求员工根据不同案例情景进行真实表演，演练的情节要突显矛盾点，要充分体现员工客户服务技能和应对突发事件的处理技巧等。

二、现场要求

（1）通常选择受训网点现场作为演练场所，可借助网点营业大厅现有的设备和若干模拟凭证，选择两个低柜台作为模拟员工操作柜面，方便员工演练和辅导老师点评。

（2）员工统一着装，分若干小组分区域坐位。

三、演练规则

（1）每组演练的次序由抽到的情景编号决定。

（2）每组每个情景表演时间不得少于2分钟，最长时间控制在5分钟以内。

（3）在每一轮演练结束后，员工之间进行演练效果互评。各组以记名方式进行投票，讲求公平公正，每轮每组只能选出一组最佳团队，但不允许选本组或者弃权。

（4）辅导老师点评指导，对场景演练进行总结，指出改进的问题，并选出优秀学员给予表扬，甚至可以发些小礼品以资鼓励。

四、演练总结

演练结束后，要对演练活动进行认真的总结，要注意收集和保管好每次演练的资料，并按照规定归档管理。

第一节　大堂管理类

情景一：迎宾礼仪——大堂识别

营业大厅早晨正式开门营业，网点相关人员迎宾。

大堂经理，高、低柜员工进入自己的工作岗位，由若干名员工扮演不同类型客户进入营业大厅，模拟办理不同的业务：排队取号、办理存取款业务、咨询理财业务、对公业务等。

其中有一位走进营业大厅的女性客户：40岁左右（富裕年龄阶段）；穿着时尚、得体（受过良好的教育）；无名指戴戒指（已婚）；手拿名牌手提包，佩戴手镯、项链（奢侈品牌）。其谈吐矜持并不张扬，来网点办理大额取款业务，要去别的银行买理财产品。

【点评要点】

（一）演练的基本要求和效果

（1）迎宾人员是否准时，仪容仪表情况、迎宾礼节和问候语是否规范；此时员工不得做与业务无关的事，包括修饰仪容仪表等；员工精气神状况，站立是否规范，不能无精打采、哈欠连天、东张西望等；并提醒网点保洁员不得当着客户面打扫卫生。

（2）高、低柜人员此时是否进入工作状态，如：班前准备工作情况、仪容仪表情况、站立服务等。各岗位员工的服务是否热情，是否给客户留下了良好的第一印象。

（3）重点考察大堂经理如何分流客户，各岗位之间配合是否默契。

（二）根据员工的演练情况进行正面评价和必要的问题分析，并指导员工重演假设情景

大堂经理得知女性客户要取款，便引导至高柜窗口；柜员根据客户存款数据信息判断其是位很有潜力的大客户，并要在本网点取大额款项去别的银行购买理财产品，立即呼叫大堂经理，并将客户转介给大堂经理。大堂经理引领这位女客户去贵宾室，转介给理财经理。理财经理启动产品营销流程。

从这位女性客户进入网点营业大厅至办理完业务离开网点的这个过程，共有三个岗位的员工与其接触交流，是一个联动营销的过程，每个岗位角色在营销的方式上应该有所不同。

（1）要考察柜员识别优质客户的能力，有无产品营销意识和识别转介能力及话术。

（2）是要考察大堂经理介入转介的时机是否到位，对客户基本信息的传达是否到位；针对客户对产品的兴趣程度，大堂经理是否及时将优质客户推介给理财经理等。

（3）考察理财经理服务是否到位，如何介绍本行的理财产品，如何进行产品业务营销，理财经理是否针对客户的需求提供相应的银行服务。理财经理如何了解客户同哪些银行有业务关系，过去购买过哪些类型的理财产品，客户的收益如何等情况。理财经理是否根据客户风险承受能力推荐本行的某些适合她本人的理财产品，是否能够引导客户思路并能够开启客户需求。如果销售不成功，理财经理是否留下客户的多种联系方式。

（4）综合考察各岗位员工联动营销的思路和方式是否合理。

一是高柜柜员重在"一句话营销"，即营销的话语不能过多。如果一位客户的

业务办理时间过长，会引起其他客户不满。当判断眼前是一位很有潜力的客户时，应该及时把这位客户转介给大堂经理。当大堂经理来到窗口前时，高柜柜员应用最简练的话语把客户介绍给大堂经理。这时柜员的营销程序已经基本完成。

二是大堂经理重在"介绍式营销"，在引领客户的过程中，以规范的仪态和礼节给客户留下一个美好的印象，并主动介绍本行的客户服务和理财产品的特色。

三是理财经理重在"针对性营销"。当大堂经理把客户转介到理财室时，理财经理应起身问候，并询问客户需要什么饮品。在端上客户所需的饮品过程中，要展开营销流程。要注意不能操之过急地直奔主题，也不能滔滔不绝地毫无针对性地向客户唠叨各类理财产品信息，这是多数客户最反感的营销方式。而是应该先从"问候——赞美——寒暄——切题"开始，有意识地把寒暄话题转到理财业务上来。

（5）从客户心理分析角度来看，客户在柜面上办理业务时，如果业务操作时间过长，很容易引起客户的不满甚至投诉，因此柜员话语不宜过多；而进入理财室后，大多数客户对理财投资慎之又慎，会咨询许多问题，如果我们的理财经理沟通话语过少，会使客户感到你对他不够重视，对你就缺少信任感和安全感，就不愿意购买你所推销的理财产品。

（6）案例的启示，网点业务营销需要团队配合默契，掌握各个岗位角色的营销技巧，联动协调，才能提高客户的满意度和业务营销的成功率。

此处可提问员工：大堂识别转介三种情况如何处理？

第一种情况是客户很感兴趣且现场转介成功。应将客户转介给理财经理，由接待客户的理财经理在系统中录入销售线索。

第二种情况是客户比较感兴趣，但现场未转介成功。应询问客户信息并填写《优质客户推荐表》，营业终了由网点负责人统计并在系统中录入销售线索。

第三种情况是客户不愿意留下联系方式。员工应该将自己的名片以及相应材料呈给客户，并告知客户如有需要可随时和本行理财经理联系。

情景二：取款未预约——大堂识别

某客户在未提前预约的条件下，持本行储蓄卡到柜面要支取30万元现金急用，但当天库存现金总数不能满足此客户的需要。柜面员工告知不能为其付款，提出让客户先做预约，隔日再取。客户听了表示自己急需这笔现金付购货款，不得耽误他的生意，情绪非常激动……

【点评要点】

（一）客户心理分析

类似情况在网点日常服务过程中常见，客户会认为："我存钱的时候，你们银行怎么不需要预约，而且我存得越多你们越满意，现在我取回自己的钱就应该随时能取钱，否则就是限制客户取款自由的权力。"此类客户通常还会会扬言要注销在本行的账户，还要去媒体投诉曝光。客户的这种不满情绪来源于对银行工作流程的不了解，对部分规章制度存在理解不清楚甚至曲解，误以为银行网点能让客户随时存取，不受限制。

（二）应对方式

（1）当现场客户为此产生不满时，员工要主动安抚客户的情绪，耐心解释银行相关的预约制度，取得客户理解，并提出帮助客户应对的办法。柜员不应当以控制库存为由，不理会甚至冷落客户，应尽可能地想办法帮助客户解决出现的问题。不妨这样说："取款五万元以上必须提前预约，我们网点没有那么大库存，您看这样行不行，我先给您少取一点钱，再给您联系其他营业网点，看看有没有宽余的现金。"详细耐心地向客户做好解释工作，并对给客户带来的不便请求客户的谅解，这样可以有效地平缓客户的情绪。

（2）作为网点柜员，平时要善于观察、了解和掌握客户来网点办理业务的规律。对于客户，尤其是经常进行大额取款的客户，我们要培养客户提前预约的习惯，并做好相关预约记录工作，找出网点库存现金流动的规律，从而缓解库存现金压力，降低此类案例的发生可能性。

（3）如果客户对立情绪一时难以平息，大堂经理就应想办法把客户引至后场，不要让客户的不良情绪漫延开来。大堂经理应帮助柜员向客户耐心地解释相关原因，告知客户大额存取需提前预约的重要性和必要性，稳定客户情绪，并配合柜员以最好的途径来解决客户需求。

（4）在网点的实际情况中，要求单个网点来有效协调现金存取确实是一件难以掌握的事。网点与网点之间要有全局观念，互助合作。由于不同网点的存取情况存在一定差异，通过网点之间的互助合作，互通有无，可有效缓解单个网点的支取压力，分散现金支取压力，缓解现金存取矛盾，从而满足更多类似客户的需求，能更好地服务好本行的客户，获得更多客户的认可。

（5）客户存取现金的随意性同网点库存现金的持有量不协调是常见的情况。由于相关现金管理规定和相关调拨手续，导致客户的即时需求有时可能得不到满足，如果我们不能妥善地解决这个矛盾，就有可能导致客户资源的流失。因此，我们在处理类似情况时，除了上述几种方法外，还应该采取更为有效的办法。比如，像案例中所介绍的那样，这类客户取款是为了支付货款，那么大堂经理可以把客户转介给对公业务柜面，动员客户在本网点开设一个对公账户便于划汇货款，或者建议客户今后可以通过网银支付货款，等等。

其实，在处理客户不满、投诉的过程中，只要能妥善安抚客户的情绪，及时解决客户的问题，让客户意识到你是真心为他着想。以真情感动客户，往往也是营销的最佳机会。

情景三：大额汇款——大堂识别

某客户到网点要办理大额汇款50万元到外地其他客户账户，汇款用途是支付货款。对公柜员通过日常观察，了解到客户是一个私营业主，每个月都会定期向供货商付款，认为这是个不错的营销机会……

【点评要点】

（1）考察柜员联动营销的意识，是否能及时把客户转介给客户经理或网点负责人，并将客户基本信息提供给客户经理或网点负责人。

（2）考察客户经理或网点负责人介入转介时机的把握和营销的技巧，在初次与客户见面时是否递送名片，又是如何进行沟通等。即：如何推荐本行的贷款产品和支付结算业务服务？如何最大限度内挖掘客户的需求，进行产品组合推荐？

（3）考察客户经理（或网点负责人）对本行对公对私的各类产品知识的了解程度，以及是否主动了解到客户的理财历史和收益情况？是否了解到客户在其他银行的客户级别？是否注意到客户的其他需求？跟客户交流沟通后是否引起客户对本行产品的兴趣和重视？

（4）考察客户经理（或网点负责人）如何针对客户对产品的兴趣程度，推介本行的理财产品等其他对私业务产品和服务？

（5）考察客户经理（或网点负责人）如何通过产品的绑定建立客户关系，与客户约定下次联系时间的技巧。是否委婉地留下客户的多种联系方式？

第二节 特殊客户类

情景四：接待特殊群体客户

有孕妇带着一个三岁的儿童前来网点办理业务，或盲人或聋哑人来网点办理业务。

【点评要点】

（1）此案例重点考察大堂经理如何接待此类特殊客户、有无服务特色、网点有无特殊客户服务通道。

（2）当网点来了特殊客户时，大堂经理应按预设的服务流程引导客户去专柜办理业务。如果同时出现几位特殊群体客户时，"爱心专用窗口"一时安排不了，需要等候。此时，应引导客户在特殊的休息区域内安心等待，并提供必要的特殊服务。大堂经理可根据具体情况，在保证接待普通客户的窗口正常工作的情况下，同时合理协调接待特殊群体客户，提高窗口利用率，保证服务质量。

（3）网点全体员工都要有主动服务特殊群体客户的意识，应学习与特殊客户沟通交流的话语、手语等业务技能，主动适应特殊客户。现在聋哑人办理金融业务的频率越来越高，如果员工与聋哑人的交流使用纸和笔书写的方式，很不方便，而我们能使用一个简单的问候手语则会让聋哑客户激动不已，拉近我们银行网点员工与聋哑人的距离。

（4）对待盲人客户，国家《无障碍环境建设条例》中规定："盲人携带导盲犬出入公共场所，工作人员应按规定提供无障碍服务。"经严格训练的导盲犬，是盲人的眼睛，银行网点应积极响应条例规定，在营业网点门口醒目位置张贴"导盲犬可入"标识，开设爱心专属服务区，设立银行业务盲文流程及盲文键盘。大堂经理应全程陪同关怀，切实保障特殊人群权益。同时，大厅内的保安应做好导盲犬接待措施及安置，有效保证其他客户的安全。

情景五：抱怨处理

一位老年客户到柜面领取养老金，但款项未到，客户认为是银行扣压了他的钱，害他多跑路，且抱怨每次来取养老金的时候都要排很长时间的队，但每次这个时候都正好要交电费，感到非常揪心。

【点评要点】

（一）考察业务处理流程是否规范和周全

（1）对于此类弱势群体，应给予充分的理解和耐性，及时安抚情绪，做好充分的解释工作，切忌冷漠、不理不睬。此时，可替客户打电话同社保局咨询和确认，让客户放心。

（2）最理想的处理方法是建议客户办理水、电、气费的代扣业务。

（3）许多年龄偏大的客户更愿意亲自来网点办交费业务，那就劝导客户可以通过电话银行或手机银行等预先查询到款项已到账后，再来办理取款业务。时机合适的话，可以指导客户如何使用电话银行或手机银行。

（二）对老年客户的服务要格外细心周到

网点经常会有一部分七八十岁的老年客户步履蹒跚地来银行办理业务，由于其年事已高，视力、听力均有所退化，导致和这些客户的沟通相当困难，一句话常常说好几遍老人家还听不清，甚至答非所问；特别是涉及好几笔业务一起办理时，老人们常常会感到混乱，算不清。遇到这种情况，临柜人员首先要仔细听老人的话，在其表达不清时要学会领会客户的意思，并向其确认。要以最通俗的话语来回答客户，而不要用我们的专业术语来询问。不能像办理其他正常业务那样，求快省事，几笔业务一起配钞，而是需要一笔一清地算给他听。只有这样按照客户的思路走，他们才放心，可以避免产生不必要的误会。在办理完业务后送别时还要提醒这些老年客户路上走好，小心保管自己的钱包。

情景六：客户短信诈骗

一日，某客户万分着急地赶到柜台，催着柜员快点帮她汇款，说自己的孩子出车祸，接到××医院电话要马上汇款才能做手术。柜员告诉客户她可能受骗了，但客户情绪非常激动，不听劝阻，逼着柜员马上办理，并威胁说延误了时间银行必须承担一切后果。

【点评要点】

现在的一此犯罪分子诈骗手段很多，而且诈骗的目的就是骗取市民的钱财，其中大多要通过我们银行的结算途径。骗子通常通过使用某些技术手段，或者购买显号软件将来电显示转换成公安局、联通、移动、电信等部门的电话，更容易让人信以为真。受害人在完全没有防范意识的情况下，进行了汇款或者转账或者泄露个人信息等，使骗子轻易得手。因此，作为银行网点的员工都应该了解犯罪分子惯用的诈骗伎俩，帮助客户识破其阴谋，减少和避免客户的财产损失。

帮助客户识破骗术：

（1）首先要安抚客户的情绪。在这种情况下，有很多客户来银行要求汇款时，神色很紧张，情绪反常，员工要察言观色，询问客户汇款的意图，如有被诈骗的嫌疑应想方设法劝导客户不要上当。

（2）客户在此时此刻，往往思绪混乱，听不得劝导。这类情况很常见，就像此案例所描述的这样，不知银行的善意，还会催促我们的柜员不要耽误汇款。此时，柜员应巧妙地拖延时间，及时呼叫大堂经理。大堂经理要想方设法在最短的时间内协助柜员缓解客户激动的情绪，只有当客户的情绪稳定下来了，别人的劝导才能听得进去。

（3）要耐心劝导客户，帮助客户辨别真假。

一是告诉客户不可轻易回复。收到短信和陌生电话时，要多注意短信和电话的来源，不要轻易盲目回电话或回短信，要认真核实清楚，确认是可靠的人再回复，防止回拨或回信息以后造成财产损失。

二是要通过正规渠道核实事实真假。如果对对方打来的电话或发来的短信存在疑问，有必要进行核实，但是一定要通过正规的渠道进行核实，自己查询咨询电话、问事电话，绝不能拨打短信里的电话或网站查询。

三是不转账、不汇款。无论在什么时候，都要时刻警惕自己财产的安全性，千万不要在不明真相的情况下，就按照陌生人的要求在银行提款机上面进行汇款、转账等操作，更不要使用英文界面进行操作。

四是严守个人信息。在任何情况下，坚决不要向他人透露个人信息，更不要将银行卡号和密码等告诉他人。因为银行工作人员绝对不会向客户口头索要账号和密码的，凡是索取账号密码，必定是骗子无疑。

另外，还应告诫客户"天下没有免费的午餐"，要多关注媒体关于诈骗的报道，要多地了解公安机关对于诈骗的最近案情通报，多了解更多的骗术，提高防骗能力。如果遇到电话、短信诈骗的情况，及时向银行等有关部门反应或向公安部门报警。

第三节 投诉处理类

情景七：理财亏损

某客户在本网点购买的理财产品收益远远低于预期，客户性格比较偏激，得理不饶人，非要讨个说法，借此"整治"银行，不达目的不罢休，扬言要让媒体曝光。

【点评要点】

几年前，类似投诉案例在各商业银行的网点可谓司空见惯的事，网点负责人对处理类似投诉伤透了脑筋，有时还直接影响了网点的正常营业，甚至部分案例在很大程度上损伤了银行的声誉。近年来，许多银行在理财产品的设计和营销上都开始持有审慎的原则，相对类似的投诉已大幅减少。但对于客户购买的投资类理财产品，因股市涨跌等原因造成到期收益低于预期收益，导致客户投诉纠纷的事还时有发生。网点员工在对待类似的客户投诉，应做好以下几个方面的工作：

首先，银行在销售理财产品时不能随意标示预期收益率，不能夸大其词，不能使用虚假广告语来诱导和误导客户。一定要以诚信为本，客观真实地介绍不同类型理财产品的相关信息，要尊重金融消费者的自由选择权，更不能捆绑强行销售。

其次，理财经理在营销时一定要向客户提示"预期收益率并不一定都能实现"的常识。在向客户推荐理财产品时，一定要严格进行客户的风险测评程序，尤其要劝导一些风险偏好度较低的客户和年龄偏大的客户，不要过多地购买股票型理财产品，要选择一些与客户自身风险承受心理相匹配的理财产品。

最后，一旦出现客户类似的投诉时，我们网点的员工要有相应的应急程序，妥善处理。类似投诉光靠一位员工来与客户沟通是很难获得好的效果，网点的大堂经理、理财经理和网点负责人要互相配合，有唱红脸的也有唱白脸的，从不同的角度耐心做好解释劝导工作。比如可以做这样的配合工作：

（1）大堂经理能在最短的时间内安抚客户的情绪。

（2）理财经理给客户分析解释此笔理财业务的得失原因，找准了切入点，用真诚和真相感动、说服客户，平稳化解了危机。如果客户购买保险类产品或理财产品造成的资金损失，应具体情况具体分析，界定责任。如果是保险公司产品销售时有意夸大收益率，应主动与保险公司联系，给予客户适当的经济补偿，同时要讲清楚保险产品的本质。如果是其他理财产品，则应从风险与收益的角度做好解释工作，要告诉客户"高风险高收益"的基本常识。

（3）如对极个别性格偏激客户处理手段要灵活，网点负责人在自己的权限范围内可采取一些适当的补偿措施，如果客户能接受，网点负责人应速战速决，解决问题。

（4）如果客户要价很高，超出网点负责人的权限，甚至是无理的难以兑现的要求，网点负责人可以采取缓兵之计，告诉客户可以把他的想法汇报给上级领导，待有了回复再告诉客户，请客户先回去等待消息。用时间来消磨客户的不良情绪。有的客户等了一段时间，情绪缓和了，就有可能不再过于纠缠，或者会接受一个相对合理的处理结果。

（5）要注意个别极端个案的发生，对异常情况做到及时发现、及时应对、及时引导、及时上报。根据投诉事件反映问题的轻重和投诉层次，及时、慎重进行处理，跟踪监测，避免事态升级。

情景八：错漏风波

某日，正值水费缴纳期间，一位客户通过自助终端缴水费，结果由于系统异常缴费没能成功。但客户当时没有看清提示，误以为成功，导致缴费期限已过，形成罚款。他再次来到营业厅抱怨，要求银行负相应责任。

【点评要点】

（1）考察网点员工处理客户投诉流程是否规范和周全。对待类似的客户投诉，我们的员工千万不能认为与己无关，简单地回答："这是我行系统出了问题，我也没办法……"这样更容易激怒客户。

（2）大堂经理要先安抚客户："不好意思，给您带来了不便，请多原谅。请允许我了解一下情况，您先别着急……"要做好解释工作，并礼貌地告知客户，系统有异常情况会有明确提示，客户在操作时应要根据系统的提示进行操作。待本行系统升级正常或故障排除，扣款正常恢复后，最好用打电话、短信、微信等形式及时告之客户，让客户放心，体现本行网点员工对客户认真负责的态度。

（3）像本案例所述的这种情况，是因为客户在自助设备上操作失误，或许操作程序没有顺利完成，就误以为交费成功，其实该扣划的费款未能即时到账。大堂经理应引导其到自助终端操作示范，并耐心劝导客户一定要看清提示并按提示操作，确保操作程序进行到最后一步。

（4）在解释的同时，可向其推荐代理业务的代扣业务。

（5）随着新技术的发展，银行系统升级的周期也变得越来越快。时有因银行系统升级造成代理客户水电费业务无法正常扣款的事情发生，常使得客户不满。凡遇到水费代扣业务缴费不成功的情况，大堂经理可以帮助客户通过与自来水公司（或供电部门等收费单位）核对扣费账户信息，一般重新核对账号和户名后就能正常扣费了。

（6）还有一种情况，有的客户发现自己在开户行账户余额不足导致电费扣缴失败，便到银行续存电费后又到营业厅柜台缴纳了现金，而当天银行也正常扣费了。结果过了几天，客户发现怎么自己的账户重复缴费了，误以为银行多扣费，情绪激动地来找银行说理，此时银行员工应解释，多缴纳的电费会自动存入客户账户作为预收电费使用。银行划扣电费的时间为当月15日至27日，只要在扣费期限内存入足额电费金额，银行就能正常批扣，建议代扣客户固定缴费方式，避免同一时间采用其他方式引起重复缴费。

第四节　设备故障类

情景九：叫号机故障

叫号机出故障，营业厅里的客户需要排队等候办理业务，当一位客户快要轮到办理业务时，不料一位手持VIP卡的客户公然插队。此时这两位客户因插队发生争吵。一个客户强调先来后到的原则；一个强调自己是VIP客户理应优先，双方对立情绪非常激烈。排队中另外一位客户冲着银行大堂经理说："凭什么有钱的VIP客户可以随时办理业务，普通的客户就活该受排队的苦啊？银行这种做法也太不公平了！难道VIP客户的时间就比普通客户宝贵吗？"此时也引起了其他几位排队客户的愤慨……

【点评要点】

这种情况确实时有发生，并遭到许多客户的质疑，甚至有的律师还认为银行与任何客户之间的关系都构成一种服务与被服务的合约关系，如果银行默认 VIP 客户办业务可随意插队，则损害了普通客户的权益，可称之为涉嫌违约。如果遇到类似情况，银行网点应从以下几个方面做好协调工作：

（1）大堂经理要具有处理突发事情的反应能力，组织其他服务人员（大厅引导员、保安或其他员工）一起有效地安抚争吵的客户，缓解双方的对立情绪，要在最短的时间内遏制营业大厅的负面氛围。

（2）此时可私下跟这位 VIP 客户解释，如果与普通客户一起排队在同一个窗口办理业务，就不能享受优先待遇，请予理解和配合，劝导 VIP 客户去贵宾室办理业务，尽快将其与普通客户隔离，阻止双方持续争吵。

（3）要紧急启动应急措施，开启弹性窗口，加快客户业务办理效率。

（4）给在场的每位客户表示歉意，请大家谅解。

笔者曾在网点亲眼目睹两位客户为插队大打出手，其中一位女客户操起单人座椅打砸一位 VIP 男性客户，虽然网点人员及时阻止了事态的发展，但双方都对我们网点表示不满，普通客户说银行歧视她，而那位 VIP 男性客户更是埋怨："不但没享受到贵宾待遇，还有生命危险隐患，真是吃了大亏。真憋屈！今后再也不跟你们行打交道了……"

从银行自身业务发展需要，开设 VIP 专属窗口办理高端业务，并为 VIP 客户提供一定的"特殊待遇"，这是竞争的需要，为吸引高端客户而采取的一种营销手段，银行给 VIP 客户优先办理业务的权利无可厚非。但从法律和社会公平的角度，我们银行也不能顾此失彼，VIP 客户固然可以为银行带来高收益，但作为面向更广大普通百姓的银行来说，不能因此忽视了普通客户感受。通过损害普通客户的利益、浪费普通客户的时间，来兑现银行对 VIP 客户的承诺，这显然会让普通客户无法接受。

现在绝大部分网点都已经做到了对普通客户和 VIP 客户分区分窗口，让两类客户各行其道，互不侵占干扰。但不排除有些网点由于规模小，空间不够，日常业务存在普通客户和 VIP 客户混合办理的现象，如果网点条件不具备，就暂缓实施对部分客户优惠待遇的措施。这是因为既然银行有叫号机，所有客户就都应该按照公平原则进行排队等候，在普通客户排队窗口不能存有特别客户。

另外，银行网点专设 VIP 客户的窗口的同时，也应将老年人、孕妇等弱势群体纳入优先办理范围，但绝不可设置银行内部员工专用窗口。

情景十：吞卡处理

一位急性子的客户在自动存款机存款过程中机器出现了故障，银行卡与钱都被吞了，客户非常焦急，找到大堂经理进行投诉，要求当场把银行卡还给他。

【点评要点】

（一）银行卡被吞的主要原因

（1）客户忘记银行卡密码，连续输入错误密码3次，被ATM机自动吞卡。

（2）ATM机发生故障，或是ATM机内的现金已被取完。

（3）银行卡已消磁，客户由于不知情而将银行卡插入ATM机，银行卡被吐出，客户再次强行插入后被ATM机吞卡。

（4）客户取款后，忘记按取卡按钮，导致超时被ATM机自动吞卡。

（5）客户按下取卡按钮后，没有及时取走已吐至取卡口的银行卡，导致超时被ATM机自动吞卡。

（6）银行卡内资金不足，客户强行操作造成吞卡。

（二）卡被吞后的常规处理程序

网点要利用各种形式向客户宣传，如果被银行的ATM机吞卡之后，常规的处理的程序是：

（1）客户可以于卡片吞没的次日，持本人的有效身份证件和ATM打印的通知书，到ATM所属银行领回卡片（客户可在吞卡的ATM上查询到其所属银行）。不得委托他人代领。希望客户尽快领回卡片，以免给客户造成不必要的麻烦。

（2）如果客户在国外发生吞卡情况，应立即到ATM管辖行提出投诉，还可向维萨卡或万事达卡国际组织提出投诉。

（3）客户也可拨打24小时服务热线寻求帮助。

（三）如何对待客户的担心

（1）客户向网点员工反映被银行的ATM机吞卡时，网点员工应该立即表示出关切，马上随同客户到办理业务的自动存款机前查看，并记录下存款时间、金额、自动存款机号。

（2）记录下客户的姓名与联系方式，告诉客户在一定时间内会及时和客户联系。

（3）如有客户要求马上清机，可告知客户："按照人民银行规定，通常只能在24小时后进行清机。请客户放心，我们银行网点的每一笔业务都是有记录的，而且自助机上也有摄像头，客户在什么时间进行的存款都会记录下来，银行网点工作人员在清机时会核对每一笔业务，客户的资金安全是有绝对保障的。"

（4）对于个别有特殊情况的客户，可以要求上级行管理部门启动应急预案程序，特事特办。

（5）要做好客户的安抚和解释工作，使客户明白这个常识：吞卡是客户在 ATM 机操作时出现状况，为了保证客户的财产安全，银行 ATM 机把银行卡吞进去了，就是起到了客户财产的安全，不必担心，因为是安全的。

情景十一：结算系统故障

一天上午十点，本行业务结算系统主机出现故障，影响了网点往来账的结算业务，上级行紧急通知各网点暂停系统往来账业务办理，进行业务分流。

【点评要点】

网点人员应对处理类似紧急情况，应该立即启动应急预案：

（1）采取相应措施告示客户，做好必要的解释工作。如告诉客户账上的钱不会被无故划走，并提醒系统发生故障时，业务被中断的客户要及时查询账户明细，如发现问题赶紧与相应网点联系。

（2）网点要有专人不间断地查看邮箱，等待上级行的后续工作指令。

（3）根据上级行下发的系统滞留往来账清单，确定需上级行处理的应急业务填制明细清单，并及时上报相关业务管理部门。

（4）当接到上级行"应急终止"的指令后，尽快恢复网点的正常运营，妥善做好后续处理工作。尤其要关注应急处理的报文及账户资金，一旦发现有重复入账等异常情况，应立即进行冻结并上报相关管理部门。

（5）对系统故障时被中断业务的客户，应留下他们的联系方式，如果晚上柜台现金与系统里的账对不上就要及时进行查找，发现问题后要主动与客户联系。虽然这种情况发生的概率很低，但只要了生了类似情况，就要尽快采取一切必要的应急措施到位，维护银行安全可靠的声誉。

情景十二：网点停电

一天上午十点，网点营业大厅出现停电故障……

【点评要点】

为确保网点正常营业，预防营业过程中发生突然停电，网点负责人至少每季度要检查网点营业用电设备和线路是否正常安全，要避免网点 UPS 供电设备不足造成系统故障，预防事故发生，使损失减少到最低程度。一旦发生突然停电时，应立即启动应急程序。

（1）网点应随时关注当地电力部门的停电通知，遇到连续停电超过 4 小时的通知时，应提前做好发电准备，联系办公室将发电机运送到停电网点。

（2）停电发生后，各营业网点负责人应第一时间向电力部门咨询停电原因和具体停电时间，及时将停电情况向上级管理部门汇报。

（3）网点停电后，网点负责人应指定专人观察 UPS 供电情况，并尽量减少用电设备的数量。在 UPS 电源即将耗尽出现报警时，应马上向上级管理部门汇报，采取应对措施。

（4）大堂经理要做好厅堂客户的解释安抚工作，保安要注意厅堂的安全保卫工作。

情景十三：消防演练

一天下午三点，网点营业大厅出现局部火灾……

【点评要点】

为加强全行员工的消防安全意识，提高员工应付和处置火险隐患的能力，真正落实"预防为主，防消结合"的方针，保障网点工作安全运营无事故，结合银行网点的实际情况，每年都需要定期进行员工消防演练活动。具体方案实施要求如下：

（一）演练内容

（1）员工如何报警与接警。

（2）初期火灾的扑救措施及操作方法。

（3）大堂经理如何组织大厅内客户的疏散。

（4）网点负责人如何组织员工逃生、自救、疏散和重要物品的转移。

（5）火灾现场的安全保卫。

（二）演练要求

（1）要组织员工学习消防安全常识，熟悉在消防突发事件中各自的职责和任务，熟练掌握每一种消防器材的性能和用途，掌握火灾中基本的自救和逃生方法，保障自身和国家财产的安全。

（2）参加防火灾演练的员工要把演练场当战场，认真实施演练，确保演练达到预期效果。参加演练的人员可以分成指挥组、灭火组、接水组、抢救组、警戒组、保障组，明确各自的责任。网点负责人是处置突发火灾的第一责任人，负责火灾判别和火灾现场的指挥；当工作时间网点发生火灾时，全体人员在第一时间内作出反应，网点负责人迅速查看火源、火情，指挥全体人员利用适当的灭火工具进行初期火灾的紧急扑救，同时采取切断电源、开启联动门必要措施。

（3）通过演练，营业网点人员身临其境，切身感受应急预案措施，明确各自的职责要求。在演练过程中，增强员工处理火灾隐患、躲避火灾危险等处置突发事件的应急处置能力，使员工们的心理素质得到有效的锻炼。

（4）组织演练时，最好能邀请公安和消防部门的同志来行指导，讲解消防知识及演练过程中的注意事项，并在消防队的指导下进行演练。

（5）演练结束后，要对演练活动进行认真的总结，针对演练中出现的问题要及时进行整改，设施、器材需要更新的立即请示行领导进行解决，制度不完善的立即着手完善，个别员工需要补课的要坚决补上，不能使任何一个人缺课，造成消防盲点。

第五节　制度执行类

情景十四：假币风波

某客户怒气冲冲地对大堂经理说："刚才从你们银行 ATM 机取出 2 万元现金，用来支付材料费。由于当时比较匆忙，并没有核对钱的真假，但等到支付材料费，我把其中 1 万元钱交给商家，老板当着我的面过验钞机时，才发现里边有一张假币，这到底是怎么回事？你给我解释清楚。"客户的情绪越来越激动，说话声音很大，要求银行还他 100 元。

【点评要点】

诸如类似情况，往往客户总是肯定地说这假币就是从本网点 ATM 机取的。如果我们遇到类似情况，还是应该从以下几个方面做好相应的处置工作。

假币处理是一项政策性、技术性很强的工作，我们的柜员首先要分清假币和伪造、变造的假币，在实际工作中要熟悉掌握分辨的要领。

假币是指伪造、变造的货币。

伪造的货币是指仿照真币的图案、形状、色彩等，采用各种手段制作的假币。

变造的货币是指在真币的基础上，利用挖补、揭层、涂改、拼凑、移位、重印等多种方法制作，改变真币原形态。

本案的处理方法：

（1）大堂经理应在最短的时间内安抚客户的情绪，具体做法是及时隔离客户，安抚情绪，并礼貌地告知客户 ATM 机的加钞程序的规范性和严密性，不可能出现假币情况。

（2）如果客户仍然固执地坚持认为是本网点 ATM 机有问题，大堂经理可安排本网点其他员工调阅客户当时在 ATM 机取款的录像回放，确认辨别。最可行的方法是根据客户提供的假币上的"冠字号"，用技术证明钱到底是不是从 ATM 中取出来的。人民银行在 2012 年，对全国范围内的自助机具（ATM/CRS）进行了"冠字号"查询功能改造升级，现已全面完成改造。冠字号是指纸质钞票的编号，冠字号码跟身份证号码一样，实行"一票一号"，是每张人民币唯一的印号，由于每张纸币的冠字号码都是唯一的，冠字号码等于每张人民币的"身份证号码"，不论是存款还是取款，ATM 机都可以记录纸币的冠字号码，用以追溯可疑钞或假钞。人民币的冠字号分为两部分，前 3 位成为"冠字"，后 7 位为"号码"，冠字通常是 2 位英文字母加一位阿拉伯数字，而号码部分为 7 位阿拉伯数字。其中冠字部分早期为前两位字母第三位数字的格式（AB1），近期因为原来模式的编号用光，出现了第一、三位字母［2］，第二位数字（A1B）的一百元人民币。冠字号查询功能，就是在自助柜员机具上通过系统升级和系统改造，最终实现每一张从机具上支出（进入）的钞票，都会在后台对冠字号进行记录，如有必要也可在前台进行打印输出，而一旦出现疑议或发生纠纷，可结合录像信息，后台操作数据可以对特定交易的冠字号进行回溯查询。查询时，将存有异议的钞票的冠字号码输入系统中比对，就能很快弄清到底是不是银行取款机吐出来的。如果后台系统里没有所查询的冠字号码，说明钞票并非来自取款机。

（3）可以启发式地帮助客户回忆购物付款的过程，并委婉提醒是不是因某种情况，假币已在不经意中被掉包了。笔者根据网点员工反映，通常会有两种情况，一是当事人可能在支付假币前，因某种原因在其他途径无意识地收到了假币，混入了在银行网点 ATM 机上所取那笔钱中，自己误以为是 ATM 机取得钱；二是个别当事人在别处不慎收到了假币，认为银行好说话，硬是诬赖银行 ATM 机所为。无论何种情况，我们通过委婉地解释，让事实说话，给客户一个台阶下，妥善平息客户的怨气。但若是个别客户坚持无理取闹，则可通过法律程序进行处理。

不管怎么说，虽然没收假钞是按规定办事，但我们不能单纯地强调这是"规定"一句话简单了事，因为对客户而言，假钞被没收意味着损失。我们应该体谅客户此时的不满甚至愤怒，对客户表示出足够的理解和同情。柜员在处理类似假币纠纷的过程中要做到有礼有节、有理有据、得理让人。要在坚持原则的前提下，尽可能地做好解释工作。要主动教给客户识别假钞的基本常识，使客户增强反假能力，以免再次上当。

网点柜员在柜面窗口受理客户业务发现假币时，必须严格按照人民银行规定的操作流程进行，其处理流程如图 5-1 所示：

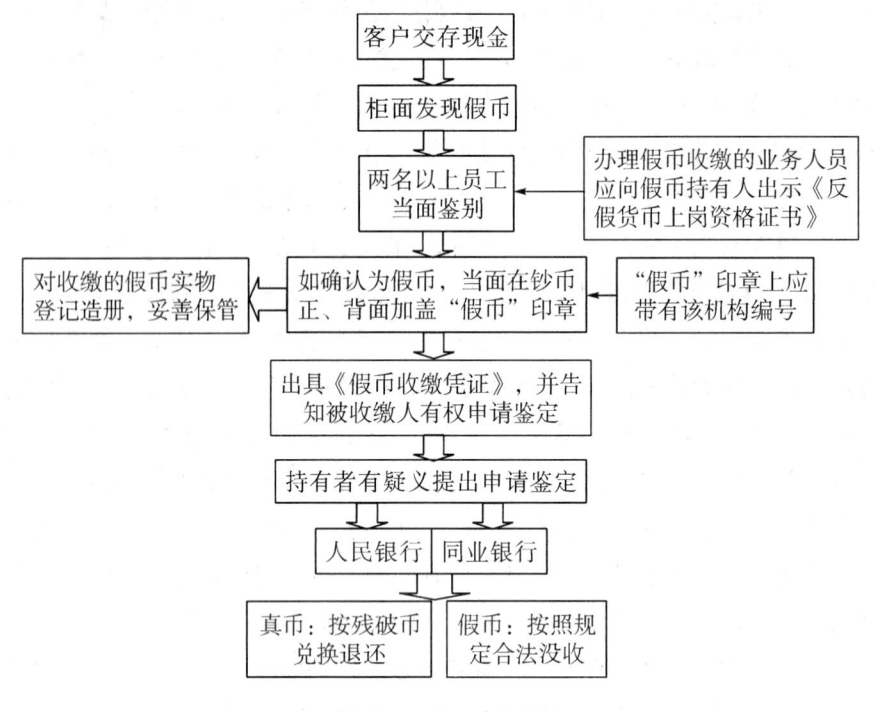

```
               客户交存现金
                    ↓
               柜面发现假币
                    ↓
               两名以上员工 ←―― 办理假币收缴的业务人员
               当面鉴别            应向假币持有人出示《反
                    ↓               假货币上岗资格证书》
对收缴的假币实物  ← 如确认为假币,当面在钞币  ←―― "假币"印章上应
登记造册,妥善保管   正、背面加盖"假币"印章      带有该机构编号
                    ↓
               出具《假币收缴凭证》,并告
               知被收缴人有权申请鉴定
                    ↓
               持有者有疑义提出申请鉴定
                  ↙      ↘
               人民银行   同业银行
                ↓          ↓
           真币:按残破币  假币:按照规
           兑换退还       定合法没收
```

图 5-1 处理流程图

收缴假币时还应注意的事项:

(1) 实际收缴过程中,持有人对认定的假币要求拿回再辨认时,收缴人员可隔着柜台玻璃供其辨认。在任何情况下,凡收缴的假币不得再交予持有人。

(2) 收缴假币的员工应在持有人视线范围内,填写中国人民银行统一格式的"假币收缴凭证"凭证的各要素应清楚、完整。

(3) 网点员工有义务和责任指导客户如何识别假币,提醒客户如何避免今后误收假币的事情再次发生。

为强化训练员工掌握这方面的业务常识,还可以提问员工以下几个问题:

(1) 柜员小张在办理客户存款业务时发现其中一张假币,他将假币交给业务主管,主管辨认无把握,便将这张纸币拿到后场找另外几位同事仔细辨认,被确认是假币,于是盖上假币章,并出具了这张假币没收凭证,盖好章,回到柜台前将凭证交给客户,告诉他假币被没收了。客户悻悻离去。请大家讨论,这样的处理方法是否正确?如果不对,错在哪?

(2) 柜员小李在办理客户存款业务时发现其中一张 100 元纸币像是假币,她请业务主管一起辨别,结果确认这是从未见过的假币种类。于是,柜员当着客户的面盖上假币章,并开具了假币没收凭证,盖好章,将凭证交给客户签字,并告知了其权利。然后,客户虽予以配合,但仍不甘心,接着又递上一张 100 元纸币要求换出那张被告没收的假币，说是要自己去人民银行进行鉴定。小李和主管商量后，确认客户递进来的是真币后，将假币交给了客户。请指出这个案例中的操作是否合规？为什么？

情景十五：密码解锁风波

一天，一位女客户持她丈夫银行卡在网点查询账户，因密码输错次数过多导致银行卡被锁。而网点柜员要求必须由卡的本人也就是她的丈夫携带身份证来才能解锁。这位女客户断然拒绝，并在现场大声吵闹地责问柜员："这是我老公的卡，也是我的卡，我们家里我管钱，他卡里的钱就是我的钱，凭什么我不能做主，还要老公来才能解锁？"情绪极度亢奋。

【点评要点】

银行为了防范财务风险、保障储户经济利益，会设置许多业务规范。发生诸如此类的情况，尽管我们网点员工怎么解释，有许多客户总是不理解银行制定的这些规定的重要性，甚至还会出现一些冲突。我们网点的工作人员对此常常表现得十分无奈，甚至认为对待这类极不讲理的客户没有什么好说的，于是采取不理不睬的处理方法。其实，这样的处理方式会导致矛盾的升级，不可足取。

有时当我们认为客户不讲理，其实并不是客户不讲理，只是她们讲得是自己认定的"理"，与银行员工所说的"理"不在一个焦点上。从银行的角度来看，如果有人捡到持卡本人丢失的卡后，去银行冒领取款，如果反复试输密码，一旦密码被侥幸破解，则会对持卡人的利益造成损失。而当卡的密码被锁住后，银行要求持卡本人亲自来网点解锁，这是对客户负责的举措，这个道理客户理应理解和配合。但客户也有他们自己的道理啊，客户自己的卡想怎么查就怎么查，密码输错了就可以再试试，银行就不该设置任何限制条件。另外，中国人不像外国人，绝大多数居民不流行家庭 AA 制，父母管着自己孩子的账户，子女打理老人的财产，甚至有很多子女认为父母的一切都是自己的，夫妻双方的财产彼此不分你我更是天经地义的事。因此，客户只认定自己代办家人的业务是再正常不过的"理"了，就是不理解也不接受银行方面说的那个"理"。

如何有效地避免或减少类似情况的发生，关键在于我们的柜员在办理此类业务时，当客户连续输错密码锁卡前，最后再输密码时一定要提醒客户输错密码的后果和麻烦，并强调解释银行出于对客户账户安全考虑所制定的规定，请客户耐心地回忆正确的密码。

总之，当今的客户维权意识很强，但对银行的相关规定不了解，缺乏必要的安全意识，柜员在办理业务时千万不能图省事，服务提示语不能少，更不能对这类客户抱有"话不投机半句多"的想法和态度。也不要以为三言两语、一招半式就能搞定客户，应该多点耐心，用时间来平静客户的情绪，最终使其接受事实。

情景十六：特事特办

某日，一位张女士来网点帮她病重的老父亲取款，试了几遍密码都不对。她着急地问柜员："你们说怎么办？我父亲现在躺在医院里不能来，他又急需这笔钱支付医疗费用，你们能不能想办法帮忙解决？"

柜员说："那就先办理密码挂失吧。"

张女士问："怎么办理挂失？"

柜员说："本人持有效身份证件亲自到柜台办理。"

张女士说："可以代理吗？"

柜员说："不可以代理。"

张女士说："他病重了怎么能亲自来啊？"

柜员说："那我也没办法，这是我们行相关制度规定的业务流程。"

张女士火了："你这是什么态度？客户有困难，你们为什么不想办法解决呢？"

双方争执一番后，张女士一气之下进行了投诉。

【点评要点】

在实际工作中如遇到此类情况，千万不能像案例中这位柜员处理客户的特殊需要，否则难免会出现的声誉风险和负面报道。人性化的处理办法应该是：首先，员工要向客户进行制度解释并取得客户理解，可以这样对客户说："虽然您的情况很特殊，但银行的规定还是要执行，也请您也不要着急，我们可以马上安排工作人员陪同您到医院当面核实一下情况，如果情况属实，让您的老父亲在申请单册上签个字就可以。"其次，本着"特事特办"的原则，可启动"上门服务"工作程序，提请领导批准，安排两名员工跟随客户家人到医院，进行现场核实情况，提供上门服务，并及时给客户进行密码解锁办理后续业务，妥善解决客户的燃眉之急。

在实际工作中，银行员工要以将心比心、换位思考的思维方式去感受和了解客户的具体需求，要设身处地为客户解决难题，争取把不可能解决的事情变成可能，毕竟事在人为。遇到类似情况应该在不违反规章制度的前提下，以人性化的服务方式，帮助客户解决实际困难，用实际行动兑现"客户是我们的好朋友"的服务承诺。个别"病残"客户无法亲自到网点办理业务，我们不能教条地执行某些的业务流程，应特事特办，提供便捷人性化服务，有必要的应该提供"上门服务"业务，包括挂失补单、补折、补卡业务；销户取现、解挂、重置密码业务；密码修改业务；卡密码解锁业务；自助设备吞卡领取业务等。

上门服务应注意的事项：

（1）上门办理时可由两名工作人员一同前往，以保证业务的真实性、合规性。对于必须由本人到银行柜面办理的业务（如密码挂失），银行工作人员可上门与客户本人沟通，由客户本人出具授权委托书，委托直系亲属持身份证及授权委托书到网点柜面代为办理，代理人在相关业务凭证上签字确认承担相应法律责任。

（2）通常情况下，客户若是申请银行网点员工上门并委托他人代办业务，必须由客户本人向银行工作人员出示授权委托书，带上本人身份证以及代办人的身份证。

（3）应提前告之客户，由于网点人手有限，若申请"上门服务"最好提前一天预约，并做好相关证件等方面的准备，对人性化的服务业务也应规范操作，符合相关的业务管理制度，这样既可以确保工作效率，又能规避意外的业务操作风险。

情景十七：客户没带身份证要急办业务

一位教师客户急匆匆来到了柜台前，告诉网点柜员自己的工资卡遗失了，要求补办工资卡，可身份证也同时遗失了，客户希望用教师证办理。

【点评要点】

首先要对这位老师的遭遇表示同情，然后告诉她教师证是不能办理银行相关结算业务的，不仅是教师证，其他工作证、驾驶证等证件同样都不能办理。对一个中国公民而言，在银行或其他有关单位办理相关事宜，只有居民身份才是唯一有效证件。其理由是：

（1）中华人民共和国国务院令第285号文，即2000年4月1日起开始实施的《个人存款账户实名制规定》中作如下规定：

第一条：为了保证个人存款户的真实性，维护存款人合法权益，制定本规定。

第二条：中华人民共和国境内的金融机构和在金融机构开立个人存款账户的个人，应当遵守本规定。

第三条：本规定所称金融机构，是指在境内依法设立和经营个人存款业务的机构。

并在第五条中作如下强调：

本规定所称实名，是指符合法律、行政法规和国家有关规定的身份证件上使用的姓名。

下列身份证件为实名证件：

（一）居住在境内的中国公民，为居民身份证或者临时居民身份证；

（二）居住在境内的16周岁以下的中国公民，为户口簿；

（三）中国人民解放军军人，为军人身份证件；中国人民武装警察，为武装警察身份证件；

（四）香港、澳门居民，为港澳居民往来内地通行证；台湾居民，为台湾居民来往大陆通行证或者其他有效旅行证件；

（五）外国公民，为护照。

（2）在中国人民银行关于《个人存款账户实名制规定》施行后有关问题处置意见的通知银发〔2000〕126号文中还明确说明："学生证、机动车驾驶证、介绍信以及法定身份证件的复印件不能作为实名证件使用。"

（3）对中国普通公民而言，为什么唯有居民身份证才能作为有效证件？这是因为居民身份主在公安部身份识别终端中有我国合法居民的相关真实信息，而公安部没有推出其他任何身份识别的终端。因此，银行柜面查不到其他身份证件的真实信息，就无法查阅客户的真实信息。同理，公民外出住宿旅社、购买火车票、乘坐飞机等都要以居民身份证为有效证件办理相关手续。

（4）公民身份证号码是每个公民唯一的、终生不变的身份代码，是由公安机关按照公民身份号码国家标准编制的。而教师证或其他工作证可能不一定是唯一的，可能由于工作的变动，每个工作者会持有多份工作证件，其证件中所提供的有限信息也不一定是现阶段的信息。

（5）身份证是用于证明持有人身份的法定证明文件，而驾驶证是驾驶人通过学习、训练，完成考核以后，由公安部交通部门颁发证明驾驶技能水平证书。

（6）身份证的复印件不是公民的有效身份证件，所以不能在银行办理开户等业务。如果身份证不慎丢失，客户仍然可以使用公安机构颁发的如临时身份证，户口本，护照等原件办理业务。当然，要在证件的有效使用期内，过期证件同样是无效证件。

（7）客户的焦急源自于担心别人盗用工资卡，因此可以先建议客户进行电话挂失。

遇到此类情况，我们许多员工只会对客户说："我也没办法，这是我们银行的规定。"如此简单的回复客户肯定是不会满意的，应该从以上几个方面对客户进行解释，而且最好在网点营业大厅的公众教育栏中设置类似的宣传普及教育内容。

第六节 危机处理类

情景十八：接待无理取闹的人

一日下午，某客户因在银行输入密码次数过多，无法取现。

某客户在营业大厅大声诉说自己的不满："你们这家银行就会骗人，密码是我的，钱也是我的，我想输几次就几次，你们凭啥不让我取钱？你们这里是不是想把我的钱给骗走?!"

柜员："我们没有骗你，这是银行系统规定，目的是保护储户合法权利。"

某客户："你说这话啥意思？你是说我是骗子呗，不是户主呗？你出来，我们好好理论理论！"

保安过来礼貌地劝说，某客户则喊道："保安打人了，保安打人了！"营业厅秩序混乱。

【点评要点】

（1）大堂经理应想方设法安抚客户的情绪，将客户引离营业大厅，不要使客户的过急行为影响大厅的正常秩序，更要防止其他客户附和起哄，扩大事态。

（2）此案例中，该客户明显是无理取闹的一类人。对于这样情绪容易激动，而且不讲事理的客户，关键是要稳住他的情绪。如果客户的情绪一直保持如此激动状态，那么无论如何也解决不了实际问题，而且会给银行带来极大地负面影响。应该及时将客户请到接待室，安抚客户的情绪，协调解决客户的问题，最终让客户满意，维护好我行的形象。

（3）笔者曾请教过一位心理学专家，当一个人极其激动时，最好不要跟他解释，更不能与其争辩，而是冷处理，多说安抚的话。一个人再冲动，他的亢奋点是有时限的，一般在15分钟左右自然会降下来，等他情绪舒缓下来后，再与他沟通。

（4）此时，保安人员千万不能说"你再胡闹，我们就要叫派出所的人过来了"之类的刺激性话语。这样是达不到让客户收敛的目的的，也不可能产生正面效果的，甚至反而刺激得他更激动、更亢奋。其实，真正出现危急情况时，报警根本不需要先打招呼的，拿起电话就报警了。

（5）这样的客户通常最后会给自己找个台阶下，通常会跟网点索要礼品以求心理平衡。如果客户"胃口不大"的话，则可满足其要求，尽快息事宁人；如条件苛刻，则需要缓兵之计，既不要僵持下去，也不能无底线地满足其不合理的要求。

情景十九：应对媒体采访

一日，某电视台根据某客户反映本网点柜员在向客户推荐理财时有欺骗行为，因此找到网点大堂经理进行采访核实。

【点评要点】

记者向来就有"无冕之王"之称，除了上级管理部门的有关人员来网点作正面报道采访外，通常网点员工并不愿意同他们打交道。甚至当网点突然出现了记者，员工就会出现莫名紧张和排斥心理，因为有些失实的负面报道着实让我们网点员工非常难堪。现在城市居民的法制意识比较高，一旦认为个人利益被侵害时，就会打电话通知媒体，而且媒体也乐于报道这些事情。遇到类似情况一味的排斥和回避是不行的，我们应该本着正常的心态和启动规范的程序去应对记者的任何采访。

第一，大堂经理或网点负责人在接待前来采访的记者时，要像对待其他正常客户一样使用文明服务用语，当得知记者采访意图时，应该这样对他说："对您的到来，我代表网点全体员工表示欢迎，也非常感谢您对我们服务管理工作的关心，真心希望您对我们提出宝贵意见，帮助我们提高客户服务质量。"然后再点出你的主题话："有关采访一事，我们银行有规定，需要按照规范的流程进行，我行规定只有相关管理部门才有权限对外解释相关事宜，我作为普通员工没有这个权限，我想各行各业也都有一定的规范程序，包括贵社也一样吧，所以请您理解，请借步随我去找一下我们的领导，好吗？"此时把记者引入后场，请支行办公室主任接待，避免与记者在厅堂内长时间交谈，防止厅堂内产生不协调的气氛，让其他客户产生错觉，本网点出什么事了。

第二，请记者到会议室休息，接待人员应主动与记者交换名片，从而掌握是哪家媒体的哪个记者。掌握了媒体名称和记者的姓名，才有利于我们下一步协调上级部门帮助。如果记者受现场气氛影响不愿意接受你的邀请，你只能保持沉默，静观事态发展，有时候沉默是应急的最好方式。但千万不能对记者说"无可奉告"，否则会招来更多的麻烦。

第三，要以开放的心态来对待媒体。现在是信息高度发达的社会，随意拒绝媒体采访的做法是不明智的。在一个突发事件面前，如果你越掩盖，媒体就会越炒作；你越拒绝媒体采访，就越证明你有不可告人的内幕。这个时候，只有主动向媒体传递正确的信息，加以引导，媒体才有可能认为你有诚意解决问题，甚至是可以谅解的，那些传言、谣言甚至谎言才可能得到平息。

第四，与记者交流时，态度要认真但不卑不亢，言语谨慎但不支支吾吾、紧张胆怯。对事情经过不随意解释，对事情产生的后果和责任不轻易表态。也不能为了摆平记者的纠缠，用金钱或贵重礼品收买记者，干扰媒体采访，这样做只能适得其反。

第五，各分行要建立自己的新闻传播管理制度。可以借鉴新闻发言人的做法，确定一个熟悉本行情况的人来接待记者，统一管理和发布重要信息。也就是规定如何与媒体打交道、本行哪些人有权利接受媒体的采访、谁能代表本行对媒体讲话等等。这样做的目的是，碰到发生重大事件时，统一对媒体的口径，用一个声音讲话，避免在媒体面前一个人一个观点，说法不一，前后矛盾，造成于己不利的后果。

第六，上级行管理部门最好抽出一些时间来和媒体打交道，构筑一个媒体通路，通常确定一至两家媒体为自己的"至交"媒体和"哥们儿",与他们建立起良好的合作关系。一旦遇到负面报道,可以通过"哥们儿"媒体输出正面消息,帮助正面引导舆论。

第七,如遇到比较难以沟通的记者,或者别有用心的记者,也是最没办法的一步,就是诉诸法律,用法律手段来解决问题。你可以严肃地提醒他:"请您如实报道事实的真相,如果您对我回答的话进行断章取义地报道,我将会用法律来维护我的声誉。"笔者在支行工作期间,有一位网点负责人曾经历了记者违背事实真相,曲解本人语意,进行了负面报道。结果这位负责人通过律师同该报社领导交涉,最终得到了妥善解决。

情景二十：客户出难题发泄私愤

某日,一客户可能因在本网点购买股票型基金亏损,情绪不好,为泄怨气,就无理责怪柜员服务不好,故意为难柜员,要求柜员将他带来的2万元人民币按每100元分别增开活期存单给他。这严重扰乱了大厅内的服务秩序。经现场的工作人员反复劝说,无效,并僵持很久……

【点评要点】

在网点的客户服务过程中,银行柜员难免要遇到这样的客户,由于受到挫折,通常会带着怒气投诉和抱怨,把自己的怨气、抱怨发泄出来,这样他的忧郁或不快的心情由此会得到释放和缓解,以维持心理上的平衡。这类难缠的客户是用一种分裂的破坏性手段来使别人注意他的需求。生活中也经常有这样的情况,一个讲道理的人在不满的时候可能会变得不讲道理,然而从根本上说他还是有理智的,会讲道理的。只是对他们更要耐心地去做沟通,如果遇到案例这类极端情况,不妨可以采取这样的步骤去应对：

（1）先由保安出面劝解,指出他的举动会给其他客户带来不便,影响了大家办理业务的时间,建议去后场跟领导商议处理办法。此时保安千万不能说："你再这样胡闹,我们就要报警啦！"这样说的目的是想对客户吓之以威,让其收敛一下,往往不会产生正面效果,甚至还可能触发客户更加上火。如果保安出面劝说效果不理想,没关系,可以再走下面的流程。

（2）取得现场其他客户的同情,并请他们帮助劝说。

（3）如果现场没有其他客户愿意出面劝说,可考虑由本行非柜面员工换便装扮演来网点办理业务的"特殊客户",假装抱怨网点柜员办理业务怎么那么慢。大堂经理出面解释,说现在遇到特殊情况,请他谅解。"特殊客户"则大声嚷嚷"有什么不好解决的吗？大家退让一下吧"等类似的话——主要是说给其他客户听的,并上前劝说生气的客户。理由是"银行得罪了你,我们其他客户没有得罪你,你这样不是解决问题的好办法呀,何必呢!"最好由"特殊客户"带动其他客户一起做劝说工作,多数情况下可能会有效果。如果还不行,再走下一个流程。

(4)请附近派出所同志来现场出面帮助协调,明确指出:他的这种行为属不当占用公共资源,是有违公德的行为,并劝其冷静,有何问题通过合适的方式向银行反映。通常情况下,此类客户闹了这么长的时间,情绪总会慢慢平缓的,一般都会找个台阶下的。

情景二十一:防盗防抢劫

一日,一名20多岁的犯罪嫌疑人,持砂枪窜入银行网点大厅,在高柜窗口处用枪口对准当班的两名柜员大声喊道:"我的枪是消音的,你们要是动、喊,我就打死你们,快把钱拿出来!"此时在场的柜员、大堂经理、保安……

【点评要点】

作为一名银行员工,在突发事件过程中不慌乱,不仅自己要智慧,还要与同事们共同发挥作用,沉着冷静按照预设的防范应对措施解决处理危机。

(1)营业网点的临柜人员在遇到持枪犯罪嫌疑人抢劫时,如何处置?

通常有两种方法:一是先按响报警器,然后迅速蹲进柜台下面躲起来,犯罪嫌疑人在震耳欲聋的报警声的震摄下,会心慌意乱地逃离现场。二是快速敏捷地躲到柜台下面,并迅速按响与公安机关联网的报警器,并高声喊:"有人拿枪抢银行了!"

员工面对突如其来的持枪抢劫的犯罪嫌疑人,要本着沉着应战、以巧取胜的原则,采用"先藏身,后报警,再反击"的办法,才能保存自己,制止犯罪嫌疑人的犯罪行为。临柜人员离犯罪嫌疑人距离最近,一定要记住犯罪嫌疑人的特征,以便事发后协助公安机关破案。

(2)如果此时犯罪嫌疑人用枪顶着客户作人质时,网点员工不便马上按报警器,可以故意做出表示害怕的样子,一方面稳住犯罪嫌疑人,拖延时间;一方面把柜面遭遇抢劫的信号传递给其他工作人员。此时,大堂经理的职责是帮助大厅内的客户注意自身安全,尽可能地创造条件疏散客户。保安人员或靠近电话的员工应立即拨"110"报匪警,电话简要讲明该营业网点所处的地理位置和名称,在时间允许的情况下迅速同附近派出所和支行保卫部门联系。

(3)在报警联络的同时,现金柜员应迅速将库包的钱、账、重要凭证放入保险柜、锁好保险柜,打乱密码,藏好钥匙。其余人员迅速抢占有利位置,保护自己,并利用顺手防卫器控制出入通道,使犯罪嫌疑人无法接触现金和员工。

（4）当在场的客户和工作人员没有生命危险的时候，网点员工应配合保安人员与犯罪嫌疑人周旋，口头进行劝阻，设法拖延时间，等待过往群众和公安机关的支援。

（5）如有机会有能力，在场的工作人员可以互相配合，用（设定好的）暗号、信号（眼神）发出指令，寻机对犯罪嫌疑人发起攻击，以最快的速度和最大的力量将犯罪嫌疑人持枪或凶器的手抬起（或打掉凶器），使其失去对员工的伤害能力，夺下犯罪嫌疑人手中的枪或凶器。在夺下犯罪嫌疑人手中的枪支和凶器后，犯罪嫌疑人失去侵害能力时，应停止攻击，并让其趴在地上，不能让其站立，用绳子将其两手捆绑在背后，由网点的男员工负责看守，待公安机关和保卫部门来人处理。

（6）若犯罪嫌疑人要逃离，应由一名男员工或保安尾随其后，大声呼喊群众帮助捉拿；犯罪嫌疑人若乘车逃跑，应记住车号、车型和颜色。

（7）抢劫案犯罪嫌疑人被制服后，网点保安人员要保护现场，布置好警戒，维护好秩序，不准无关人员进入，每个员工应手持自卫器械，提高警惕。

（8）同公安人员交接犯罪嫌疑人时，应按有关规定在营业网点柜台外进行：一是要查看工作证，看其相片与本人是否相符；二是看是否有警车或本单位有关人员陪同，公安人员要求进入现场拍照、查看时，应等部门领导或保卫部门批准并陪同进入营业网点。

情景二十二：挤兑舆情应对处理

多年前有一则消息称，几个没带伞的人在一家银行门前躲雨，过路的行人以为他们在排队提款，推测银行可能出了问题，于是不加询问就加入了排队行列。结果，很快就有短信在客户间流传，称该银行财务出现了危机，马上会被政府接管，在从众心理的驱动下人越聚越多……

【点评要点】

这样的案例本质上是公众个体在信息不对称情况下受负面信息影响产生的避险倾向，挤兑是群体避险倾向经过"发酵"后爆发的集体非理性行为。类似这种"银行挤兑"现象目前虽然不常见，但是我们应该认识到银行的经营对公众信心有非常强的依赖性，这也是为什么银行界存在"公众有信心，'坏银行'也能摆脱困境、公众没信心，'好银行'也难逃厄运"的说法。在出现有关银行经营状况的不利传言时，如果掌握大量信息的银行和监管部门不能及时站出来提供令人信服的回答，一般人很难凭借自身信息渠道甄别真假。因此，我们有必要进行相应的培训演练，提高银行网点舆情应对处理的反应能力。

第一，要求员工在突发事件过程中不慌乱，沉着冷静地按照预设的防范应对措施解决处理危机。

第二，要在舆情发生的第一时间将情况反映给上级有关管理部门，采取必要的措施，及时澄清事实。"失声"时间越长，后果就越严重。

第三，要通过地方政府部门的支持和协同，确保公众信息沟通渠道的畅通，及时消除"信息不对称——避险倾向——集体不理性行为"的群体事件的酝酿和漫延。

第四，要利用媒体掌握着"接地气"的信息传播网络，具有强大的传播、引导功能，帮助公众了解银行真实经营情况以及等其他正面信息，消除公众不必要的恐慌。但是也要避免出现个别媒体为吸引眼球在政府和银行未形成成熟方案前抢发银行危机报道而触发挤兑的情况，以防不当报道影响公众信心。

后 记

　　许多朋友和同事都说我是一个有事业心的人。学生时代的我也确实有过很多梦想，但至今，我却从未有过自己真正认定的事业。从军近十五年难圆"将军梦"，从部队转业时也曾向往去高校工作，即使讲不了课、当不了专家，但若在高校图书馆谋得一职，能有很多的时间博览群书，琢磨一些自己感兴趣的事，也是一件美事。但因种种原因也未能如愿，就这样稀里糊涂地进了银行。我的许多老战友、老同学和亲戚朋友都没想到我这个不谙世事的"书呆子"居然能在银行从事信贷营销工作。起初他们都曾担心我干不了这个差事。说老实话，当初我也并不喜欢干金融这个行当，更没以此作为我的事业。但我是一个有责任心的人，既然命运安排了一个银行职员的角色给我，那我就要"在其位，谋其政"，竟然也把这份并不喜欢的工作做得还算合格。在建行工作近三十年里，我曾在基层网点、支行和市分行信贷管理部门工作过，其间十二年从事一线营销工作。在此期间，我慢慢地开了窍，学会了一些营销技巧，取得了令大家满意的营销业绩，受到了组织的信任，曾安排我在不同的岗位上分管过对公业务、个金业务、风险、计财、合规、客户服务和党务、纪检等管理工作。可能是因为我自己做事习惯较真，每做一项工作都很投入，所以不知不觉中获得了一些成果，同时还养成了收集业务资料和记录工作心得的习惯，现在非常庆幸地保存下来大量颇有价值的原始资料，为自己的这本拙作提供了珍贵的素材。

　　每当我提笔时，与同事们共同工作的情景都历历在目，令我感到回味无穷。大凡退休的人都喜欢回顾往事，我撰写此书也算是回忆过去的一种方式吧。回忆过往之际，也常自得其乐，还会有些"成就感"。建行是我转业后安身立命之所，也是我思想受到熏陶和洗礼的精神家园。因此，我要由衷地感谢建行领导对我多年的栽培，让我在不同的岗位上获得了许多工作体验。我也要感谢建行鼓楼支行戴书宁和周健二任行长，在共事期间，他们都能放手让我主抓网点服务的管理工作和示范网点的创建工作，并给予全方位的鼎力支持。有了"一把手"的支持，我在工作中才得以顺风顺水，并使得示范网点创建获得圆满成功。我还要感谢以周红梅主任和徐学峰主管为代表的鼓楼支行营业部全体员工，为支行两次"千佳"和一次"百佳"的创建成功付出了艰辛的劳动。在与大家默契配合的工作过程中，我被每位员工的敬业精神所感动，他们的聪明才干是示范网点创建成功的坚实基础，本书的成果也有着他们重要的贡献。

  退休后，我曾多次受邀到各地银协、银行和企业为其员工进行培训，在此由衷地向他们表示感谢。同时也非常感谢地经方融培训机构曹恒强和范婷婷二位经理为我的培训工作提供了精心的服务。在为银行员工进行形体礼仪培训时，得到了我的老战友施立军老师的帮助与合作，在此也表示诚挚的感谢。本书中的银行网点员工礼仪礼节插图是由江苏少年儿童出版社有限公司的徐荣欣美编绘制，特此表示感谢。还有，建行的业务主管朱永和祝小迪承担了本书大部分的校对工作，理财经理赵旻和大堂经理葛超对部分内容进行了校对工作。她们在校对工作中都对本书提出了许多宝贵建议，在此深表感谢。

  拙作苦磨半年之久，每每提笔撰写文稿，总有一吐为快之感。然而在向出版社交稿之际，我心中不由得惴惴不安，犹如当年高考交卷时，担心自己的答卷不够完美。书到用时方恨少，白首空悔读书迟。我深知自己知识有限、视野局限，文稿中定有许多不当或谬误之处，敬请各位同仁、专家和读者鼻垩挥斥，不胜感谢。

  最后由衷地祝愿更多的银行业文明规范服务示范网点群星璀璨。

刘剑平

2015 年 12 月 12 日于半醒斋灯下

扫描下方的二维码，关注地经方融微信平台，更多精彩内容实时掌握！

联系人：曹恒强   13951736842   **范婷婷**   15951899716